Friedrich Haffner

Grundbegriffe der marxistischen Politischen Ökonomie des Kapitalismus

Interpretationen und kritische Hinweise
in lexikalischer Darstellung

2. verbesserte und erweiterte Auflage 1978

Herausgegeben von der
Landeszentrale für politische Bildungsarbeit Berlin

Colloquium Verlag Berlin

Friedrich Haffner, geb. 1932 in München; dort Besuch des Gymnasiums und Studium der Rechts- und Staatswissenschaften; 1955 Diplom-Volkswirt, danach bis 1960 in der volkswirtschaftlichen Abteilung der Bayerischen Staatsbank; 1960–62 Postgraduate-Studium über Ostwirtschaft am Osteuropa-Institut der Freien Universität Berlin, dann hier Assistent; 1967 Promotion; 1976 Habilitation; seit 1977 Professor für Allgemeine Volkswirtschaftslehre, insbesondere Vergleich der Wirtschaftssysteme an der Universität Münster.

CIP-Kurztitelaufnahme der Deutschen Bibliothek

Haffner, Friedrich
Grundbegriffe der marxistischen politischen Ökonomie des Kapitalismus: Interpretationen u. krit. Hinweise in lexikal. Darst. / hrsg. von d. Landeszentrale für Polit. Bildungsarbeit Berlin. – 2., verb. u. erw. Aufl. – Berlin: Colloquium-Verlag, 1978.
ISBN 3-7678-0441-7

2. verbesserte und erweiterte Auflage 1978
Redaktion: Josef Schröer
Mitarbeit: Udo Wetzlaugk
Fotosatz: Zippel-Druck in Büro-Technik GmbH, Berlin/Kulmbach
Druck: Color-Druck, Berlin
Einband: Schöneberger Buchbinderei, Berlin
Schrift: Bobst Lausanne
Umschlagentwurf: Rudolf Hübler
Printed in Germany

Vorwort

Diese Zusammenstellung von Grundbegriffen der marxistischen Politischen Ökonomie wendet sich an alle diejenigen, die sich über den Marxismus informieren und sich mit ihm auseinandersetzen wollen. In den letzten Jahren ist eine zunehmende Anzahl von Schriften erschienen, die von ihrem geistigen Ursprung her marxistisch sind oder sich mit Marxismus beschäftigen. Die hierbei verwandten Begriffe und Grundzusammenhänge bringen häufig Verständnisschwierigkeiten mit sich. Selbst bei manchen, die sich der progressiven Linken zuzählen, kann man gelegentlich Unsicherheit im Gebrauch der marxistischen Begriffe feststellen. Dies gilt inbesondere für den Teil des marxistischen Lehrgebäudes, der als Politische Ökonomie des Kapitalismus auch im Zentrum der modernen Kapitalismuskritik steht. Hier will diese Schrift ansetzen: Die Begriffe sollen aus dem Zusammenhang der marxistischen Theorie geklärt und dabei Übersetzerdienste aus der marxistischen Fachsprache geleistet werden. Das ist ein nicht unbedenkliches Unterfangen angesichts der Tatsache, daß jede eigenständige Theorie ihre eigenen Ausdrucksformen benötigt. Trotz der Gefahr der Vergröberung und Fehlinterpretation wurde versucht, die Begriffe ohne zu häufiges Zitieren einfach zu erklären. Daneben sollten auch Ansätze der innermarxistischen Diskussion und Gegenpositionen zumindest angedeutet werden. Leider war der Raum begrenzt, so daß nicht bei allen Begriffen kurze Hinweise auf andere Standpunkte und die Marxismuskritik möglich waren. Um dem Benutzer auch äußerlich eine Unterscheidung zwischen marxistischer Erklärung und kritischen Positionen zu geben, sind letztere in eckige Klammern *kursiv* gesetzt.

Vielleicht hätte eine systematische Darstellung der Politischen Ökonomie des Marxismus dem Vorhaben besser entsprochen als eine lexikalische Bearbeitung. Nur diese schien dem Verfasser jedoch in dem gegebenen Rahmen realisierbar. Sie steht sicher „eine Etage tiefer“ als eine Systematik, gestattet dafür aber vielleicht eine vielseitigere Verwendung.

Eine Hauptschwierigkeit bereitete neben der sprachlichen Klarheit das, was man die dialektische Dynamik der Marxschen Begriffe nennen könnte. Die Unterscheidung zwischen Erscheinungsform und Wesen, zwischen theoretischen Kategorien und dem historischen Wandel ihrer konkreten Erscheinungen machte undogmatisches Vorgehen notwendig. Es wurde versucht, den Entfaltungen, Wandlungen und Akzentverschiebungen der Begriffsinhalte gerecht zu werden.

Obwohl sich die „Grundbegriffe" auf die Politische Ökonomie des Kapitalismus beziehen, mußte gelegentlich darüber hinausgegangen werden; insbesondere waren einige Begriffsinhalte des Sozialismus aufzunehmen. Eine methodisch strenge Trennung zwischen der marxistischen Politischen Ökonomie des Kapitalismus und des Sozialismus ist ohnehin nicht zu vertreten. Das Literaturverzeichnis mußte sich auf eine Auswahl marxistischer und marxismuskritischer Literatur beschränken, um bei der Fülle der Probleme den Gegenstand der Schrift einigermaßen abzudecken.

Es ist mir klar, daß es kaum gelingen kann, mit kurzen, vereinfachten Darstellungen der marxistischen Terminologie anspruchsvolle marxistische oder antimarxistische Positionen zufriedenzustellen. Ziel der Schrift ist es, dem Laien über die Terminologie einen Zugang zu einer Auseinandersetzung zu ermöglichen, die geistig und politisch noch nicht zu Ende gebracht ist und immer mehr eine überlegte Stellungnahme des einzelnen erfordert.

Zu Dank verpflichtet bin ich der Landeszentrale für Politische Bildungsarbeit Berlin für die Initiative zu dieser Arbeit sowie Herrn Prof. Dr. Karl C. Thalheim als Gutachter, der zahlreiche wertvolle Hinweise gegeben hat. Die Schrift wurde im Forschungsseminar der Abteilung Wirtschaft des Osteuropa-Instituts der Freien Universität Berlin diskutiert und von den Hochschullehrern und den wissenschaftlichen Mitarbeitern, meinen

Kollegen, mit vielen hilfreichen Bemerkungen bedacht. Dafür habe ich ebenso zu danken wie für die Kritik der Herren Udo Wetzlaugk, Dieter Löcherbach M. A. und Diplomsoziologen Jürgen Brockmann. Die Verantwortung trage ich jedoch selbst. Für kritische Hinweise und Verbesserungsvorschläge bin ich dankbar.

Berlin 1974 *F. Haffner*

Es wurden einige neue Stichworte aufgenommen und die alten ergänzt, insbesondere soweit kritische Hinweise bisher fehlten. Einigen Lesern danke ich für nützliche Hinweise.

Münster 1978 *F. H.*

Abkürzungen:

Kap	Kapitalismus
kap	kapitalistisch
Soz	Sozialismus
LV	Literaturverzeichnis
MEW	Marx-Engels-Werke, Berlin (Ost), mit unterschiedlichen Editionsangaben

Großbuchstaben bedeuten die Abkürzung des jeweiligen Stichwortes.

Abstraktion — ist 1) ein Verfahren im wissenschaftlichen Erkenntnisprozeß, das für die Marxsche Methode besonders charakteristisch ist. Bei der A werden aus der Vielfalt der komplexen Erscheinungen der Wirklichkeit unter Vernachlässigung der nebensächlichen die wichtigen Erscheinungen und herrschenden Prinzipien herausgearbeitet und zu Modellen zusammengefaßt. Aus ihnen werden die Grundzüge und das Wesen der Wirklichkeit erklärt. Dabei wird nicht das Spezifische eines sozialen Sachverhalts herausgearbeitet (wie bei der isolierenden A), sondern das Gemeinsame und bei vielen Erscheinungen Vorherrschende (generalisierende A). Mit der Aufnahme zusätzlicher, aus der Wirklichkeit abgeleiteter Elemente in die abstrakten Zusammenhänge wird dann der Abstraktionsgrad wieder vermindert und die konkrete Wirklichkeit erklärt. Der A liegen bereits Auswahlkriterien zugrunde, die aus theoretischen Vorstellungen und erkenntnisleitenden Interessen gewonnen werden. Für den Kap sind das Kapitalverhältnis (→ Kapital) und die → Ware-Geld-Beziehung charakteristisch; aus ihnen werden die in dieser Gesellschaftsformation wirkenden Gesetze entwickelt und die Wirklichkeit erklärt.

2) Neben dieser Begriffs-Abstraktion wird Marx auch eine Realabstraktion (A. Sohn-Rethel, → LV) zugeschrieben, die der Begriffsabstraktion vorgeordnet ist. Sie ist Teil des gesellschaftlichen Seins und bedeutet, daß in der Geschichte aus dem Handeln der Menschen eine Entwicklung der sozialen Wirklichkeit vom Konkreten zum Abstrakten vor sich geht. So ist z. B. der Wert, der erst in der Warenwirtschaft entsteht, zwar nur im Denken realisierbar, aber er existiert im Handeln der Menschen beim Tausch, auch wenn sie sich seiner nicht oder nur entfremdet bewußt sind. *[Die auf Generalisierung beruhende Methode der Systembildung bei der Analyse des → Kapitalismus ist aus der Sicht des kritischen Rationalismus insofern problematisch, als ihr der Schluß vom einzelnen auf das Allgemeine zugrunde liegt. Dieser Einwand trifft jedoch auch auf andere Methoden der Konstruktion von Wirtschaftssystemen zu.]*

Abteilungen der Produktion — → Produktionsabteilungen

Äquivalent — bedeutet als Adjektiv wertgleich, als Substantiv bezeichnet es einen Gegenstand, der im Verhältnis zu einem anderen wertgleich ist. Beim ursprünglichen, direkten Austausch von → Waren gegen Waren (z. B. 2 m Tuch gegen 5 dz Weizen) dient jede Ware als Äquivalent der anderen. Die → Wertformen ändern sich, allmählich entwickeln sich einzelne Waren (Vieh, Salz, Tee u. a.) zu Waren, die sich auf Grund ihrer natürlichen Eigenschaften besonders als **allgemeines Äqui-**

valent eigneten und damit allen anderen Waren als Geld (Warengeld) gegenübertraten. Schließlich nehmen geprägtes Gold und Papiergeld diese Funktionen ein. Im Ä kommt 1) zum Ausdruck, daß eine Ware, die zunächst nützliche Eigenschaften (Gebrauchswert, z. B. Gold als Schmuck) besitzt, derentwegen sie gesellschaftlichen Wert hat, auch als allgemeines Ä Anwendung finden kann (**Äquivalentform**). Im Laufe der Geschichte des Tausches hat sich das allgemeine Ä von einfachen zu sehr komplizierten Formen (z. B. Giralgeld) entwickelt. 2) Im Austausch von Ä'en wird regelmäßig auf eine gleiche Größe, die als Äquivalenzkriterium (Äquivalenz = Wertgleichheit) dient, Bezug genommen. Es ist gemäß der → Arbeitswertlehre die zur Herstellung der Waren gesellschaftlich notwendige → Arbeit (die → Wertgröße). Von einem **Äquivalententausch,** d. h. von einem wertgleichen Tausch, kann man nur sprechen, wenn die Waren (im obigen Beispiel 2 m Tuch und 5 dz Weizen) bei ihrer Herstellung die gleiche Menge an Arbeitszeit (unabhängig von deren konkreter Erscheinung) in gesellschaftlichem Maßstab benötigt haben.
[Indem im Begriff des Äquivalentes auch die Vorstellung der Gleichwertigkeit zum Ausdruck kommt, wird ein Gleichgewichtsmodell, das in der Wirtschaft eher eine Ausnahme bildet, unterstellt. Außerdem klingen in der Gleichwertigkeit Gerechtigkeitsvorstellungen an, die nicht mit den marktmäßigen Preisbildungsprozessen übereinzustimmen brauchen.]

Akkumulation — ist die Bereitstellung von Teilen des Einkommens (im Kap in der Regel von Kapitaleinkommen) für die Anlage - direkt oder indirekt - in Produktionsmitteln und zur Bezahlung von Lohnarbeit. Die Kapitalbildung dient der Erzielung eines zusätzlichen Einkommens, das nicht auf Arbeit beruht. A ist also die Verwendung eines Teils des Sozialprodukts für die Zwecke der Erweiterung, Rationalisierung und Verbesserung der Produktion sowie für Vorratsbildung und die Bezahlung zusätzlicher Arbeitskräfte. Der Begriff der A ist deshalb weiter als der der Finanzierung und Durchführung von Investitionen.
Im Kap ist die wichtigste Quelle der Akkumulation der → Mehrwert, der zum großen Teil zu → Kapital verwandelt wird. Der Kapitalist wird zur A durch sein Profitstreben und die → Konkurrenz, die in engem Zusammenhang miteinander stehen, gezwungen; nur durch Erweiterung des Kapitals kann er sich wegen des gleichen Verhaltens seiner Konkurrenten am Markt behaupten, das Kapital erhalten und seinen Profit vermehren. Mit dem zusätzlichen Kapital werden die Produktion erweitert, → technischer Fortschritt verwirklicht und die Absatzbedingungen verbessert, so daß der Mehrwert tendenziell steigt, wenn auch u. U. Arbeitskräfte freigesetzt werden.

In dem Zusammenhang zwischen der durch Konkurrenz erzwungenen Mehrwertsteigerung und der Verwendung des größten Teils des Mehrwerts zu erneuter Mehrwertsteigerung liegt im Marxschen Verständnis die unvergleichliche Dynamik des kap Systems (MEW, Bd. 4, S. 467). Gleichzeitig werden durch die A die Schranken des kap Systems für eine weitere Entwicklung verstärkt: Mit zunehmender A steigen die → Konzentration und → organische Zusammensetzung des Kapitals; infolgedessen tendiert die Profitrate zu sinken, außerdem werden meist Arbeitskräfte durch den Rationalisierungseffekt der Investitionen freigesetzt, so daß die Arbeitslosigkeit zunimmt. Daraus folgt das **allgemeine Gesetz der kapitalistischen Akkumulation,** das einen gesetzmäßigen Zusammenhang zwischen der Dynamik der Kapitalakkumulation und der Größe der → industriellen Reservearmee und ihrem Elend sieht. Im Spätstadium des Kap wird die A des Kapitals durch Monopolprofite, Zuflüsse aus den öffentlichen Haushalten - zum Teil durch Steuern der Arbeiter gedeckt -, durch Inflation, Rüstung und imperialistische Ausplünderung der Rohstoffländer noch vermehrt. Die Widersprüche des Systems (z. B. → Anarchie der Produktion, ungleiche Wohlstandsverteilung) werden dadurch noch verstärkt.

Die A zerfällt in zwei gewöhnlich nebeneinander herlaufende Prozesse: die Aufbringung der finanziellen Mittel und ihre Umwandlung in → Gebrauchswerte, d. h. die eigentliche Investition (ihre Anlage in → Produktionsmittel und die Anstellung zusätzlicher Arbeitskräfte). Erst damit ist die Voraussetzung für eine erweiterte kap Produktion geschaffen. In Form der Aktiengesellschaften, der Börsen, des Kreditapparates, der Großbanken und der internationalen Finanzverflechtungen hat der moderne Kap Einrichtungen geschaffen, die es gestatten, auch große Kapitalmassen aufzubringen, die infolge der technischen Erfordernisse für das weitere Wachstum notwendig sind, aber die Akkumulationskraft einzelner, selbst großer Einzelkapitale übersteigen würden. **Überakkumulation** ist die Überfinanzierung und die Überinvestition in Unternehmungen und Branchen, als deren Folge Überkapazitäten im Verhältnis zu einer zu geringen Nachfrage entstehen. Ihre Ursachen liegen in den nicht unter den Kapitalisten abgestimmten Produktions- und Investitionstätigkeiten (→ Anarchie der Produktion) und in einer falschen Markteinschätzung.

[Im volkswirtschaftlichen Wachstumsprozeß spielen die Geldkapitalbildung und die Investitionen eine entscheidende Rolle. Aber ihre Grundlage bilden nicht nur die Gewinne der Unternehmer, sondern auch die Ersparnisse der Arbeitnehmer und die Investitionen des Staates. Außerdem hebt die Kreditschöpfung des Bankensy-

stems die notwendige Übereinstimmung zwischen den Investitionen und der freiwilligen volkswirtschaftlichen Sparkapitalbildung auf. Nur im nachhinein muß das Investitionsvolumen (einschließlich Lagerbildung) mit dem tatsächlichen volkswirtschaftlichen Sparvolumen übereinstimmen (Keynes). Die Investitionen hängen neben der zinsgünstigen Bereitstellung von Mitteln vor allem von den durch den technischen Fortschritt geschaffenen Investitionsmöglichkeiten ab; dabei spielen Erwartungen in bezug auf Marktentwicklungen und künftige Gewinne eine entscheidende Rolle.]

Unter **ursprünglicher Akkumulation** versteht man den Prozeß der ersten Kapitalbildung und die damit verbundene Entstehung von Kapitalisten und Lohnarbeitern. Diese Entwicklung fand zuerst am Ende des → Feudalismus statt und bildete die Voraussetzung für die kap → Produktionsweise. Der These, daß die erste Kapitalbildung auf Tüchtigkeit, Sparsamkeit und Dynamik des aus den feudalistischen Schichten erwachsenen Bürgertums zurückgehe, die Marx als „bürgerliche Idylle" abtut, stellt er die These von der Gewalt als dem Geburtshelfer der modernen Gesellschaft gegenüber. Diese Gewalt beseitigte die wenigen feudalen Eigentumsrechte der Bauern und städtischen Unterschichten, machte sie frei von Produktionsmitteln und damit zu Proletariern, die auf den Verkauf ihrer Arbeitskraft angewiesen waren. Gleichzeitig häufte sich Wirtschaftsvermögen bei der neuen Klasse an, die es als industrielle Investitionen einsetzte, um Mehrwert zu schaffen. Welche Formen die Gewalt bei der ursprünglichen A in England annahm, wird im 24. Kapitel des „Kapital" Bd. I dargestellt (MEW, Bd. 23, S. 741–791). In anderen Ländern und zu anderen Zeiten waren die Formen andere; insbesondere ist die Beziehung zu den kap Ländern hinzugekommen, bei denen die Gewaltsamkeiten häufig hinter ungleichen Tauschbeziehungen (z. B. bei der Preisbildung für Rohstoffe am Weltmarkt) dem Auge entzogen sind. In Entwicklungsländern findet die ursprüngliche A heute statt. Ihre Schwierigkeiten sind im marxistischen Verständnis hauptsächlich durch die Formen der offenen und versteckten Gewalt im Interesse auswärtiger und einheimischer Kapitalmächte begründet. *[Gegenüber einer einseitigen Erklärung der industriellen Kapitalbildung, marxistisch vorwiegend aus der Gewalt (oder ebenso einseitig nur aus der sog. bürgerlichen Idylle), kann man beide Erklärungsmomente als Arbeitshypothesen verstehen, an denen das konkrete historische oder zeitgeschichtliche Material geprüft werden muß. Auch sozialistische Gesellschaften hatten zu Beginn der Industrialisierung das Problem der ursprünglichen A zu lösen, wobei ein anderes spezifisches Mischungsverhältnis zwischen sozialistischer Idylle und Gewalt bestand.]*

Anarchie der Produktion — wörtlich Herrschaftslosigkeit in der Produktion, wird in einem engeren und einem weiteren Sinn verwendet (→ Spontaneität). Im engeren Sinn bedeutet A d P, daß in einer kap Wirtschaft (im Gegensatz zur sozialistischen Produktionsplanung) jeder Unternehmer Umfang, Art, Technik usw. der → Produktion bestimmt, ohne seine Absatzmöglichkeiten, also die tatsächliche → Nachfrage, genau zu kennen und ohne die Produktionsentscheidungen seiner Konkurrenten hinreichend in seine Überlegungen einbeziehen zu können oder sie vorher mit ihnen abgestimmt zu haben. Erst am → Markt, also nachdem die → Produktion abgeschlossen ist, zeigt sich, ob sie gesellschaftlich notwendig war, dann nämlich, wenn sie mit → Gewinn oder wenigstens kostendeckend abgesetzt wurde. Ein Mißerfolg am Markt führt einerseits zu nichtabsetzbaren Lagern, fehlgelenkten Produktionsmitteln und Arbeitskräften, also zu Verlusten, und in der Konsequenz zu Zusammenbrüchen von Firmen und Arbeitslosigkeit, andererseits zu unbefriedigter oder nur zu überhöhten Preisen gedeckter Nachfrage bei anderen Produkten. Ob die einzelwirtschaftliche Tätigkeit notwendig oder überflüssig war, ist im voraus offen; das Urteil darüber ist erst im nachhinein am Markt möglich.

A d P heißt nicht, daß keine volkswirtschaftliche Koordination der einzelnen Produzenten stattfindet; sie erfolgt nur im nachhinein über den Markt. Der marxistische Ausdruck dafür ist das Wirken des → Wertgesetzes, das die kap Wirtschaft steuert. A d P bedeutet also nicht das Fehlen volkswirtschaftlicher Koordinationsmechanismen, sondern ihr zu spätes Einsetzen, das mit volkswirtschaftlichen Verlusten verbunden ist.

Der Begriff der A d P wurde in einer reinen kap Konkurrenzwirtschaft entwickelt, in der die Marktproduktion überwog. Je mehr dauerhafte Wirtschaftsbeziehungen zwischen den Unternehmungen mit festen langfristigen Vertragsbeziehungen entstehen, je mehr Marktforschung zur Erkundung der künftigen Absatzbedingungen betrieben wird, desto mehr wird die A eingedämmt. Diese Erscheinungen sind aber zum Teil eng verknüpft mit einer grundlegenden Änderung der Konkurrenzverhältnisse: Mit dem technischen Fortschritt, der zu Spezialisierung, Massenproduktion und großen Betriebseinheiten führt, sowie durch den Hang der Unternehmer, durch Absprachen den Wettbewerb aufzuheben (Kartelle; → Konzentration), entstehen → Monopol- und Oligopolstellungen (einer bzw. einige Wenige beherrschen den Markt). Diese erlauben den Kapitalisten, den Absatz bei verringerter Marktunsicherheit in ihrem Interesse zu gestalten und Investitionen aufeinander abzustimmen. So wachsen in den kap Großkonzernen Formen privatkapitalistischer Planung, welche die

A d P im ursprünglichen Sinne zurückdrängen. Außerdem versucht der kap → Staat, zuerst durch dirigistische, dann durch planerische Methoden die auch im Interesse des Kapitals unerfreuliche A (z. B. durch Konjunkturpolitik) einzuengen und ihre Folgen (z. B. durch Arbeitslosenversicherung) zu lindern. In den Planungsversuchen des Staates werden Vorformen sozialistischer Planung gesehen, die als Reifezeichen für eine sozialistische Revolution gelten. Innerhalb des Kap kann die A d P jedoch nicht überwunden werden, sie wird nur auf einzelwirtschaftlicher und sektoraler Ebene verringert und qualitativ verändert. Die Marktkräfte sind nicht gänzlich beseitigt, oligopolistische Konkurrenz in verschiedenen Formen besteht weiter. A d P wird damit zum Ausdruck der unkontrollierten und untereinander im Ungleichgewicht befindlichen Herrschaft der Großindustrie und der Finanzoligarchie über die Gesamtwirtschaft (→ Monopol).

Die A in einem weiteren Sinne verallgemeinert die A d P auf andere Bereiche, z. B. des Handels, des Bankenapparates usw., und kommt damit zu einem wesentlichen Element kap Produktionsweise schlechthin: Da eine umfassende, planmäßige Koordination der Volkswirtschaft – selbst, wenn der Staat in Teilbereichen zu planen versucht – fehlt, verursachen die spontane Koordination durch die Marktkräfte, das blind wirkende Marktgesetz und die politischen Kämpfe der Klassen und Gruppen eine Irrationalität des Systems, in dem sich im wesentlichen die Interessen der Kapitalistenklasse behaupten können. Zu den gesamtwirtschaftlichen Verlusten gehören u. a. Überschußproduktion, Absatzstockungen, Arbeitslosigkeit als Folge der Wirtschaftskonjunkturen und die Aufgaben (Umweltschutz, Bildungsnotstand), die durch die systemimmanenten Kräfte nicht gelöst werden können. *[Was in der Lehre der A d P als ein volkswirtschaftlich verlustreicher Koordinationsprozeß erscheint, stellt sich als der Marktpreismechanismus dar, der zwar durch Konkurse und unbefriedigte Nachfrage individuelle Härten und auch volkswirtschaftliche Verluste mit sich bringen kann. Aber er berücksichtigt und koordiniert die Interessen von Millionen von – ihrer Kaufkraft nach – ungleichgewichtigen Wirtschaftssubjekten und sorgt über das Gewinnmotiv für die Befriedigung ungedeckten, mit Kaufkraft ausgestatteten Bedarfes. Beschränkungen der Konkurrenz stören diesen Prozeß. Aber unter dem Gesichtspunkt wirtschaftlicher Dynamik kann selbst unter Monopolverhältnissen der Marktpreismechanismus als relativ erfolgreicher wirtschaftlicher und gesellschaftlicher Steuerungsprozeß gelten. Dieser Prozeß bringt in gewissem Umfang unterschiedliche gesellschaftliche Interessen zum Ausgleich, auch wenn er nicht immer optimal und gerecht ist. Daneben bestehen andere wirtschaftliche (Gruppenverhandlungen, Kooperation, Abstimmungsmechanismen) und politische Koordinationsformen (Parlamentarismus, Gewaltenteilung), die marktwirtschaftliche Koordinationsschwächen tendenziell ausgleichen.]*

Antagonismus — ist in der Gesellschaft der unversöhnliche Widerspruch zwischen gesellschaftlichen Gruppen und Klassen, deren hauptsächliche Interessen miteinander unvereinbar sind. Ein **antagonistischer Widerspruch** wird beispielsweise zwischen Kapitalisten und Lohnarbeitern angenommen, da das Profitinteresse des Kapitalisten nur durch Ausbeutung, also unter Mißachtung der Interessen der Arbeiter, denen u. a. vor allem an hohen Löhnen liegt, verwirklicht werden kann. Ähnliche antagonistische Widersprüche bestehen zwischen imperialistischen Staaten und den Völkern der Dritten Welt. **Nichtantagonistische** Widersprüche gibt es dagegen zwischen Gruppen und Klassen, die zwar einige gegensätzliche Interessen besitzen, aber durch grundlegende Gemeinsamkeiten verbunden sind, z. B. zwischen Proletariat und kleinen Warenproduzenten oder, auf internationaler Ebene, zwischen den Völkern untereinander. Gegenüber den marxistischen Richtungen, die den Klassenantagonismus in den Vordergrund stellen, sieht H. Marcuse (→ LV) im modernen kap Staat infolge der Vervollkommnung der gesellschaftlichen Einrichtungen des Kap eine Integration dieser Gegensätze, welche keinen sozialen Wandel mehr hervorbringt.
Eine Aufhebung des A innerhalb einer → ökonomischen Gesellschaftsformation ist nur bedingt und zeitweilig möglich, z. B. durch repressive Maßnahmen des → Staates oder durch Reformen auf Teilgebieten und an äußeren Erscheinungen. Der A tritt aber in teilweise neuen Formen immer wieder auf. In einer antagonistischen Klassengesellschaft entstehen jedoch die Kräfte, die den Widerspruch endgültig lösen: Aus dem Grundwiderspruch des Kap wächst die revolutionäre Bewegung des → Proletariats, und sie löst den Grundwiderspruch endgültig in der Revolution mit der Beseitigung der kap Produktionsverhältnisse und dem Aufbau des Soz, der Produktionsweise, die in einem antagonistischen Verhältnis zum Kap steht. Antagonistisch bedeutet hier, daß die Zielsetzung und die Grundlagen der Wirtschafts- und Gesellschaftsordnungen (hier Profitstreben auf Grund des Konkurrenzmechanismus, dort Volksinteressen durch Planung) widersprüchlich sind. *[Der nach der marxistischen Theorie totalen Widersprüchlichkeit der Klassen im Kap kann der gesellschaftliche Konflikt als eine dynamische Einrichtung der pluralistischen Gesellschaft gegenübergestellt werden, die einerseits gemeinsame Grundinteressen (z. B. Funktions-*

fähigkeit der Wirtschaft) voraussetzt, andererseits aber auch die Methoden des Konfliktaustrages (z. B. Streiks und Aussperrung) durch Anerkennung von Spielregeln ordnet und die Kosten des Konfliktaustrages verringert, so daß die in der marxistischen Lehre als letztlich gesellschaftssprengende A'en interpretierten Konflikte als gesellschaftliche Bewegungskräfte erscheinen. Die Entwicklungen westlicher Gesellschaften zeigen, daß die Chance der Rationalisierung des Konfliktaustrages nicht überall genutzt werden konnte.]

Arbeit — ist eine Grundkategorie der marxistischen Theorie. Sie stellt das planmäßige Einwirken des Menschen mit seinen Körper- und Geisteskräften unter Zuhilfenahme von Produktionsinstrumenten auf die äußere Natur dar, um diese den Bedürfnissen der eigenen Natur anzupassen; sie ist mittelbar oder unmittelbar auf das Produzieren von Gütern gerichtet. In der Anthropologie des Marxismus hat die A den entscheidenden Anteil an der Menschwerdung des Affen (Engels: MEW, Bd. 20, S. 444 f.); sie kommt in der beschriebenen Form in keinem anderen Lebewesen vor und ist eine Grundbedingung des menschlichen Lebens. Aber auch die Sprache und das Bewußtsein spielen eine Rolle. Der Mensch wendet bei der A seine körperlichen und geistigen Kräfte an und verbindet sie mit der Natur. Durch A bewährt er sich als Mensch; er entwickelt seine Körper- und Geisteskräfte und schafft die Voraussetzungen für eine erweiterte Bedürfnisbefriedigung.
In der → Politischen Ökonomie des → Marxismus ist die A die Quelle aller Wertschöpfung. Auf sie allein geht aller ökonomischer → Wert zurück (→ Arbeitswertlehre). → Kapital kann keine Werte schaffen, der Wert der genutzten Produktionsmittel wird nur (ungefähr übereinstimmend mit den Abschreibungen) auf das neue Produkt übertragen; Kapital gilt deshalb als unproduktiv, nur dem Boden wird eine gewisse natürliche Fruchtbarkeit zugeschrieben, die aber ohne Zusatz menschlicher A wertlos ist. Die A als Produktivkraft entwickelt sich und steigert dadurch ihre Produktivität. Die Ursache liegt in der fortschreitenden → Arbeitsteilung, die eine ständige Vervollkommnung der → Arbeitsmittel und → Arbeitsgegenstände möglich macht und so zu einer Bedingung der Steigerung der → Arbeitsproduktivität wird.
[In der Annahme der alleinigen Wertproduktivität der Arbeit liegt ein spezifisch marxistisches Axiom, das der → Arbeitswertlehre zugrunde liegt. Sie ist, auch nach Marx, nicht beweisbar. Für einen effizienten Einsatz der wirtschaftlichen Kräfte ist es rationeller, Produktions- und Gewinnsteigerungen, soweit das möglich ist, den verursachenden Produktionsfaktoren (außer Arbeit, Kapital, Boden, eventuell Unternehmerleistung, Organisation, technischer Fortschritt) zuzuschreiben.]

Im Kap wird die → Arbeitskraft zur → Ware, d. h., der → Arbeiter verkauft sie an den → Kapitalisten. Dadurch gelten für die Arbeitskraft dieselben Marktgesetze wie für andere Waren. Da die A allein Werte schafft und da sie selbst nur zu ihrem eigenen Wert, den → Reproduktionskosten der Arbeitskraft, entlohnt wird, ist sie auch die Quelle des Mehrprodukts, das den Kapitalisten in Form des Mehrwerts zufließt.

[Begriffe wie „Arbeitsmarkt" oder „Lohn als Preis für die Zurverfügungstellung der Arbeitsleistung" bestätigen, daß in einer freien Marktwirtschaft die Marktgesetze auch für den Arbeitnehmer gelten. Die Entwicklung der Marktwirtschaft hat aber dazu geführt, daß der Staat die Regelung der sozialen Verhältnisse nicht mehr den Marktkräften allein überläßt, sondern daß ganze Bereiche (z. B. Alters- und Krankenversorgung) fast vollständig durch die Sozialgesetzgebung geregelt werden, daß durch die Setzung von Mindestbedingungen (z. B. Urlaub) die Marktkräfte eingeengt werden und daß der Staat spezifische Friktionen des Arbeitsmarktes zu beheben sucht (z. B. Arbeitsvermittlung, Umschulung). Im übrigen ist durch die Gewerkschaften als Gegengewicht zu den Unternehmen eine Marktstruktur entstanden, in der die Interessen der Arbeitnehmer in den Tarifverhandlungen – abgesehen von sonstigen gesellschaftlichen Aktivitäten der Gewerkschaften – zur Geltung kommen.]

Die **konkrete Arbeit** ist die A in ihrer sinnlich wahrnehmbaren Form und in ihren vielfältigen Ausdrucksformen (Schmieden, Schneidern, Backen, Zeichnen). Als Ergebnis entstehen → Gebrauchswerte (Brot, Kleider, Maschinen). Die **abstrakte Arbeit** ist Arbeit schlechthin, also das Gemeinsame an allen konkreten Arbeitsarten. Dabei kommt es nicht so sehr auf die Verausgabung von Muskelkraft und Gehirnschmalz an, sondern auf die gesellschaftliche Allgemeinheit der A, die sich darin äußert, daß alle A'en marktgängig, in → Geld bezahlbar und vergleichbar sind. Abstrakte A ist nicht direkt meßbar, sondern nur indirekt über die einfache A. In der Einheit von konkreter und abstrakter A liegt der sogenannte → Doppelcharakter der A im Kap.

Die Unterscheidung zwischen **einfacher** und **komplizierter Arbeit** entstand aus dem Bedürfnis, die abstrakte A zu messen. Da die Arbeitszeiten verschiedener Arbeitsqualitäten nicht einfach addiert werden können, wurden zu einer Basisarbeit (einfache A oder A ohne besondere Ausbildung), welche das gesellschaftliche Mindestmaß an Arbeitsqualität darstellt, alle anderen als komplizierte A'en ins Verhältnis gesetzt. Die Umrechnung erfolgt über die → Reduktion der komplizierten A auf einfache A, eine Operation, die mit großen theoretischen und praktischen Schwierigkeiten verknüpft ist, im Kap aber durch den Markt erfolgt.

Notwendige Arbeit ist die A, die der Arbeiter leisten muß, um sich selbst als Arbeiter am Leben erhalten zu können. Im Kap ist die notwendige A der Teil der gesamten geleisteten A, gemessen in Zeit, dessen Wert der Arbeiter als Lohn bezahlt erhält. Die **Mehrarbeit** ist der andere Teil der A, welcher zur Schaffung des → Mehrwertes dient. Die **gesellschaftlich notwendige Arbeit** ist die für die Herstellung einer Ware durchschnittlich benötigte Arbeitszeit; sie ist gleichbedeutend mit der → Wertgröße und wird durch den allgemeinen Stand der Technik und die durchschnittliche Arbeitsintensität bestimmt. Sie abstrahiert also von den individuellen Arbeitsbedingungen und der persönlichen Leistung, außerdem umfaßt sie nur die Arbeitsmenge, deren Produktionsergebnis dem gesellschaftlichen Bedarf (→ Nachfrage) entspricht.

[Die Vorstellung einer zu einem bestimmten Zeitpunkt einheitlichen gesellschaftlich notwendigen Arbeit für die Herstellung eines Produkts ist an einer stationären Wirtschaft orientiert und vermag bei rascher technischer Entwicklung nicht die unterschiedlichen Produktionsbedingungen, die gleichzeitig bestehen, zum Ausdruck zu bringen, wie das Konzept der Durchschnitts- und Grenzkosten.]

Geistige und **körperliche Arbeit,** ursprünglich im gesellschaftlichen Arbeitsprozeß vereinigt, geraten im Kap durch fortschreitende Arbeitsteilung und Ausdehnung der Warenproduktion in einen Gegensatz zueinander, der weitgehend mit dem Klassengegensatz zwischen Kapital und Arbeit übereinstimmt. *[Die marxistische Parteinahme für die A führt zu einer Überbewertung der körperlichen Arbeit, die gerade durch die Entwicklung von Technik und gesellschaftlicher Organisation als dynamischen Wirtschaftsfaktoren fragwürdig ist. Vgl. Löbl, LV.]*

Die Unterscheidung von **lebendiger** und **vergegenständlichter Arbeit** geht von der These aus, alle Produktion beruhe auf A, also auch die von Produktionsmitteln, die als vergegenständlichte A aufgefaßt werden. In einem Produktionsprozeß wird der Wert durch die lebendige A gebildet, die auch den Wert der → Produktionsmittel auf das neue → Produkt überträgt. Der Wert der vergegenständlichten A läßt sich wieder auf lebendige und vergegenständlichte Arbeit zurückführen. Gemessen in Arbeitszeit, ergibt diese unendliche Reihe den → Wert als die Summe der zu einer Produktion notwendigen lebendigen A, die zu verschiedenen Zeiten geleistet wurde.

[Die Gleichsetzung lebendiger und vergegenständlichter Arbeit als Arbeit wird dem Sachverhalt nicht gerecht, daß in den Produktionsmitteln neben Arbeit auch andere gesellschaftlich knappe Elemente, wie die volkswirtschaftliche Sparleistung, technische Entwicklung, Organisation und Finanzierung, enthalten sind und daß der entgangene Nutzen bzw. Ertrag in an-

deren möglichen Verwendungen berücksichtigt werden muß.]
Produktive und **unproduktive** Arbeit wird danach unterschieden, wieweit eine A einerseits materielle Produkte schafft oder materielle Dienste leistet, das sind solche, die sich in einem materiellen Produkt vergegenständlichen, oder andererseits nicht produktive, d. h. konsumtive, Dienstleistungen erbringt. Werte entstehen dementsprechend nur in der Produktion, nicht im Handel, im Bildungswesen, in der Verwaltung. Diese Tätigkeiten gelten als unproduktiv. Was jedoch nicht bedeutet, daß sie nicht gesellschaftlich notwendig wären. Nichtproduktive A (z. B. im Handel) schafft selbst keine Werte, sondern lebt von der produktiven A. *[Diese Unterscheidung ist als willkürlich und unfruchtbar kritisiert worden. Sie bringt viele Unterscheidungsschwierigkeiten mit sich (z. B. im Verkehr).]* Ihre praktische Bedeutung liegt heute darin, daß auf ihr die marxistische Sozialproduktsberechnung beruht, in der alle unproduktive Arbeit nicht dem Sozialprodukt zugerechnet wird.

Arbeiter — sind alle diejenigen, die ihre Fähigkeit, körperliche oder geistige Arbeit zu leisten, in einem Arbeitsvertrag den Eigentümern von → Produktionsmitteln, in der Regel → Kapitalisten, aber auch öffentlichen Arbeitgebern zur Verfügung stellen und vom Entgelt im wesentlichen ihren Lebensunterhalt bestreiten. Handwerker, Bauern, Künstler, fungierende Kapitalisten oder Manager sind keine A, selbst wenn sie physisch oder geistig schwer arbeiten. Dagegen zählen Beamte und Angestellte zur Arbeiterklasse, es sei denn, sie üben leitende Funktionen im Dienste des → Kapitals aus und vertreten Kapitalisteninteressen. Die Gesamtheit der A bildet die Arbeiterklasse. Die industrielle Produktionstechnik des Kap, die davon abgeleiteten sozialen Lebensformen (z. B. isoliertes Wohnen in Wohnkasernen) und das liberale bürgerliche Rechtssystem haben zunehmend alle gesellschaftlichen Bindungen des A's außer dem Lohnarbeitsverhältnis aufgehoben. Lediglich in der **Arbeiterbewegung** entwikkelte sich eine Interessenvertretung der A, die sowohl innerhalb als auch gegen die arbeiterfeindliche kap Umwelt gewerkschaftliche, politische und - im weiteren Sinn - auch genossenschaftliche Organisationen hervorbrachte.
[Das Gemeinsame, das unterschiedlichen menschlichen Tätigkeiten anhaftet, um sie als Arbeiter zu qualifizieren, liegt im wesentlichen im Arbeitsvertrag. Je größer die gesellschaftlichen Unterschiede, zumal im Hinblick auf Einkommen und gesellschaftlichen Einfluß bei den einzelnen Arbeitskategorien werden, desto fragwürdiger wird jene gemeinsame Basis, die sie zu Lohnarbeitern macht.]

Arbeiteraristokratie — ist der Teil der Arbeiterklasse, der entsprechend den Erfordernissen einzelner hochentwickelter Industriezweige besser ausgebildet ist und auf Grund der dort erwirtschafteten Extra- oder →Monopolprofite besser entlohnt wird als die Masse der Arbeiter. Meist ist die A auch effektiver als diese in Gewerkschaften organisiert. Das → Kapital will mit dieser Differenzierung das Proletariat spalten, teils will es durch Korrumpierung die Kapitalistenklasse stärken und teils kapitalfreundliche Arbeiterschichten gewinnen, durch die Einfluß auf die gesamte Arbeiterorganisation ausgeübt und klassenkampffeindliche Vorstellungen (z. B. das Partnerschaftsmodell) vermittelt werden können. Im → Imperialismus verlagert sich das Verhältnis zwischen der A und der Masse des Proletariats zunehmend auf die Beziehung zwischen Industriestaaten und Entwicklungsländern. Die relativ hochbezahlte Industriearbeiterschaft der Industrieländer nimmt gegenüber dem Weltproletariat zunehmend Elemente einer A an. Mit der Herausbildung der A ist in Verbindung mit der Organisation von systemangepaßten Gewerkschaften und Arbeiterparteien eine **Arbeiterbürokratie** entstanden, die entgegen den eigentlichen Interessen der Arbeiter, die in einer revolutionären Systemänderung liegen, die Sonderinteressen einer Arbeiterfunktionärsschicht vertreten, die Arbeiter u. a. durch Lebensstandardsteigerungen von der revolutionären Bewegung abhalten und damit das kapitalistische System stützen.

[In der Lehre von der A wird der fortschreitende soziale Differenzierungsprozeß des Proletariats als eine Entwicklung dargestellt, die von den Kapitalisten zur Stärkung ihrer Klassenkampfposition eingeleitet und gefördert wird. Geringe Beachtung finden dabei die der Differenzierung teilweise zugrunde liegenden technischen, organisatorischen und soziologischen Tatbestände, welche der sozialen und ideologischen Einheitlichkeit des Proletariats entgegenwirken. Ebensowenig werden die tatsächlichen Interessen der Arbeiter, gegenüber denjenigen, die sie nach der revolutionären Theorie eigentlich haben sollten, beachtet.]

Arbeiterräte → Assoziation der Produzenten

Arbeitgeber – gilt als apologetische Bezeichnung für den Kapitalisten oder den kapitalistischen Unternehmer, die den Eindruck erweckt, als würde der A dem Arbeiter Arbeitsplätze zur Verfügung stellen. In Wirklichkeit benötigt der Kapitalist die Arbeiter, um die Produktionsmittel in Produkte umzuwandeln und Gewinne zu machen. Der A eignet sich die Arbeit der Arbeiter an und ist so der eigentliche „Arbeitnehmer". Als **Arbeitgeberverbände** werden die Organisationen der A bezeichnet, welche die Interessen des Kapitals gegenüber dem Staat und gegenüber den Gewerkschaften wahrnehmen

und außerdem organisatorische sowie wirtschaftsfördernde Aufgaben gegenüber ihren Mitgliedern ausführen.
[Die ideologische Verdächtigung des Begriffes A basiert auf der → Arbeitswert- und → Ausbeutungslehre, welche die Wertproduktivität allein dem Arbeiter zuschreibt. Akzeptiert man das Privateigentum an den Produktionsmitteln als eine konstitutive Einrichtung einer Marktwirtschaft, sind A und Arbeitnehmer die Parteien, die auf Grund der Tarifautonomie über die Arbeitsbedingungen beschließen. Neuerdings werden auch der Staat und die verschiedenen öffentlichen Organisationen in ihrer Arbeitgeberfunktion als **öffentliche** *A den privaten A gleichgestellt, obwohl sie kein Kapitalinteresse vertreten.]*

Arbeitsgegenstand — ist eine Sache, die der arbeitende Mensch mit Hilfe der → Arbeitsmittel verändert, um sie seinen Bedürfnissen anzupassen. A'e sind unmittelbar von der Natur gegeben (Erdöl, Erze, Holz, Kohlenflöze, u. a. in ursprünglicher Form) oder bereits zu Rohstoffen verarbeitet (Rohöl, Rundholz, Kohle) oder Halbfabrikate, die mehrere Produktionsstufen bereits durchlaufen haben und erneut be- oder verarbeitet werden. Ob ein Gebrauchsgegenstand in der Produktion Arbeitsmittel oder A ist, hängt davon ab, ob er selbst nach dem Ziel der Produktion verändert wird oder ob er nur als Mittel zur Veränderung anderer Güter dient. Der Begriff Produktionsgüter entspricht dem der A'e, jedoch rechnen unberührte Naturschätze nicht zu den Produktionsgütern.

Arbeitskraft — ist die Fähigkeit des Menschen, mit seinen geistigen und körperlichen Kräften → Arbeit zu leisten. Sie ist im Kap zur Ware geworden und Gegenstand des Arbeitsvertrages. Der Arbeiter verkauft seine A an den → Kapitalisten und leistet für ihn Arbeit. Die A besitzt, wie alle Waren, einen → Doppelcharakter: sie hat als Gebrauchswert die Eigenschaft, den Wert anderer Waren, der → Produktionsmittel, in der Produktion auf neue Produkte zu übertragen und einen Neuwert zu schaffen, der den Tauschwert der A und den Mehrwert umfaßt. Der Tauschwert der A, der Lohn, wird durch die → Reproduktionskosten der A in einem gesellschaftlichen Maßstab bestimmt (→ Arbeit). *[Das Konzept des Doppelcharakters der A ist für die marxistische politische Ökonomie grundlegend. Es reduziert den Arbeiter als Anbieter von A im kapitalistischen System von vornherein auf die Rolle als Gebrauchswertproduzent und Lohnempfänger. Tatsächlich jedoch ist er im Betrieb, in Politik und Gesellschaft ein Subjekt mit eigenem Entscheidungsspielraum. Mag dieser in den Anfängen des Kap sehr eng gewesen sein, durch allgemeine Wahlen, Mitbestimmung und Initiativen wurde er und kann er entwickelt werden.]*

Arbeitslosigkeit → Industrielle Reservearmee

Arbeitsmittel – sind Dinge, mit deren Hilfe der produzierende Mensch auf den → Arbeitsgegenstand einwirkt, um ihn nach seinem Willen zu verändern. Zu den A'n im engeren Sinn gehören die Arbeits- oder Produktionsinstrumente, die sowohl primitives Werkzeug der Urmenschen (Faustkeil) als auch moderne Maschinen, chemische Produktionsvorrichtungen und Produktionsautomaten sowie andere Produktionsmittel, wie Waggons, Behälter, umfassen. Alle übrigen Produktionsmittel (Gebäude, Straßen, Rohrleitungen, Hochspannungsleitungen usw.) sind A im weiteren Sinn, ebenso die Erde als allgemeines A. Das technische Niveau der gesamten A, insbesondere der Produktionsinstrumente einer Epoche, ist Ausdruck für den Entwicklungsstand der menschlichen Arbeit und der → Produktivkräfte im ganzen; es bestimmt die Formen und den Grad der menschlichen Zusammenarbeit in der Produktion sowie die dabei auftretenden gesellschaftlichen Widersprüche. Der Begriff der Investitionsgüter entspricht den A'n im engeren Sinn.

Arbeitsproduktivität – ist die in der Arbeitseinheit (Arbeitsstunde, Arbeitstag, Arbeiter) produzierte Menge von → Gebrauchswerten (z. B. Schuhe, t Kohle). Die A kann einzelbetrieblich, im Wirtschaftszweig oder im volkswirtschaftlichen Durchschnitt ermittelt werden; im letzteren Fall müssen die → Gebrauchswerte in Preisen berechnet werden. Mit der Steigerung der A ist volkswirtschaftlich eine Wertsenkung, d. h. eine Verminderung der gesellschaftlich notwendigen Arbeit, und damit in der Regel eine Preissenkung verbunden, auch wenn die Steigerung der A meist nur durch einen vermehrten Kapitaleinsatz hervorgerufen wurde (z. B. durch bessere Maschinen). Die Steigerung der A in einer Gesellschaft ist die Grundvoraussetzung für die Verbesserung der Lebensbedingungen der Menschen und eine der wichtigsten gesellschaftlichen Ziele in der Geschichte, obwohl nicht in allen Epochen und Kulturkreisen in gleicher Weise. Das kap System war in besonderer Weise erfolgreich bei der Steigerung der A, wird aber in seiner Spätphase durch Zunahme seiner Widersprüche, z. B. durch → Monopolbildung und → Krisen, immer mehr zur Fessel einer weiteren Steigerung der A, die erst im Soz möglich ist. *[Bei der Steigerung der A wird ein selbständiger und unmittelbarer Beitrag des Kapitals negiert, alle Steigerung der Produktion und deren Qualität werden mittelbar und unmittelbar der Wertschöpfung durch Arbeit zugeschrieben. Diese Konzeption führt nicht nur zur Vernachlässigung der unternehmerischen Leistung, sondern vernachlässigt bei der Produktivitätssteigerung auch die Probleme und Fakto-*

ren, die die Aufbringung und Verwendung von Kapital bei der Produktion und beim Einsatz von → Produktionsmitteln betreffen.]

Arbeitsteilung — ist die Zerlegung eines Arbeits- oder Produktionsprozesses in verschiedene technische Arbeitsabschnitte, die hinter- oder nebeneinander ablaufen. Sie gestattet dem arbeitenden Menschen, schon durch Übung in ständig sich wiederholenden Arbeitsabläufen seine Fähigkeiten zu steigern, sich in Berufen zu spezialisieren und die → Arbeitsproduktivität zu erhöhen. A führt dazu, daß durch Vereinfachung und Rationalisierung, schließlich auch durch Mechanisierung und Automatisierung fortschreitend → Arbeit, vor allem körperliche, durch → Arbeitsmittel ersetzt wird (ohne daß je auf Arbeit überhaupt verzichtet werden könnte). A ist daher die Voraussetzung für die Verwirklichung des technischen Fortschritts. Dadurch ist eine weitere, erst im Industriezeitalter verwirklichte, enorme Steigerung der → Arbeitsproduktivität möglich geworden. Die gesellschaftliche A, welche die berufliche, die betriebliche und innerbetriebliche sowie die branchenmäßige, territoriale und internationale A umfaßt, wird durch die Entwicklung der → Produktivkräfte hervorgerufen; die A selbst ist eine Erscheinung der → Produktionsverhältnisse. Neben der technischen A bedingt vor allem die Teilung zwischen Hand- und Kopfarbeit die Entstehung des Eigentums und der Klassenteilung. Die A führt zu einer Zergliederung der einzelnen Arbeitsvorgänge. Die Voraussetzung dafür, daß es zur Verwirklichung der Vorteile der A kommt, liegt im Gelingen der **Arbeitsvereinigung.** Unter Arbeitsvereinigung versteht man die gesellschaftlichen und ökonomischen Mechanismen, die sicherstellen, daß jeder isolierte Produzent die Produktionsmittel erhält, die er für seine Produktion benötigt, und daß er für seine Produkte einen Absatz bei anderen Produzenten oder bei Endverbrauchern findet. In der Notwendigkeit der gegenseitigen Abstimmung kommt der gesellschaftliche Charakter der A zum Ausdruck; er nimmt in dem Maße zu, wie die gesellschaftliche A voranschreitet. Die gesellschaftliche Verflechtung des handwerklichen Familienbetriebes mit Auftragsproduktion war relativ gering gegenüber einer Fabrik mit Lohnarbeitern und einem breitgestreuten Produktionsprogramm mit vielen Liefer- und Absatzbeziehungen. Das Problem der Arbeitsvereinigung ist das der Koordination der arbeitsteiligen Aktivitäten in einer Volkswirtschaft. Das von Marx entwikkelte analytische System der → Warenproduktion, das der Sache nach Ähnlichkeit mit dem Markt-Preis-Mechanismus besitzt, stellt eine theoretische Möglichkeit der Analyse dar. Erst im Kap kommt dieses System der gesellschaftlichen Arbeitsvereinigung zur vollen Entfaltung. Marx hält den Klassikern der Nationalökonomie (z. B. A. Smith), die im Marktmechanismus eine naturgesetzliche Einrichtung sahen, die historische Bedingtheit des marktwirtschaftlichen Koordinationsmechanismus entgegen. Eine andere Form der Lösung des Problems war in der altindischen Gemeinde oder im feudalen Abhängigkeitsverhältnis verwirklicht, bei denen durch Unterordnung unter einen autoritären Willen die Koordination zustande kam. *[Auch das Modell der Zentralverwaltungswirtschaft gehört zu dieser Form der volkswirtschaftlichen Koordination und Wirtschaftslenkung. In der Realität sind beide Systeme, Marktwirtschaft oder Zentralverwaltungswirtschaft, in reiner Form niemals verwirklicht gewesen. Es existieren stets nur gemischte Wirtschaftsordnungen, aber das eine oder andere System dominiert.]*

Arbeitswertlehre — ist das Kernstück der marxistischen Kap-Kritik. Sie gibt in ihrer einfachsten Form eine Antwort auf die Frage, wodurch in einer auf Warenaustausch beruhenden Wirtschaft der Wert der Waren und ihre Preise, die in Geld ausgedrückten Tauschwerte, bestimmt werden. *[Im Gegensatz zur modernen, sogenannten bürgerlichen Ökonomie, die auf eine Wertlehre überhaupt verzichten kann]*, wird bei Marx (wie in der klassischen Nationalökonomie und in der Grenznutzenschule) davon ausgegangen, daß der Wert der Waren für ihren → Tauschwert verantwortlich sei. 1) Der hinter den äußeren Erscheinungen der Warenwelt liegende → Wert, der nirgends abgelesen werden kann, wird bei Marx im Modell der einfachen → Warenproduktion dadurch bestimmt, daß die → Waren als Produkte menschlicher → Arbeit dargestellt werden und unabhängig von den äußerlich sehr verschiedenen konkreten Arbeitsarten abstrakte menschliche Arbeit enthalten. Diese → abstrakte Arbeit kann dadurch versinnbildlicht werden, daß jede Arbeit unabhängig von ihrer konkreten Art die Verausgabung menschlicher Körper- und Geisteskräfte enthält, entscheidend ist jedoch, daß die Arbeit unter gleichen gesellschaftlichen Bedingungen geleistet wird. In dieser ersten Stufe der Werttheorie wird deutlich gemacht, daß die Werte der Waren kristallisierte menschliche Arbeit darstellen und daß in einer Gesellschaft, die auf Warenproduktion beruht, sich über die Waren die gesellschaftlichen Beziehungen verwirklichen. (→ Fetischismus)

Eng damit verbunden ist die Aussage, daß die Arbeit (neben den noch nicht angeeigneten Naturkräften) die einzige gesellschaftlich produktive Kraft sei, auf die alle Wertschöpfung zurückgeht. Insbesondere das Kapital ist nicht produktiv. *[Aber Technik und Wissenschaft werden immer mehr zur „ersten Produktivkraft, womit die Anwendungsbedingungen für*

Marxens Arbeitswerttheorie entfallen. Es ist nicht länger sinnvoll, die Kapitalbeträge für Investitionen in Forschung und Entwicklung auf der Grundlage des Wertes der unqualifizierten (einfachen) Arbeitskraft zu berechnen, wenn der wissenschaftlich-technische Fortschritt zu einer unabhängigen Mehrwertquelle geworden ist, gegenüber der die von Marx allein in Betracht gezogene Quelle des Mehrwerts: die Arbeitskraft der unmittelbaren Produzenten, immer weniger ins Gewicht fällt". (Habermas → LV S. 79 f.).]

2) Dem „Wert an sich" entspricht ein Wert bestimmter Größe, die **Wertgröße,** welche quantitativer Natur ist. Sie ist definiert durch die zur Produktion einer Ware gesellschaftlich notwendige Arbeit. Die gesellschaftlich notwendige Arbeit wird durch die nach dem gegebenen Stand der Technik normale Durchschnittsarbeit unter der Voraussetzung des Ausgleichs von Angebot und Nachfrage bestimmt. Nur im Modell ist die Wertgröße unmittelbar in Arbeitszeit meßbar; in der Realität bildet sie sich „hinter dem Rücken der Produzenten". Sie ist nicht unmittelbar aus Buchhaltung oder Statistik ablesbar, sondern sie ist das „innere Gesetz der Preise", das in den Marktpreisen dadurch zum Ausdruck kommt, daß diese um die Wertgröße oszillieren (d. h. pendeln). Zur Wertgröße gehören im Kap sowohl der Aufwand an lebendiger Arbeit (v, variables → Kapital) und der Wert des übertragenen Kapitals (c, konstantes → Kapital), der im wesentlichen Rohstoffe und Abschreibungen umfaßt, als auch der von der Arbeit geschaffene → Mehrwert (m). Die Wertgröße setzt sich also aus c + v + m zusammen. Da die Arbeitskraft zur Ware geworden ist, bemißt sich auch der Lohn nach dem Wert der → Arbeitskraft.

[Die Wertgröße als die Summe der zur Produktion gesellschaftlich notwendigen Arbeit entspricht in der Preistheorie dem Gleichgewichtspreis eines stationären Wirtschaftsmodells, in dem keine Nettoinvestitionen erfolgen, es also kein Wachstum gibt, das Angebot der Nachfrage entspricht und letztere sich nicht ändert, sowie Bevölkerung und Technik im ganzen unverändert bleiben. Eine solche Interpretation des ökonomischen Gehalts der A ist keine Widerlegung, sondern ihre Einordnung in die ökonomische Theorie als eine bestimmte, sehr abstrakte Modellstufe. Das Problem liegt in der theoretischen Annäherung des Modells an die Marktpreisbildung. Ändert man nur eine Bedingung des Modells, ändern sich die Werte (z. B. bei modernerer Technik), oder die Werte sind nicht mehr die Oszillationszentren der Preise.]
Dies tritt ein, wenn die → organische Zusammensetzung des Kapitals nicht mehr gleich ist (→ Produktionspreis). Nur zufällig ist die Wertgröße also dem → Marktpreis gleich, theoretisch ist sie der Preis in einem abstrakten Modell, dessen Abstraktionsgrad erst in Rich-

tung auf die konkrete Marktpreisbildung verringert werden muß. Marx hat zu diesem Problemkomplex nur allgemeine Bemerkungen gemacht.

3) Die A kann auch als Verteilungstheorie verstanden werden (vielfach wird sogar hier der Schwerpunkt gesehen): Sie zeigt, wie das Sozialprodukt zwischen Kapitalisten und Proletariat aufgeteilt wird. Der Lohn bildet sich nach dem Wert der Ware Arbeitskraft, er umfaßt nur die Reproduktionskosten der Arbeit (vor allem Unterhalt und Ausbildung), in der Regel nicht mehr, so daß der Arbeiter einen Lohn erhält, der ein kulturell bestimmtes → Existenzminimum deckt. *[Unter den Bedingungen der → industriellen Reservearmee und der Konkurrenz der Arbeiter untereinander bei monopolistischer Position der Arbeitgeber - aber nur unter diesen Bedingungen - ist dies eine plausible Lohntheorie, welche die soziale Situation der Arbeiter im Früh- und Konkurrenzkapitalismus erklären kann.]* Die Entlohnung der Arbeiter zu ihren → Reproduktionskosten bedingt unter kap Eigentumsverhältnissen, daß der Teil des Produkts, den die Arbeiter über ihre eigenen Reproduktionskosten hinaus schaffen, den Kapitalisten als arbeitsloses Einkommen in den unterschiedlichen Formen des Mehrwerts (Dividende, Zinsen, Mieten, Bodenrenten) zufällt. *[Diese Analyse der kap Verteilungsverhältnisse, die gemäß der A von der alleinigen Wertproduktivität der Arbeit ausgeht, ist mit einem normativen Aspekt verknüpft, nach dem es nur Arbeitseinkommen geben sollte - eine Forderung, die im Kap nicht verwirklicht werden kann und eines der Ziele einer sozialistischen Wirtschaft darstellt.]*

Arbeitszeit — des → Arbeiters im Kap setzt sich zusammen aus der notwendigen A, die zur Produktion des Lohnes des Arbeiters erforderlich ist, und aus dem Rest der A, in der der → Mehrwert produziert wird. Durch Verlängerung des Arbeitstages kann eine absolute Mehrwertsteigerung erzielt werden (im Gegensatz zur relativen Mehrwertsteigerung durch Arbeitsintensivierung). Die Verlängerung des Arbeitstages, die im Interesse des Kapitals liegt, hat ihre absolute Grenze in der für den Arbeiter notwendigen Erholungszeit, die jedoch nur langfristig als Grenze wirksam ist. Für die tatsächliche Länge der A gibt es keine ökonomischen Gesetze (anders als für die Höhe des Lohnes, die letztlich durch das Wertgesetz und andere Gesetze bestimmt wird); über die A wird durch Klassenkämpfe entschieden. Wenn A-Verkürzungen staatlicherseits festgelegt werden, werden nur die Ergebnisse des Klassenkampfes vom Staat fixiert, der als Agent des Gesamtkapitals auch gegen die Profitinteressen der Einzelkapitalisten handeln kann. A-Verkürzungen sind entweder durch die länger gewordene notwendige Erholungszeit (bei-

spielsweise infolge entnervender moderner Produktionsprozesse) bedingt oder durch Klassenkämpfe erzwungen. Insoweit sind sie ein Anzeichen für erfolgreiche systemimmanente Vertretung von Arbeiterinteressen durch die Gewerkschaften im Kap.
[Auf die Länge der Arbeitszeit, die in Tarifvereinbarungen festgelegt wird, wirken außerdem noch die Steigerung der Arbeitsproduktivität, die Konjunkturlage, die außenwirtschaftliche Position der Branche u. a. ein.]

Armut → Pauperismus

Assoziation der Produzenten – ist die Vereinigung der Arbeiter als Organisationsform der Produktion im → Kommunismus. Die Arbeiter besitzen als ein „Verein freier Menschen" die → Produktionsmittel gemeinschaftlich. Sie sind unmittelbar an der Leitung und an der Ausführung der Arbeiten beteiligt. Obwohl eine ausgeführte Organisationsidee bei den Klassikern des Marxismus nicht vorliegt, dürfte das Modell der Rätedemokratie, das jedoch über wirtschaftliche Organisationsformen hinausreicht, diesen Vorstellungen am ehesten nahekommen. Es entspricht jedoch nicht dem Lenkungssystem des sowjetischen Soz, das stark zentralisiert ist und die Arbeiterräte beseitigt hat. Das Rätemodell hat den Vorzug, daß es auch auf die Beziehungen der einzelnen A'en untereinander – nach Beseitigung der → Ware-Geld-Beziehung – anwendbar ist, indem alle gesellschaftlichen Fragen von jeweils zuständigen übergeordneten Räten entschieden werden. *[Die wirtschaftliche Problematik liegt darin, festzustellen, wie gesellschaftlicher Nutzen und gesellschaftliche Kosten ermittelt werden können und wie aus demokratischen Entscheidungen die für die Produktion notwendigen Zuordnungen von Produktionsmitteln, Investitionen usw. zustande kommen. Verbindet man aber – wie es dem Modell des jugoslawischen Wirtschaftssystems entspricht – die AdP mit der Ware-Geld-Beziehung, so entstehen, ganz abgesehen von den Schwierigkeiten basisdemokratischer Entscheidungsprozesse (ungleiche Qualifikation, Gefahr der Manipulation), neue Probleme, beispielsweise das, wie kollektive Entscheidungen in Übereinstimmung mit den Markterfordernissen gebracht werden können.]*

Ausbeutung — auch **Exploitation** genannt – ist die systematische Aneignung eines Teiles des von den Angehörigen einer Klasse geschaffenen → Produkts durch die Angehörigen einer anderen Klasse. A dieser Art gibt es in der → Sklavenhalterordnung (Eigentum an Menschen) und im → Feudalismus (feudales Abhängigkeitsverhältnis). Erst im → Kapitalismus erfolgt die Ausbeutung unter formal freien Menschen, da die Arbeiter, die über keine anderen Unterhaltsmittel verfügen, gezwungen sind, ihre Arbeitskraft wie eine

→ Ware gegen → Lohn zu verkaufen. Der Lohn ist nach den Gesetzen des Tausches (→ Wertgesetz) an dem Wert der Ware → Arbeitskraft orientiert, welcher nur die Aufrechterhaltung der Arbeitsfähigkeit gewährleistet. Da der Arbeiter aber mehr Wert schafft, als er den Kapitalisten kostet, kann dieser sich nach den Gesetzen des Systems den → Mehrwert aneignen. Dieser ist von den Arbeitern geschaffen worden und wird ihnen vorenthalten. Darin liegt die A. Solange es Einkommen gibt, die nicht durch Arbeit legitimiert sind (von Kindern, Kranken und Schwachen abgesehen), besteht A. Auf ihr beruhen alle Einkommen, die durch Privateigentum an Boden und Produktionsmitteln sowie durch Rechtsansprüche (z. B. Kredite, Patente) legitimiert sind.
Voraussetzung der A-Lehre ist die → Arbeitswertlehre, welche allein der → Arbeit eine Wertproduktivität zuschreibt. Mit ihr steht und fällt die A-Lehre; denn die Entstehung von → Mehrwert und dessen Aneignung durch die Kapitalisten ist gleichbedeutend mit der A der Arbeit. Die **Ausbeutungsrate** (m'), das Verhältnis des Mehrwerts (m) zu dem Lohn, der für die Arbeit gezahlt wird (v), die ihn produziert hat, ist deshalb auch der Mehrwertrate gleich:

$$m' = \frac{m}{v}$$

Die Methoden, mit denen der Mehrwert gesteigert werden kann, sind dieselben, die auch den Ausbeutungsgrad erhöhen. **Ausbeutungsgrad** ist das Verhältnis der Mehrarbeit, die im Interesse des Ausbeuters geleistet wird, zur notwendigen Arbeit, die in Zeit gemessen wird. Der Ausbeutungsgrad entspricht der Ausbeutungsrate, die aus einer Rechnung in Werteinheiten hervorgeht. – Die Ausbeutung des Proletariats, die vor allem im Spätkap über Monopolpreise und durch Einkommens- und Verbrauchssteuern erfolgt, wird als **Lohnraub** bezeichnet.
Die Marxsche A-Lehre wird mit der Formel, daß der Arbeiter nicht seinen vollen Lohn erhält, unrichtig wiedergegeben. Nach marxistischer Interpretation erhält der Arbeiter genau den Lohn, der ihm nach den im kap System geltenden Gesetzen zusteht: er entspricht dem Wert seiner Arbeitskraft. Marx hat auch die Forderung Ferdinand Lassalles zurückgewiesen, daß der Arbeiter im Soz den vollen Ertrag seiner Arbeit erhalten solle (MEW, Bd. 19, S. 18–19), da ein Teil des geschaffenen Produkts für gesellschaftliche Zwekke (Investitionen, Altersversicherung, Verwaltung) abgezweigt werden müsse. Im Soz bleibt deshalb die Trennung in notwendiges → Produkt und Mehrprodukt erhalten; im sowjetischen Soz nehmen beide Größen auch Wertform an. Der Unterschied besteht darin, daß keine private Aneignung des Mehrproduktes erfolgt.
[Die A-Theorie setzt die → Arbeitswertlehre und die Prämissen der Modellkonstruktion, die ihr zu-

grunde liegen, voraus. Wenn keine → industrielle Reservearmee besteht und wenn gewerkschaftliche Monopole in den Lohnauseinandersetzungen eine Gegenmachtposition erreicht haben, ist eine Voraussetzung gegeben, daß Löhne über die Reproduktionskosten der Arbeit auf Dauer steigen, zumal die Reproduktionskosten wie das Existenzminimum praktisch nicht klar bestimmbar sind. Die A-Lehre enthält ein definitorisches Element, da, ausgehend von der alleinigen Wertschöpfungskraft der Arbeit, alle privaten Nichtarbeitseinkommen der Kapitaleigentümer als A bezeichnet werden.]

Aussperrung → Klassenkampf

Banken — vermitteln brachliegendes Geldkapital in Form von Zirkulationskrediten zur Finanzierung des variablen Kapitals und Kredite zum Ankauf fixen → Kapitals. Mit der Gewichtsverlagerung zu einer verstärkten Finanzierung der Industrie vor allem im Anlagebereich durch Bankkredite ist der Übergang zum → Finanzkapital (Hilferding) verbunden. Als Monopolbanken werden im Spätstadium des Kap die Banken bezeichnet, die über einen großen Teil des Geldkapitals einer Volkswirtschaft verfügen und vielen Unternehmen gegenüber, z. T. aufgrund ihrer Kapitalbeteiligung, die Stellung eines Monopolisten bei der Finanzierung erlangt haben. Dadurch erringen sie eine dominierende Machtposition in der Gesamtwirtschaft. Die Profite der Banken, vor allem der Zins, entstehen durch Umverteilung des in der Produktion geschaffenen Mehrwerts. *[In neueren marxistischen Analysen wird auch die Geldschöpfungsfunktion des Bankwesens analysiert. Aber es überwiegt nicht die Problematik der monetären Steuerung der Umlaufs- und Investitionssphäre, sondern der Aspekt der Machtausübung.]*

Basis der Gesellschaft — ist die Beziehung der Menschen zueinander, die sie bei der Arbeit zum Erwerb der Lebensgüter miteinander eingehen. Die B d G bilden die Produktionsverhältnisse, die einem bestimmten Stand der Produktivkräfte entsprechn. „Die Gesamtheit dieser Produktionsverhältnisse bildet die ökonomische Struktur der Gesellschaft, die reale Basis, worauf sich ein juristischer und politischer → Überbau erhebt und welcher bestimmte gesellschaftliche Bewußtseinsformen entsprechen" (MEW, Bd. 13, S. 8–9). Wie die → Produktionsverhältnisse, zu denen neben der Eigentumsordnung auch alle übrigen gesellschaftlichen Regelungen der Produktion, des Austausches und der Verteilung zählen, durch den Charakter und das Niveau der → Produktivkräfte bestimmt werden und auf diese aktiv einwirken, so ist auch der juristische, politische und geistig-ideologische → Überbau nicht nur einseitig das Ergebnis der → Produktionsweise, sondern er beeinflußt seinerseits sowohl die Produktivkräfte als auch die Produktionsverhältnisse. Ein mechanischer, ausschließlich monokausaler (d. h. einseitiger) Zusammenhang von der Wirkung der B auf den Überbau wird bei den meisten marxistischen Richtungen nicht behauptet, sondern Rückkopplungen und nur indirekte, vermittelte Einwirkungen der ökonomischen Basis werden hervorgehoben, so daß diese sich nur in letzter Instanz durchzusetzen vermag. In dieser auf Marx zurückgehenden Formulierung kommt die relativierte Vorherrschaft der ökonomischen B zum Ausdruck. Außerdem sind zu jeder Zeit sowohl in den Produktivkräften wie in den Produktionsverhältnissen Elemente enthalten, die Überbleibsel der vergangenen oder Keime der künftigen → ökonomischen Gesellschaftsformationen sind; sie beeinflussen als Teil der Basis ebenfalls den Überbau. *[Selbst wenn im Konzept Basis-Überbau die B nicht ökonomisch, also nicht rein wirtschaftlich, gesehen wird, sondern andere Seiten des „materiellen Seins" einer Gesellschaft (z. B. Familie) dazugerechnet werden, bleibt eine Hervorhebung materiell-ökonomischer Erklärungsursachen, welche andere Faktoren prinzipiell beherrscht.]*

Bewegungsgesetz → ökonomisches Grundgesetz

Bruttoprodukt → Produkt

Bürgertum (Bourgeoisie) — ist die herrschende Klasse des Kap. In marxistischer Sicht ist das B nicht so sehr eine soziale Schicht, mit der die gegen Adel und Kirche erkämpften Freiheitsrechte der Städter (Dritter Stand), der Bürger als Bildungs- und Kulturträger (Bildungsbürger) oder die verfassungsrechtlich verankerten Rechte und Pflichten (Staatsbürger) in Beziehung gesetzt werden, sondern im **Bürger** wird der Eigentümer von → Produktionsmitteln gesehen, der durch die Ausbeutung der Arbeiter → Profite macht. Die Voraussetzung für das B als der herrschenden Kapitalistenklasse ist jedoch, daß nach Abschaffung der feudalen Bindung die bürgerlichen Freiheitsrechte (Garantie des Privateigentums, des Erbrechts, der Gewerbefreiheit, der Vertragsfreiheit u. a.) dem Bürger die Möglichkeit geben, seine Kapitalinteressen ungeachtet der sozialen Folgen zu verwirklichen. Die mit den Freiheitsrechten verbundene Vorstellung von der Selbstverantwortlichkeit des einzelnen für seine eigene Wohlfahrt bildet die Grundlage des klassischen Liberalismus in der Wirtschaft, der das freie kap Unternehmertum mit einem auf reine „Nachtwächterfunktionen" beschränkten → Staat verband. Es schloß die tatsächliche soziale Unfreiheit des Lohnarbeiters mit ein.
Mit der Entwicklung des Kap zum → Spätkapitalismus vollzogen sich auch im Bürgertum Wandlungen. Es kam zu einer Spaltung des

funktionierenden Kapitalisten, der sowohl Eigentümer der Produktionsmittel ist als auch seinen Betrieb leitet, in Eigentumskapitalisten (z. B. Eigentümer von Aktien und Obligationen, sogenannte Kuponschneider) und Manager, die ohne Legitimation durch eigenes Kapitaleigentum Unternehmerfunktionen wahrnehmen. Die seit dem klassischen Liberalismus ständig zunehmende Aktivität des → Staates in der Wirtschaft wird in der → Stamokap-Theorie als eine enge Verquickung von Kapital- und Staatsinteressen gesehen, in der nach neomarxistischen Vorstellungen die ökonomische und soziale Macht der Kapitalistenklasse nicht beschränkt, sondern erst zur vollen Entfaltung gebracht wird (→ staatsmonopolistischer Kap), mögen auch die Rechte der einzelnen Kapitalisten beschränkt werden.

Durch die Gleichsetzung von Bürger und Kapitalist wird **bürgerlich (bourgeois)** zu einem Prädikat für alle Erscheinungen, welche das kap System begründen, darstellen oder aus ihm hervorgehen, wobei immer der Interessenstandpunkt des Bürgerkapitalisten zum Ausdruck kommt. In dieser Hinsicht enthalten bürgerliche Freiheitsrechte, bürgerliche Moral, bürgerliche Wissenschaft usw. den Vorwurf der Zeit- und Klassen- sowie Interessenbedingtheit.

[Bei dem einseitig auf das Kapitaleigentum fixierten Verständnis des B's im Marxismus kommen die oben angedeuteten andersartigen Komponenten für das B zu kurz. Bezieht man Leitungsfunktionen und Bildungsniveau stärker ein, so entsteht ein Begriff des B's, der noch immer nur einen Teil der Bevölkerung betrifft. B in diesem Sinn hat aber immer weitere Kreise erfaßt, wie in dem Schlagwort von der Verbürgerlichung des Proletariats angedeutet wird. Der Begriff des Staatsbürgers schließlich ist nicht nur mit formalen Verfassungsrechten verknüpft, die alle Menschen besitzen, sondern besagt vor allem, daß mit der aktiven Wahrnehmung der Rechte und Pflichten (einschließlich der sozialen Bindung des Eigentums) Demokratie erst mit Inhalt erfüllt werden kann.]

Kleinbürger sind die Händler und Handwerker der einfachen → Warenproduktion (→ Kleinproduzent). Sie geraten im Kap unter dem Konkurrenzdruck in Bedrängnis, so daß sie als Schicht (→ Mittelschicht) zwischen den Kapitalisten und Proletariern der einen oder anderen zuneigen. Als kleinbürgerlich werden die Zustände und Vorstellungen bezeichnet, welche die Welt der einfachen Warenproduktion als Alternative für den Kap ansehen (Sismondi, Proudhon). Als **Großbourgeoisie** (Großbürger) werden die Finanz- und Monopolkapitalisten sowie die Familien bezeichnet, die oft ohne aktive Beteiligung an der Leitung Aktienpakete besitzen.

Charaktermaske – ist die „Personifikation ökonomischer Kategorien". In einer Warenwirtschaft haben die Menschen nicht als Menschen Bedeutung, sondern soweit sie Waren anbieten oder kaufen, Kapital haben oder nur ihre Arbeitskraft anbieten können. Ihr konkretes Menschsein wird verdeckt durch ihre allein gesellschaftlich wichtige Funktion als Käufer, Verkäufer, Kapitalist und Lohnarbeiter.

Depression → Krise

Dialektik – wurde aus der Hegelschen Philosophie in modifizierter Weise übernommen. Sie ist bei Marx Methode und Form der Gedankenentwicklung bei der Kritik gesellschaftlicher Herrschaftssysteme. Engels erweiterte die D zu einer Lehre von den allgemeinen Bewegungs- und Entwicklungsgesetzen der Natur, der Gesellschaft und des Denkens. Ursprünglich eine im Wechselgespräch bestehende Unterredungs- und Denkform, wird die D als allgemeines Prinzip der Bewegung und Veränderung in der objektiven Welt, im subjektiven Bewußtsein und als Methode verstanden. Die D ist mit dem → Materialismus zu einer unlösbaren Einheit verbunden und kann nur gleichzeitig mit der Sache selbst dargestellt werden, wie Marx es im „Kapital" getan hat. Der Inhalt der D für sich kann deshalb nur in abstrakten allgemeinen Gesetzen formuliert werden: 1) Das Gesetz von der Einheit und dem Kampf der Gegensätze stellt den grundsätzlich in sich widersprüchlichen Charakter aller Erscheinungen fest, durch deren Widerstreit die Entwicklung hervorgebracht wird. 2) Das Gesetz des Übergangs der Quantität in Qualität besagt, daß ständig minimale Veränderungen in Teilbereichen vor sich gehen, die an einem bestimmten Punkt plötzlich durch einen Sprung oder eine → Revolution in eine neue Qualität, in ein neues Wesen umschlagen. 3) Das Gesetz der Negation der Negation behauptet, daß in der Entwicklung zu neuen Qualitäten das Alte aufgehoben wird in der doppelten Bedeutung des Überwindens des Rückständigen und des Bewahrens des Positiven und Entwicklungsfähigen, das im Alten enthalten war.
Neben diesen drei Gesetzen gehört zur D auch, was Stalin in einem eigenen Gesetz der D formuliert hatte, daß nämlich ein allgemeiner Zusammenhang zwischen den Erscheinungen bestehe, so daß das Objekt und Subjekt nicht prinzipiell getrennt, sondern als Einheit gesehen werden müssen. Das heißt auch, daß Aussagen über Erscheinungen von der Umwelt des Aussagenden, eben von den Erscheinungen selbst, beeinflußt sind und daß deshalb eindeutig scheinende Beziehungen, z. B. der Kausalität, vielschichtig und im Gesamtzusammenhang gesehen werden müssen. Alles befindet sich überdies in Bewegung und Entwicklung; das bedeutet unter anderem, daß starre Definitionen und Beziehungen ange-

sichts der Veränderlichkeit fragwürdig sind. Unter stärkerem Rückgriff wieder auf Marx wird bei der D in neomarxistischen Strömungen (z. B. G. Lukács, → LV) der gesellschaftskritische und gesellschaftsverändernde Gehalt in den Vordergrund gestellt. D ist danach vor allem Methode, welche die „Beziehung des Subjekts und Objekts im Geschichtsprozeß" erklärt und zur Einheit von theoretischer Erkenntnis und revolutionärer Handlung führt.

Differentialrente → Rente

Diktatur des Proletariats – ist die politische Herrschaft des → Proletariats nach der sozialistischen → Revolution über die → Gesellschaft mit dem Ziel des Aufbaus des → Kommunismus. Der Staat wird in dieser → Übergangsperiode als Apparat und Instrument unter Auswechselung seiner Ziele und Träger übernommen. Im Gegensatz zum Kap herrscht nicht mehr die Minderheit (→ Kapitalisten) über die Mehrheit des Volkes (→ Proletariat), sondern - umgekehrt - die Mehrheit über die Minderheit (die zunächst noch bestehenden Reste der bürgerlichen Klasse). Damit wird die Scheindemokratie in eine Demokratie des Volkes übergeführt. Beim Aufbau des Soz hat die D d P neben der Unterdrückung der Klassenfeinde im Inneren und nach außen auch wirtschaftlich-organisatorische und kulturell-erzieherische Funktionen. Die Unterdrückungsfunktion gegenüber bürgerlichen Klassen ist nach dem Zweiten Weltkrieg in der Volksfrontstrategie, in der antifaschistischen Bündnispolitik und in der nationalen Befreiungsbewegung der Entwicklungsländer auch theoretisch abgeschwächt und modifiziert worden. 1977 wurde sogar die D d P als eine Funktion des sozialistischen Staates von Moskau verneint, nachdem der Klassenkampf im Inneren des Landes beendet sei. Im sog. → Eurokommunismus wird in Konfrontation zum Leninismus die D d P überwiegend durch ein Bekenntnis zu demokratischen Formen der Herrschaftsausübung ersetzt. *[In der Praxis der sozialistischen Staaten Osteuropas hat sich der Unterdrückungscharakter der D d P gegenüber Klassenfeinden mit der organisatorischen Macht des Staates zu einem Herrschaftssystem vereinigt. Außerhalb und gegen Staat und Partei stehende Gruppierungen wurden fast ganz beseitigt und der Bevölkerung kein politischer Entscheidungsspielraum gelassen, auch wenn der Klassenkampf als beendet gilt.]* Dieser Form der D d P wird eine andere gegenübergestellt, die von den Klassikern aus der Pariser Commune abgeleitet ist, räte- und basisdemokratische Ordnungsvorstellungen enthält und zu einer fundamentalen Kritik des sowjetischen Sozialismus führt (A. Carlo: *Politische und ökonomische Struktur der UdSSR [1917–1975]. Diktatur des Proletariats oder bürokratischer Kollek-*

tivismus. Übers. aus dem Ital., Berlin 1972).

Distribution — ist erstens die Verteilung der → Produktivkräfte auf die Zweige und Betriebe der Wirtschaft *[- sie wird in der nichtmarxistischen Nationalökonomie meist als Allokation bezeichnet -]* und zweitens die Verteilung der in einer Volkswirtschaft produzierten Güter. Die D der Produktivkräfte erfolgt im Kap grundsätzlich über Märkte nach dem Profitinteresse der → Kapitalisten, d. h. nach den Verwertungsbedingungen des → Kapitals. Dabei bilden die jeweils bestehende Wirtschaftsstruktur, die äußere und innere Wirtschaftslage sowie die staatliche Wirtschaftspolitik den Entscheidungsrahmen.

Die D der Güter vollzieht sich in zwei Prozessen: der D der Einkommen (Einkommensverteilung) und der Verwendung der Einkommen für den Kauf von Gütern, Dienstleistungen usw. Zwischen → Arbeitern und → Kapitalisten werden die Einkommen dadurch verteilt, daß die → Arbeit als → Ware der Tendenz nach zu ihrem → Wert, das sind die → Reproduktionskosten der Arbeit, entlohnt wird, während das Einkommen der Kapitalistenklasse der → Mehrwert ist, d. h. der Teil des von den Arbeitern geschaffenen Wertes, der ihren Lohn übersteigt. Der Lohn kann kurzfristig durch Marktzufälle oder im Konjunkturaufschwung sowie in einzelnen Wirtschaftszweigen nach den Akkumulationserfordernissen des Kapitals über den Wert der Arbeitskraft steigen, aber in entgegengesetzten Fällen auch darunter sinken. Eine langfristige Steigerung über dieses Niveau ist nicht möglich, weil sonst die Verwertung des Kapitals und die → Akkumulation beeinträchtigt werden, d. h. letztlich die Investitionstätigkeit, die auf die Dauer eine Existenzbedingung des Systems ist.

Die Kapitalistenklasse verteilt den Mehrwert unter sich nach den Grundsätzen der Durchschnittsprofitrate: Das Bestreben der Kapitalisten nach möglichst hohen Profiten und die Konkurrenz um den Gewinn führen dazu, daß die Erträge (industrieller Profit, Handelsgewinne, Bodenrente, Miete und Zins) für die eingesetzten Kapitalisten - in industriellen Anlagen, im Handel, in Grundstücken und Wohnhäusern, in Bank- und Leihkapital - sich tendenziell angleichen (Ausgleich der Profitraten). Nehmen die Kapitalisten die Chancen zu solchen Kapitalanlagen wahr, die die → Arbeitsproduktivität steigern oder durch Einsatz im Zirkulations- und Finanzierungsbereich mehr Profit an sich ziehen, so entstehen → Extraprofite, die den Ausgleich der Profitraten immer von neuem verhindern, aber durch den Anreiz, den sie für Kapitalisten bieten, dort zu investieren, auch wieder zu seiner Einebnung führen.

Weitere Umverteilungen entstehen durch → Monopolbildung und

durch die staatliche Besteuerung, die - soweit sie nicht zur Deckung gesellschaftlicher Produktionskosten verwandt wird - ebenfalls Mehrwertteile enthält. Umverteilungen gibt es vor allem im → Spätkapitalismus durch die staatliche Wirtschafts- und Sozialpolitik, die jedoch entweder über den Preis auf die Arbeitnehmer abgewälzt wird (Sozialversicherungsbeiträge) oder Kosten der Reproduktion (z. B. Bildungswesen) ausdrücken sowie der antirevolutionären Stabilisierung des kap Systems dienen (z. B. 624-Mark-Gesetz). Der Kap ist unvereinbar mit einer grundlegenden Änderung der volkswirtschaftlichen Einkommensverhältnisse der Gesellschaft.

Die Verteilungsfrage ist eines der Zentralprobleme der marxistischen Politischen Ökonomie. Das analytische Ergebnis liegt darin, daß systemimmanent eine grundlegende Änderung der Verteilung nicht möglich ist. *[Aber schon die D-Lehre selbst ist praktisch ungenau und schließt Reallohnsteigerungen ein: Die Reproduktionskosten der Arbeitskraft, die den Lohn bestimmen, sind historisch-kulturell bedingt, können also auf ein beliebig hohes Lebensstandardniveau der → Arbeiter bezogen werden. Wenn auch zwischen Konjunktur- und Wachstumspolitik einerseits und Verteilungspolitik (sowie anderen wirtschaftspolitischen Zielen) andererseits ein widersprüchliches Verhältnis besteht (Lehre vom magischen Vieleck), das kurzfristig eine ins Gewicht fallende Umverteilung ausschließt, so bleibt doch die Möglichkeit, langfristig durch Veränderung der Verhaltensweisen (nicht Maximalprofit, sondern Normalprofit - Verringerung der als normal geltenden Eigenkapitalbasis - Steigerung der Sparneigung der Arbeiter u. a.) und durch institutionelle Veränderungen (Steuerprogression - Sozialleistungen u. a.) die Verteilung des Sozialprodukts zu verändern.]*

Im weltwirtschaftlichen Maßstab kommt zwischen entwickelten Industriestaaten und Entwicklungsländern eine Umverteilung dadurch zustande, daß hier bei niedrigen Löhnen ein höherer Mehrwert entsteht, der häufig in die entwickelten kap Länder transferiert oder im Interesse des Kapitals der Industriestaaten zu Reinvestitionen verwendet werden kann (→ Imperialismus).

Doppelcharakter — ist der Ausdruck dafür, daß die → Arbeit, wenn sie im Kap zur Ware geworden ist, einerseits als konkrete, nützliche Arbeit → Gebrauchswerte produziert und den Wert der Produktionsmittel auf das neu geschaffene → Produkt überträgt. Andererseits ist die Arbeit aber abstrakte Arbeit, menschliche Arbeit schlechthin, welche → Wert neu bildet. Dieser D der Arbeit kommt auch in der → Ware zum Ausdruck, die Gebrauchswert und Wert ist; letzterer bestimmt den → Tauschwert. Wer den Gebrauchswert in Anspruch nimmt (z. B. Kohle verheizt), muß auf ihren Tauschwert (z. B. Verkauf) verzichten und umgekehrt. Der Kapitalist ist nur an Tauschwerten seiner Produkte interessiert, der Konsument letztlich nur an Gebrauchswerten der Waren; der Tauschwert (→ Preis) stellt für ihn die Kosten des Verbrauchs dar.

Eigentum – ist die Verfügungsmacht der Menschen über Güter, vordergründig also ein Verhältnis der Menschen zu den Gütern. In der Produktion passen sie die Güter der Natur ihren Bedürfnissen an und erwerben dabei E an ihnen. Insoweit ist E im Grunde eine logische Kategorie der Wirtschaft. Das E ist auch und vor allem ein Verhältnis zwischen Menschen: Es gibt den Eigentümern Verfügungsgewalt und Nutznießung; es schließt diejenigen davon aus, die kein E haben. Die Art der Eigentumsverhältnisse einer Gesellschaft ist entscheidend dafür, wie das Vermögen verteilt ist, wer es genießen und wer in der Produktion darüber verfügen kann. Dadurch ist gleichzeitig entschieden, wer davon ausgeschlossen ist und deshalb von den Verfügungen der anderen abhängig ist. E an Konsumgütern ist ein Bestimmungsgrund für das Konsumniveau; demgegenüber ist E an → Produktionsmitteln die wichtigere Eigentumsart. Es schafft Macht über die Menschen, die mit Produktionsmitteln produzieren, es legt fest, wem die Produkte gehören, und es bildet die Voraussetzung für politischen Einfluß in der → Gesellschaft. In den Eigentumsverhältnissen kommt gleichzeitig die Klassenteilung zum Ausdruck. Das E ist deshalb das wichtigste einzelne → Produktionsverhältnis, das den Charakter der anderen bestimmt. Es ist, wie die Gesamtheit der Produktionsverhältnisse, dem jeweiligen Stand der → Produktivkräfte unterworfen. Das bedeutet, daß die Eigentumsordnung nicht ins Belieben einer Gesellschaft gestellt ist, sondern durch den technologischen Stand der Produktion bedingt ist.

Im Kap besteht → Privateigentum an den Produktionsmitteln, es ist die Grundlage der kap → Warenproduktion, es schafft die Legitimation für die Ausbeutung und ist Ursache und Kriterium der Klassenteilung in Kapitalisten und Arbeiter. *[Das E nimmt in der → Politischen Ökonomie des Marxismus eine zentrale Stellung ein, insbesondere für die Erklärung von Machtausübung. Dem E können jedoch andere Machtquellen, wie die Organisation an sich, die aus ihrer inneren Struktur Machtpositionen erzeugt (Gewerkschaften, Parteien, Kirche), geistige Bewegungen (z. B. Reformation, Nationalismus), charismatische Erscheinungen (z. B. Napoleon) zur Seite gestellt werden, die sich gegenseitig und mit der vom E ausgehenden Macht durchdringen. Die Macht, zu der das E verhilft, ist nicht schrankenlos, sondern grundsätzlich durch Gesetze und marktmäßige Gegenmacht beschränkbar.]*

Einkommensverteilung → Distribution

Enteignung → Verstaatlichung, → Vergesellschaftung, → Expropriation

Entfremdung — als anthropologischer Begriff bei Hegel bedeutet, daß der Mensch in der Arbeit seine Körper- und Geisteskräfte mit der Natur verbindet und sich dadurch in dem von ihm geschaffenen Werk selbst entfremdet. Gebrauch und Verbrauch dieser Güter heben die E wieder auf. In E und Wiederaneignung verläuft der menschliche Entwicklungsprozeß.
Der Begriff der E, den Marx schon in seinen Frühschriften entwikkelt, ist bei ihm gesellschaftlicher Natur und bezieht sich auf die Menschen, insbesondere die → Arbeiter in einer kap → Gesellschaft. Das Produkt, das der Arbeiter schafft, gehört nicht dem Arbeiter, sondern auf Grund des → Privateigentums an den → Produktionsmitteln dem → Kapitalisten. Dadurch ist der Arbeiter seinem Werk entfremdet, und auch die Produktionsmittel, derer er sich bedient, treten ihm als Fremde gegenüber und sind die Grundlage der organisatorischen Gewalt des Kapitals (und seiner Repräsentanten) über die Arbeiter in den Betrieben. Da die → Arbeit mit fremden Werkzeugen, unter fremdem Kommando und für fremde Rechnung geleistet wird, ist der Arbeiter seiner ganzen Arbeit entfremdet. Er kann sich nicht mehr in der Arbeit verwirklichen, er ist fremdbestimmt und dadurch an der Entfaltung seiner Individualität gehindert. Da unter der Herrschaft des Kapitals die → Arbeitsteilung die Arbeit zunehmend vergesellschaftet hat, werden die Beziehungen des Arbeiters nicht nur zum Kapitalisten, sondern vor allem auch zum Kollegen ihres natürlichen, humanen Inhalts beraubt und durch Konkurrenz sowie durch autoritäre Disziplin bestimmt. Diese E führt zur Vereinzelung und Hilflosigkeit des Menschen in der kap Gesellschaft. Da der Arbeiter auch in der Freizeit den Nachwirkungen der einseitigen und oftmals entnervenden Tätigkeit einerseits und der Manipulation über die Massenmedien andererseits unterliegt, ist es dem Arbeiter sogar versagt, außerhalb der Arbeit sich als Mensch zu verwirklichen. Diese Außensteuerung reicht bis in die persönlichen Bereiche des Lebens.
Ein erster Grund für die E ist die privatkapitalistische Eigentumsordnung, in der der Arbeiter frei von feudalen Abhängigkeiten lebt, aber gleichzeitig vogelfrei ist, weil er keine Produktionsmittel besitzt, sondern von ihnen dominiert wird. Daran scheitert seine Selbstverwirklichung. Tiefer greifend aber ist die Erklärung der E aus dem → Warenfetischismus: Alle Glieder der kap Gesellschaft, auch und

vor allem die Kapitalisten, beziehen sich aufeinander nicht unmittelbar als Mitglieder einer Gesellschaft, sondern über die Kategorien der kap → Warenproduktion – Waren, Preise, Löhne, Zinsen, Renten usw., welche das tatsächliche Verhältnis verschleiern. So verfügt der Kapitalist in der Produktion und am Markt über sein Kapital, dem Anschein nach über Sachen; indes gestaltet er dadurch das Leben der Menschen. Aus dem Marktmechanismus und seinen Gesetzen entsteht eine „technologische Rationalität" (H. Marcuse, → LV), aus deren Allgemeingültigkeit eine einseitige Orientierung des Menschen und der Gesellschaft folgt.

[Die E-Theorie gehört zu dem Teilkomplex des Marxschen Lehrgebäudes, der eine weite Ausstrahlungskraft besitzt und für viele Erscheinungen der industriellen Arbeitswelt, die ähnlich vorher oder gleichzeitig von Nichtmarxisten studiert worden sind, einen überzeugenden Ausdruck gibt. Fraglich ist allerdings, ob die angeführten Gründe (Privateigentum und Ware-Geld-Beziehung) diese Erscheinungen ausreichend erklären. Die durch den technischen Fortschritt bedingte hochdifferenzierte Arbeitsteilung dürfte ein mindest ebenso wichtiger Grund sein, der nicht allein auf das kap System zurückzuführen ist.]

Eurokommunismus — ist eine vorwiegend in südeuropäischen Ländern verfolgte Richtung des Marxismus, die jedoch weder theoretisch noch organisatorisch eine Einheit bildet. Die Bezeichnung E ist nicht von den Vertretern des E selbst gewählt, sondern ihnen zur Unterscheidung von den unter sowjetischem Einfluß stehenden kommunistischen Bewegungen zugeschrieben worden.
Im E wird vor allem die gewaltsame → Revolution und die → Diktatur des Proletariats als Methode der Umgestaltung der Gesellschaft – damit wesentliche Teile des Leninismus – abgelehnt und statt dessen der Staat und die anderen kap Institutionen als Instrument des sozialistischen Aufbaus ergriffen und benützt. Dabei sollen nach den marxistischen Lehren, die die Bewußtseinselemente für eine wichtige Bedingung der sozialistischen Gesellschaftsumformung halten, die demokratischen Spielregeln respektiert werden. Diejenigen kommunistischen Parteien, die dieser Richtung zuzuordnen sind, nehmen dementsprechend auch aktiver am politischen Leben der jeweiligen Länder teil und suchen, Mehrheiten für ihre sozialistischen Programme zu erlangen.
Die wirtschaftspolitische Konzeption des E ist nicht einheitlich. So gibt es bei einzelnen Autoren Bekenntnisse zur Marktwirtschaft, Vorstellungen über staatliche Kontrolle der Großbetriebe und Orientierung an staatlichen Plänen ohne direkte zentrale Planung sowie Vorschläge für weitere Verstaatlichungen, verbunden mit zu-

sätzlichen Lasten für die verbleibende Privatwirtschaft. Wird im E allgemein kein unmittelbarer Ersatz der Marktwirtschaft durch zentrale Planwirtschaft gefordert, sondern den Marktmechanismen eine beschränkte und in ihren Voraussetzungen verwandelte Funktion zugebilligt, so ist doch ebenso deutlich, daß der privatwirtschaftliche Spielraum eingeengt und die sozialistische staatliche Wirtschaftslenkung, zumindest zunächst ohne direkte zentralplanerische Methoden, ausgedehnt wird.

[Daß die Vertreter des E eine theoretisch nicht korrekte marxistische Position in der Revolutionstheorie und im Hinblick auf die sozialistischen Produktionsverhältnisse vertreten, mag ein innermarxistisches Gegenargument sein. Für nichtmarxistische Positionen ist entscheidend, ob die ins Positive gewandelte Einstellung zur Demokratie und zum liberal-demokratischen Staat nicht unter dem Zwang einer konkreten politischen Situation - z. B. wenn eine mühsam errungene Mehrheit wieder in Gefahr geriete - wieder aufgegeben würde. Der praktische Beweis, daß Demokratie im liberalen Sinne verstanden wird, ist noch nicht erbracht. Der positiven Einschätzung des Marktpreismechanismus muß die Logik einer verstärkten staatlichen Wirtschaftstätigkeit entgegengehalten werden, die bei konkreten Schwierigkeiten zu einer weiteren Ausdehnung zentraler Aktivitäten führen dürfte und damit die Gefahr verstärkt, einen Umschwung in eine Planwirtschaft einzuleiten. Die beim E kaum veränderte theoretische Zielsetzung für den Sozialismus und die Erfahrung mit den bestehenden planwirtschaftlichen Systemen führt bei den Beobachtern des E dazu, daß sie die mit westlichen demokratischen und nicht planwirtschaftlichen Vorstellungen angereicherte marxistische Strategie teils mit Hoffnung, teils mit Skepsis betrachten.]

Existenzminimum — ist in der Marxschen Theorie das Normalniveau des → Lohnes im Kap, das dem Wert der Ware Arbeitskraft entspricht. Es ist nicht als physisches E („Wasser und Brot") zu erklären, sondern als die Summe von Gütern, welche die Arbeiter zur → Reproduktion ihrer Klasse auf einer bestimmten Kultur- und Entwicklungsstufe (MEW, Bd. 23, S. 185 f.) benötigen. Ein Überangebot an Arbeit am Arbeitsmarkt unter der Voraussetzung der → industriellen Reservearmee und eine verhältnismäßig schwache Nachfrage von Monopolisten nach Arbeitskräften führen zu einem solchen niedrigen Lebenshaltungsniveau. *[Was E jedoch inhaltlich konkret bedeutet, kann nicht deduktiv erschlossen werden, sondern ist historisch für jede Kulturstufe empirisch festzustellen. Das E kann heute und in Zukunft einen Lebensstandard ermöglichen, der vor Jahren für die Mas-*

sen unerreichbaren Wohlstand darstellte.] E in der marxistischen Lehre ist nicht mit dem Beihilfesatz der Sozialhilfeempfänger oder dem Verdienst der untersten Lohngruppen identisch, bestenfalls in der Hinsicht, daß auch diese nach dem Entwicklungsstand bemessen sind. Ähnlich wie → Verelendung ist auch E stärker am Verhältnis zu anderen Einkommen einer Epoche als am absoluten lebensnotwendigen Standard orientiert.

Exploitation → Ausbeutung

Expropriation – ist die Enteignung von Privateigentümern durch andere Privateigentümer, den Staat oder soziale Gruppen. Die E kann unmittelbar durch Gewalt oder verhüllt in ökonomischen Prozessen legal erzwungen werden. Die zweite Art der E findet im Kap ständig und vielfältig statt, wenn die Kapitalisten durch Konkurrenz die kleinen Warenproduzenten und Händler zum Konkurs treiben, selbst gegeneinander unterliegen und ihr Kapital durch die Gewinner billig aufgekauft wird. Diese E setzt sich im Kampf der → Monopole, im Kampf der Gruppen des → Finanzkapitals fort, wenn ohne Marktkonkurrenz über Marktstrategie und Finanzoperationen die Enteignung und Beherrschung durch Kapital erfolgt. Auf internationaler Ebene zeigt sich die E im → Spätkapitalismus auch als Folge davon, daß die Monopolkapitale der Industrienationen die Reichtümer der ärmeren Länder aufkaufen, indem sie mittelbar (Beteiligungen) oder unmittelbar (Direktinvestitionen) ihren Einfluß durch Eigentumserwerb sichern. Auch die → Verstaatlichung in einzelnen Wirtschaftsbereichen gehört zu den Formen der E, die im Kap die Konkurrenz immer mehr ausschaltet, die Zahl der Kapitalisten verringert und das Produktivvermögen immer stärker konzentriert (→ Konzentration).
Die E als offen gewaltsame Aktion unter Bruch der bestehenden Gesetze findet vor allem in der → Revolution statt, legalisiert dagegen in → Übergangsperioden, in denen die Grundlage für ein neues Rechts- und Gesellschaftssystem geschaffen wird. E'en dieser Art waren die Vertreibung von Bauern bei der Entstehung des Kap in England (→ Akkumulation) und die revolutionäre Enteignung der Grundbesitzer- und Kapitalistenklasse in Rußland unmittelbar nach der Revolution durch die Diktatur des Proletariats.
[In der Zusammenfassung von Eigentumsänderungen durch Konkurs, durch Verstaatlichung aus unterschiedlichen Gründen und durch revolutionäre Umgestaltung wird ein Begriff der E geprägt, der historische Veränderungen in den Eigentumsverhältnissen auf einen Nenner bringt und damit einerseits die sozialen Folgen ökonomischer Prozesse im Kap ins Licht rückt, andererseits revolutionäre Umwälzungen als eine normale Fortsetzung eben dieser Entwick-

lungen hinstellt. Die Frage der Legitimität wird dabei nicht nach allgemeinen Normen, sondern nach Klasseninteressen beurteilt.]

Extramehrwert — ist der → Mehrwert, den einzelne Kapitalisten dadurch erzielen, daß sie die Produktivität der von ihnen beschäftigten Arbeiter auf ein überdurchschnittliches Niveau heben und demzufolge den individuellen Wert, d. h. die Kosten, gegenüber dem gesellschaftlichen Wert, wie er sich im Preis ausdrückt, senken. Dies kann über zusätzliche Kapitalinvestitionen, mittels derer technischer Fortschritt eingeführt wird, durch reine Rationalisierungsinvestitionen oder durch Verbesserung der betrieblichen Marktorganisation erreicht werden. Der E kommt ebenso wie der normale Mehrwert innerhalb der Kapitalistenklasse zur Verteilung (Kauf von Patenten, Kreditzinsen, Miete usw.), so daß dem Einzelkapitalisten nur ein Teil des E's als **Extraprofit,** der den Durchschnittsprofit übersteigt, verbleibt. Extraprofite entstehen außerdem als Marktlagengewinne, z. B. infolge von Preissteigerungen, denen ein Nachfrageüberhang zugrunde liegt. In den Fällen, in denen Extraprofite sich nicht aus der Produktion ergeben, wird durch geschickten Einsatz von Kapital zwar kein E geschaffen, sondern der Extraprofit beruht auf dem Abzug des E's oder auch nur des Mehrwerts aus anderen Kapitalanlagen (letztlich immer aus der Produktion!), in denen weniger erfolgreich gewirtschaftet wurde. Die Konkurrenz zwingt die übrigen Kapitalisten derselben Branche, möglichst schnell den Rückstand auszugleichen und ähnliche Investitionsanstrengungen wie ihr Vorreiter zu unternehmen, bis eine neue Durchschnittsprofitrate erreicht ist. *[Wie beim → Mehrwert, so ist auch beim E die Quelle die Arbeit der Lohnabhängigen, obwohl gerade hier deutlich wird, daß E ohne die unternehmerischen Leistungen, die Disposition über Investitionen, Rationalisierungen, Marktorganisationen u. a. nicht entstehen kann, auch wenn die Ausführung bei Arbeitern und Angestellten liegt.]*

Fabrik — ist die Stätte maschineller Produktion und damit für Marx die technisch organisatorische Einheit des kap Produktionsprozesses, der von der Maschine geprägt wird. „In Manufaktur und Handwerk bedient sich der Arbeiter der Werkzeuge, in der F dient er der Maschine" (MEW, Bd. 23, S. 445). Der Arbeitsrhythmus wird nicht mehr vom → Arbeiter, sondern von der Maschine bestimmt, die dadurch eine Tendenz zur Nivellierung der Arbeiterschaft hervorruft, die vorher durch eine Hierarchie von sozial differenzierten Berufen gekennzeichnet war. Die Teilung der → Arbeit in der F ist rein technisch, sie führt zu einer sozialen Schichtung nur zwischen Arbeitern und Hilfsarbeitern.
Die Disziplinierung des Arbeiters

in der F ist jedoch nicht nur technisch bedingt, sondern sie wird unter der Herrschaft des → Kapitals zu einer kasernenmäßigen Disziplin in sozialer Hinsicht ausgebaut. Es besteht ein Widerspruch zwischen der Autokratie in den kap F'en einerseits und der Gewaltenteilung sowie repräsentativen Demokratie im staatlichen Bereich der bürgerlichen → Gesellschaft andererseits. Die Demokratisierungsansätze in den Betrieben (z. B. durch Mitbestimmung) werden häufig als Verschleierungstaktik abgetan.

[Die von der maschinellen Produktion ausgehenden gesellschaftlichen Gestaltungskräfte sind einerseits nicht eindeutig und zwingend, wie die Bestrebungen und relativen Erfolge der Verbesserung der Arbeitsbedingungen durch gewerkschaftliche Aktivitäten (Humanisierung des Arbeitsplatzes) belegen. Andererseits ist in ihrer technisch-organisatorischen Gestalt die F ebenso die organisatorische Einheit der existierenden planwirtschaftlichen Systeme. Auch durch den Übergang von der maschinellen zur automatischen Produktion wird die F als Zelle der technischen Produktion nicht beseitigt, wenn sich auch ihre soziale Ausgestaltung (mehr qualifiziertes Personal) verändert.]

Fetischismus – ist ursprünglich die in Primitivreligionen zu beobachtende Vergötterung von Sachen, denen überirdische Kräfte zugeschrieben werden (z. B. behauenen Steinen). In der marxistischen Theorie ist mit F die von der → Ware-Geld-Beziehung hervorgerufene Bedeutungssteigerung der Waren gemeint, über die sich in Form von Kauf und Verkauf die gesellschaftlichen Beziehungen der Menschen und sozialen Gruppen regeln (MEW, Bd. 23, S. 85–98). **Warenfetischismus** ist deshalb die Verdinglichung der Produktionsverhältnisse in der kap Gesellschaft: Die Menschen treten nicht mehr unmittelbar zueinander in Beziehung (wie der Lehensbauer zu seinem Herrn), sondern als formaljuristisch gleiche Staatsbürger über den Arbeitsvertrag und die Warenmärkte, so daß der falsche Eindruck erweckt wird, die Warenwelt, die dort gültigen Kategorien und die Prozesse des Marktes wären die eigentlich wichtigen, durch sachliche Notwendigkeit begründeten wirtschaftlichen Vorgänge. Die Ursache für die Verwechselung von Erscheinung und Wesen liegt darin, daß die gesellschaftlichen Zusammenhänge und die Abhängigkeiten der privaten Warenproduzenten nur auf dem Markt beim Warenabsatz, also in der Bewegung von Waren, zutage treten.

Die bürgerlichen Wirtschaftswissenschaften bleiben an diesem Schein haften: Preise, Löhne, Zinsen, Märkte, Angebot und Nachfrage werden als hinreichend interessant und aussagekräftig angesehen und vorwiegend wirtschaftliche Effizienz unter gegebenen gesellschaftlichen Bedingungen (insbesondere Eigentumsverhältnissen) untersucht. Die geschichtliche Bedingtheit dieser Warenwirtschaft tritt dabei zurück. Zu den sich hinter ökonomischen Kategorien verbergenden Gesellschaftsverhältnissen wird nicht vorgedrungen und dadurch – trotz wissenschaftlicher Methoden und guten Willens – nur das kap System wissenschaftlich reproduziert und verteidigt.

Aus dem Warenfetischismus, der seine Anfänge schon in den vorkap Gesellschaften hat, resultiert der **Geldfetischismus.** Das → Geld als die → Ware schlechthin, mit der alle anderen Waren erworben werden können, stellt sich als allgemeinste und umfassende gesellschaftliche Macht dar. In Wirklichkeit spiegelt das Geld nur die gesellschaftlichen Verhältnisse wider, die aus der → Ware-Geld-Beziehung und der privatkap Eigentumsordnung hervorgehen. Der Geldfetischismus entwickelt sich zum **Kapitalfetischismus.** Dabei wird dem Kapital eine eigene Produktivität zugeschrieben, welche die Bezahlung seines Einsatzes durch → Mehrwert – in den unterschiedlichen Formen als → Zins, → Profit usw. – rechtfertigt, wie es in der kap Wirklichkeit zu beobachten ist, während → Kapital im marxistischen Sinne nur ein Gesellschaftsverhältnis von Kapitalisten und Arbeitern offenbart, das der Ausbeutung dient.

[Die Kommerzialisierung von menschlichen und gesellschaftlichen Beziehungen infolge von Gewichtsverlagerung der Beziehungen der Menschen aus den nicht vorwiegend ökonomischen Bereichen der Gesellschaft (Kirche, Militär, bäuerliche Landwirtschaft) zur materiellen Produktion in der Industrie und einer gewissen Überbewertung des Wirtschaftlichen ist in vielen kulturkritischen Ansätzen hervorgehoben worden. Sie ist aber nicht allein auf den → Kap und die Marktwirtschaft beschränkt, und sie ist – nur bei verkürzter Sicht – allein durch die industrielle Produktionsweise verursacht, ebenso haben dazu geistige Strömungen (Aufklärung, philosophischer Materialismus, Existentialismus) und die Reaktionen der Menschen darauf beigetragen. Wenn die Wirtschaftswissenschaften sich vorwiegend mit ökonomischen Kategorien auseinandersetzen, bedeutet dies keineswegs einen notwendigen Verzicht auf die Einbeziehung gesellschaftlicher Implikation, sondern ist vor allem das Ergebnis der wissenschaftlichen Arbeitsteilung. Das Wiederaufleben der nichtmarxistischen, neuen → politischen Ökonomie oder der politischen Wirtschaftslehre betont diese Zusammenhänge besonders.]

Feudalismus — ist die → ökonomische Gesellschaftsformation, die gekennzeichnet ist durch das Grundeigentum der Feudalschicht (Adel, Kirche und städtisches Patriziat) und die direkte Abhängigkeit der Masse der Bauern und

Handwerker. Die Abhängigkeit leitet sich vorwiegend aus dem Eigentum am Boden, aber auch aus der rechtlichen und sozialen Unterordnung ab. Die Hörigen und Leibeigenen besaßen - anders als die Sklaven - bestimmte Rechte und konnten Eigentum, meist in Form eines Untereigentums, erwerben. Das dadurch entstandene Interesse an der Eigenwirtschaft hob das Niveau der Ackerbautechnik, steigerte auf der einen Seite die → Arbeitsproduktivität, schuf aber auf der anderen Seite die Möglichkeit für eine Erweiterung der Ausbeutung. Die abhängigen Bauern waren zur Leistung der Feudalrente gezwungen, die in unmittelbarer Arbeitsleistung für den Feudalherrn in Form von Fronarbeit **(Arbeitsrente)** oder in Naturalablieferungen **(Produkten- oder Naturalrente)** oder später in Zinszahlungen **(Geldrente)** bestand. Dieses Mehrprodukt wurde von den Feudalherren hauptsächlich für → Luxuskonsum („Schlösser und Kathedralen") verwandt und noch nicht, wie später im Kap, für wirtschaftliche Anlagen, um mehr Geld zu verdienen. Die Landwirtschaft war der vorherrschende Wirtschaftszweig; ursprünglich als Naturalwirtschaft betrieben, gliederte sie sich erst allmählich in eine Verkehrswirtschaft auf Geldbasis ein. Der F folgt der → Sklavenhalterordnung und geht dem Kap voraus. Auch in den Städten hatte sich eine feudale Sozialstruktur entwickelt, die in den Ordnungen der Zünfte (für Handwerker) und Gilden (für Kaufleute) ihren Niederschlag fand. Es entwickelte sich die Patrizierschicht, die durch Ausbeutung der Gesellen, Lehrlinge und der machtlosen Handwerkerschichten, außerdem durch Ausdehnung des Verkehrs und des Handels die wirtschaftliche und politische Macht in den Städten ausübte.

Es entstand das **Handelskapital,** ein wichtiger Vorläufer des industriellen Kapitals, wobei durch Anlage von Kapital in Waren und Handelsunternehmungen Profit erzielt wurde. Waren die Bauern politisch fast völlig rechtlos, so entsprach die Beteiligung der Städter an der politischen Macht nicht ihrer wirtschaftlichen Bedeutung. Formen des Klassenkampfes im F waren die Bauernaufstände und Bürgerunruhen; letztere deuteten die bürgerliche → Revolution an.

[Die nach den Kriterien des historischen Materialismus, vor allem auf Grund von bestimmten Produktionsverhältnissen (feudales Eigentum) gebildete Epoche des F umfaßt tatsächlich extrem unterschiedliche Wirtschafts- und Sozialverhältnisse (z. B. die Hofmeiereien aus der Zeit der Frankenkaiser, die Hansa des Hochmittelalters und die fürstlichen Hofwirtschaften des Absolutismus.]

Finanzkapital — ist das vereinigte Kapital der Großbanken und der Großindustrie, das beim Übergang des Kap zum → Imperialismus auftritt und besondere Formen annimmt (AG, Konzern, Finanzgruppen). Der wachsende Kapital- und Kreditbedarf der Industrie, der aus technischen Gründen und infolge der zunehmenden → Zentralisation und → Konzentration des → Kapitals erforderlich wird, begünstigt das Wachstum und die Konzentration der Banken und veranlaßt industrielle Kapitalisten, diese Entwicklung voranzutreiben und sich daran zu beteiligen. Die Hilfe, welche die Banken bei der Kapitalbeschaffung und Kreditfinanzierung der Industrie leisten, verwandelt sich in Einfluß auf die Industrie. Mit der Kreditrückzahlung und dem relativ verringerten Wachstum auf Kreditbasis nimmt die Selbstfinanzierung der Industrie zu. Gleichzeitig wächst die Konkurrenz der Banken um die Großkunden, so daß sich die Machtposition der Industrie gegenüber den Banken weiter ausweitet. Diese Entwicklungen überschneiden sich teilweise, so daß zur selben Zeit verschiedene Einflußbereiche bestehen. Entscheidender ist daher, daß das Bank- mit dem Industriekapital mehr und mehr verschmilzt, auch in personeller Hinsicht (→ Finanzoligarchie), und sich beide zu einer dominierenden Kapitalmacht, bestehend aus einigen Kapitalgruppen, die teils miteinander um Einfluß konkurrieren, teils gemeinsame Interessen verfolgen, entfalten. Sie beziehen auch andere Bereiche (Transport, Handel) ein und steuern über die Formen der Beteiligung, der Personalverflechtung, der Lieferanten- und Kundenabhängigkeit indirekt weitere Bereiche der Wirtschaft. Die Lehre vom F wurde von Rudolf Hilferding (→ LV) in einem gleichnamigen Buch entwickelt und ist von Lenin durch die Einbeziehung der in der Produktion stattfindenden Konzentration erweitert und in seine Imperialismustheorie eingearbeitet worden.

[Ist die von Hilferding behauptete Herrschaft des Finanzkapitals schon durch die Gegenwirkung des Industriekapitals in Frage gestellt, so wird durch die behauptete Herrschaft des Finanzkapitals die Dominanz der Produktionssphäre in Frage gestellt, so daß der Vorwurf einer idealistischen, revisionistischen Position erhoben wurde. Eine marxismuskritische Position würde von der Konzeption einer pluralistischen Gesellschaft dem Finanzkapital andere – marktmäßige und nichtmarktmäßige – Gruppen von gesellschaftlichem Gewicht gegenüberstellen. Außerdem stehen Liefer- und Absatzbeziehungen neben den Finanzbeziehungen; Gewerkschaften, staatliche Organisationen u. a. üben wirtschaftlichen Einfluß wie das F aus.]

Finanzoligarchie — ist eine kleine Gruppe von Monopolkapitalisten, die im Zuge der Entwicklung des → Finanzkapitals über → Kapital verfügen, das aus der Verschmelzung von Industrie- und Bankkapital entstanden ist und Handel,

Versicherungen u. a. einbezogen hat. Über unterschiedliche Formen der Beteiligung, der personellen Verflechtung, des ökonomischen und politischen Interessenausgleichs sind die F'n zu Machtpositionen gelangt, die oft undurchsichtig sind und die Abhängigkeiten weiterer Bereiche der Wirtschaft, der politischen und staatlichen Organisationen verschleiern. Mit der Möglichkeit, große Kapitalmassen bewegen zu können, erlangen sie enorme → Monopolprofite und damit entscheidenden Einfluß auf die Richtung der Investitionstätigkeit. Die Verquickung mit dem → Staat gibt den Anstoß zur Beteiligung am → Rüstungsgeschäft und zur Übernahme profitabler wirtschaftlicher Gemeinschaftsaufgaben bei Überlassung unrentabler Aufgaben an die öffentliche Hand. Schließlich sind die Gruppen der F die treibenden Kräfte bei der Verlagerung der Kapitale und ihrer unternehmerischen Geschäftstätigkeit ins Ausland, um nationalen staatlichen Beschränkungen zu entkommen. Die sogenannten internationalen Konzerne bilden die Basis einer ungehemmten kap Geschäftstätigkeit, die auf einzelne Staaten keine Rücksicht zu nehmen braucht und deren Politik teilweise sogar kontrollieren kann. *[Soweit in der Lehre von der Macht der F eine Personifizierung von ökonomischen Machtproblemen stattfindet, mündet sie in eine untheoretische Verschwörertheorie mit mystischen Zügen ein, die eine rationale Analyse komplizierter Finanzprobleme versperrt.]*

Frühkapitalismus — ist der vorindustrielle Kap, in dem noch vorwiegend mit handwerklicher Technik produziert wird, aber schon unter Einsatz von → Kapital Arbeiter, zum Teil noch unabhängige Handwerker, ausgebeutet werden und Profit erwirtschaftet wird. Der F ist aus Elementen der einfachen Warenproduktion und des Handelskapitalismus bei sich vergrößernden inneren und äußeren Märkten entstanden. Neben den Hauptformen frühkap Produktionsweise, der → Manufaktur und dem → Verlagssystem, war der F noch weitgehend in feudale Wirtschafts- und Gesellschaftsstrukturen eingebettet. Durch Intensivierung (rationellere Arbeitsorganisation) und Extensivierung (Verlängerung des Arbeitstages) konnte in dieser Zeit die Produktivität schon bedeutend gesteigert werden.

Gebrauchswert — einer Sache ist die Fähigkeit, bestimmte menschliche Bedürfnisse zu befriedigen. Dabei stehen die objektiven Eigenschaften der Güter im Hinblick auf ihre Eignung zur Befriedigung der Bedürfnisse im Vordergrund, die nicht, wie in der Grenznutzenschule, individuell und subjektiv, sondern überindividuell und sozial objektivierbar aufgefaßt werden. „Gebrauchswerte bilden den stofflichen Inhalt des Reichtums, welches immer seine gesellschaftliche Form sei" (MEW, Bd. 23, S. 50). Auch freie Güter (z. B. Luft) besitzen G. Der soziale Charakter des G'es wird besonders deutlich beim G der → Ware, die durch den Absatz ihre gesellschaftliche Nützlichkeit erweist. Marx hat den G als Forschungsgegenstand aus der → Politischen Ökonomie in die Warenkunde verwiesen, eine Disziplin, welche u. a. die Methoden der Feststellung und Messung der einzelnen Gebrauchswerte (z. B. Steinkohleeinheiten) oder einzelner G-Eigenschaften (z. B. Umdrehungszahl pro Sekunde) entwickelt. Aber Marx weist auch darauf hin, daß die Veränderungen der gesellschaftlichen G'e (z. B. durch Erfindung neuerer und besserer Produkte) auf die ökonomischen Probleme der Wert- und Preisbildung entscheidend einwirken, weil die G'e - hier in einem weiteren Sinne verstanden als die Summe der in den Waren verkörperten nützlichen Eigenschaften - die sachlichen Träger der → Werte sind. Deshalb besitzt eine Ware, für die keine → Nachfrage besteht, die also ihre konkrete Nützlichkeit verloren hat, z. B. infolge von Überproduktion, keinen G mehr; sie hört damit auf, Ware zu sein.

[Der Lehre vom G und den Versuchen, ihn zu messen, liegt das Bemühen zugrunde, die Subjektivität der Nutzeneinschätzungen zu überwinden. Aber unter Bezugnahme auf die objektivierbaren Eigenschaften der Güter selbst und mit Berücksichtigung der gesellschaftlichen Einflüsse auf den G der Güter kann die wechselnde Einschätzung, die Güter erfahren, nicht erklärt werden. Ein wichtiges Zwischenglied sind die individuellen Nutzenvorstellungen der Menschen.]

Geld — ist ein allgemeines Tauschgut, das auf einer bestimmten Entwicklungsstufe der Warenwirtschaft entstand. Es ist eine Kategorie, die logisch in der Wirtschaftsform der → Warenproduktion enthalten ist. G entwickelte sich aus verschiedenen → Wertformen zum allgemeinen → Äquivalent, in dem eine Ware auf Grund besonderer Eigenschaften (teilbar, hohes wertspezifisches Gewicht, transportierbar, relative Seltenheit u. a.) den Gebrauchswert erlangte, als allgemeines Tauschgut zu dienen und dadurch zum Wertausdruck für alle anderen Waren zu werden. Das G stellt eine Abstraktion von den → konkreten Gebrauchswerten dar, es abstrahiert von konkreten Gütern und stellt eine erste Form der → Entfremdung dar, die bei seiner Verwandlung in Kapital zu voller Entfaltung kommt.

Neben jenen Eigenschaften muß G selbst einen → Wert (im Sinne der → Arbeitswertlehre) besitzen, der zum Maßstab für die → Wertgröße der anderen Waren wird. Beim Papiergeld, bei dem diese Bedingung nicht erfüllt ist, leitet sich sein Wert aus dem Warengeld (Gold) ab, das es vertritt; jedoch

spielt auch die umlaufende Papiergeldmenge eine Rolle.
[Trotz dieser Ansätze für eine Erfassung moderner Geldformen ist die Marxsche Geldtheorie vornehmlich auf Warengeld gerichtet und zu eng mit der Wertlehre verbunden, um ein modernes Geldsystem, das staatlich im Hinblick auf Konjunktur und Wachstum, Geldwert und Außenwirtschaft gesteuert wird, zu erfassen.]

Geldfetischismus → Fetischismus

Gemeineigentum — auch gemeinschaftliches oder Kollektiveigentum genannt - gibt im Gegensatz zum Privateigentum die Verfügungsgewalt über Sachen und deren Nutznießung nicht einzelnen Privatpersonen oder Vereinigungen von Privatpersonen, sondern einer überpersönlichen Gemeinschaft - der Gemeinde, der Stadt, dem Staat, einzelnen Gruppen oder der Gesellschaft; es kann also sowohl Gesellschafts- als auch Gruppeneigentum sein. G ist damit ein Oberbegriff für alle nicht auf Privatrecht fußenden gemeinschaftlichen Eigentumsformen. Es deckt sowohl gemeinwirtschaftliches Eigentum in kap Gesellschaften wie die Formen gesellschaftlichen Eigentums in sozialistischen Gesellschaften, aber es ist nur für die zuletzt genannten Gesellschaften typisch, während im Kap das Privateigentum dominiert. Nach Art. 15 und 14 des Grundgesetzes der Bundesrepublik Deutschland ist eine Überführung von Grund und Boden, Naturschätzen und → Produktionsmitteln zum Zwecke der → Vergesellschaftung in G und andere Formen der Gemeinwirtschaft gegen Entschädigung möglich. Bisher ist von dieser Möglichkeit nicht Gebrauch gemacht worden.
[Formen des Gemeineigentums in der Wirtschaft sind seit alters bekannt (Allmende), sie stellen auch in bestimmten Bereichen der modernen Marktwirtschaften (kollektive Güter, Infrastruktur) eine wichtige Ergänzung des Privateigentums dar, in dem häufig die Gewinnerzielung zugunsten gesellschaftlicher Bedürfnisbefriedigung zurücktritt oder sogar ersetzt wird.]

Gesamtprodukt → Produkt

Gesellschaft — ist die Gesamtheit des organisierten Zusammenlebens der Menschen in einem bestimmten zeitlichen und räumlichen Verband. In der marxistischen Theorie wird die G nicht als Summe von Individuen, sondern als Ganzes und die Entstehung und Struktur jeder G aus der Art, wie die Menschen in der Produktion ihren Lebensunterhalt erarbeiten, hergeleitet. Der Entwicklungsstand der → Produktivkräfte und die zugehörigen → Produktionsverhältnisse sind die Grundlagen der G, sie bestimmen auch das politische und geistige Leben und die ihm dienenden rechtlichen und kulturellen Organisatio-

nen einer G. G wird nicht von den Individuen her verstanden, sondern von den Klassen und sozialen Gruppen, die ihren Entstehungsgrund in der Arbeitsteilung und Eigentumsordnung haben. Die verschiedenen Bereiche einer G (Politik, Wirtschaft, Kultur, Sport, Religion usw.) sind nicht voneinander getrennt und nur der jeweiligen Sachlogik unterworfen, sondern sind interessen- und klassenbedingt und stehen in einer engen gesellschaftlichen Beziehung zueinander. Der Zusammenhang wird im historischen → Materialismus durch allgemeine Gesetze erklärt. Es gibt keine rational zeitlos optimale Gesellschaftsordnung, sondern jede G unterliegt in Abhängigkeit von der ökonomischen Basis einer ständigen Veränderung. Grundsätzlich neuen Charakter erhalten die G'en durch → Revolutionen, welche neue → ökonomische Gesellschaftsformationen schaffen.
[Der marxistischen Gesellschaftstheorie kann eine Reihe anderer Gesellschaftstheorien gegenübergestellt werden, in denen nicht von vornherein eine Dominanz der Wirtschaft über die Gesamtgesellschaft angenommen wird. Z. B. kann die G als ein System verstanden werden, dessen Teile und Subsysteme wechselseitig Wirkungen aufeinander ausüben und im Gleichgewicht oder Ungleichgewicht stehen. G kann auch als zusammengesetzt aus sozialen Gruppen und Schichten verstanden werden oder durch Abstraktion und Typisierung von Normen, Rollen und Verhaltensmustern untersucht werden. Die Komplexität jeder G und die Vielzahl der möglichen Fragestellungen läßt es aussichtslos erscheinen, durch einen Ansatz das gesamte Phänomen G zu erfassen.]

Gesellschaftsformationen → ökonomische Gesellschaftsformationen

Gesetz — Der Begriff spielt in verschiedenen Bereichen der marxistischen Theorie eine Rolle. Gemeinsam ist allen, daß das G einen allgemeinen inneren, notwendigen und wesentlichen Zusammenhang zwischen Erscheinungen verschiedener Art (der Natur, des Denkens, der Ökonomie, der Gesellschaft u. a.) darstellt, der eine relative Beständigkeit besitzt und sich bei gleichen Voraussetzungen wiederholt. Abgesehen von den juristischen G'en, bei denen dieser Zusammenhang normativer und gestaltender Natur ist, wird den im G ausgedrückten Zusammenhängen ein objektiver Charakter zugesprochen, d. h., sie wirken unabhängig vom Bewußtsein und den Wünschen der Menschen. In den G'en der Wissenschaft werden die objektiv in der Realität wirkenden G'e wiedergegeben. Die Wirksamkeit eines G'es hängt von den spezifischen, nichtspezifischen und begleitenden Bedingungen ab. Erstere bestimmen das Wesen des G'es und stellen eine hinreichende Bedingung dar, die nichtspezifischen Bedingungen sind für das Wirken des G'es nicht hinreichend, aber notwendig. Die begleitenden Bedingungen beeinflussen dagegen nur die konkreten Erscheinungsformen. So sind für das G der kap → Ausbeutung das → Privateigentum an den → Produktionsmitteln und die Entstehung eines → Mehrprodukts die spezifische, ist die Verwandlung des Mehrprodukts in → Mehrwert die nichtspezifische und sind die konkreten Lohnformen die begleitende Bedingung.

Auf der Basis des historischen → Materialismus wird die Geschichte und jede menschliche Gesellschaft als beherrscht durch allgemeine und innere G'e angesehen, die ebensowenig wie Naturgesetze aufgehoben werden können. Zu diesen G'en gehören u. a. das G von der bestimmenden Rolle des gesellschaftlichen Seins gegenüber dem gesellschaftlichen Bewußtsein, das G der Übereinstimmung von Produktivkräften und Produktionsverhältnissen sowie das G, daß jede Gesellschaft in Gestalt einer bestimmten → ökonomischen Gesellschaftsform existiert und alle bisherige Geschichte die Geschichte der Entstehung, der Entwicklung und des Wechsels (durch Revolutionen) solcher Gesellschaftsformationen ist. Diese G'e, aus denen letztlich Ablauf und Ziel der Geschichte abgeleitet werden können, haben den Vorwurf des Determinismus auf sich gezogen. Er wird dadurch entkräftet, daß die historischen G'e unabhängig vom Wollen der Menschen, „hinter ihrem Rücken", aber durch ihr Handeln wirkten und daß der einzelne durchaus die Freiheit habe, in Einklang mit oder gegen die G'e zu handeln. Deshalb wird häufig den Gesetzen nur die Qualität einer Tendenz zugeschrieben. In historischer Dimension erfolgreich wird nur ein Handeln entsprechend den G'en sein, indem sie angewandt und beherrscht werden (MEW, Bd. 19, S. 226). Dies wird als Einsicht in die Notwendigkeit gedeutet. Dadurch wird das Naturgesetzliche an den gesellschaftlichen G'en in der Perspektive aufhebbar, die G'e erhalten einen gesellschaftskritischen Aspekt. Die Menschen sollen - anders als heute - zu Subjekten der Gesellschaft werden, nicht mehr Objekte und Opfer der Geschichte sein, sondern bewußt in Einklang mit den Entwicklungsmöglichkeiten handeln.

[Dieses Denken in historischen G-mäßigkeiten ist keineswegs auf den Marxismus beschränkt. Geschichtsphilosophien, wie z. B. die von O. Spengler und A. J. Toynbee, verfolgen im Grunde den gleichen Erkenntnisweg, mit dem aus allgemeinen Prinzipien der allgemeine Geschichtsablauf erklärt wird. Ein gemeinsamer Ausgangspunkt der Kritik kann deshalb trotz aller inhaltlichen Unterschiede das Argument sein, daß ein Denkschema allein für ausreichend gehalten wird, historische Vielfältigkeit und Abläufe auf einer bestimmten Ab-

straktionsebene einzufangen. Jedoch können geschichtsphilosophische Theorien, auch die marxistische, als Arbeitshypothesen angewandt werden.]

Die historischen G'e beziehen sich im historischen → Materialismus größtenteils auf ökonomische Zusammenhänge in der → Gesellschaft, die durch **ökonomische Gesetze** bestimmt sind. Sie drükken die ökonomischen Beziehungen einer Gesellschaft, ihrer Funktionsweise und Entwicklung aus, entscheiden über Produktion, Verteilung und Verwendung der Güter sowie über das Verhältnis der → Klassen der Gesellschaft zueinander. Die ökonomischen G'e beruhen auf den → Produktionsverhältnissen einer Gesellschaft (insbesondere den Eigentumsverhältnissen), geben ihre Wechselwirkung zu den → Produktivkräften wieder und legen ihre Entwicklung dar. Auch für die ökonomischen G'e gilt, daß sie unabhängig vom Wollen der Menschen wirken und entgegenwirkendes Handeln nicht ausschließen. Erst im → Kommunismus wird eine vollständige Übereinstimmung zwischen gesellschaftlichem ökonomischem Handeln und den objektiv gültigen G'en möglich sein.

In den einzelnen gesellschaftlichen Formationen wirken G'e unterschiedlicher Art. Die allgemeinen G'e (z. B. das → G der Ökonomie der Zeit) gelten in allen → ökonomischen Gesellschaftsformationen, die speziellen G'e (z. B. das → Mehrwertgesetz) gelten nur innerhalb bestimmter Produktionsweisen, eine dritte Gruppe von G'en (z. B. → Wertgesetz) gilt in mehreren, nicht aber in allen gesellschaftlichen Formationen. Überdies besteht die Vorstellung, daß ein G in besonderer Weise Vorrang gegenüber allen anderen G'en besitzt. Wenn Karl Marx als Ziel des „Kapital" bezeichnet, „das ökonomische Grundgesetz der modernen Gesellschaft" zu entfalten (MEW, Bd. 23, S. 15), so kommt darin der Versuch zur Geltung, die Vielfalt der Erscheinungen auf eine wesentliche wirtschaftliche Gesetzmäßigkeit zurückzuführen. Es ist das Mehrwertgesetz, das allen anderen G'en im Kap ihren Rang zuweist.

[In der nichtmarxistischen Ökonomie werden im allgemeinen gesellschaftliche und speziell ökonomische G'e nicht geleugnet, aber sie werden auf Grund der Unsicherheit zwischen sozialer Objektwelt und Theorie und wegen wissenssoziologischer und wissenschaftstheoretischer Bedenken weniger kühn formuliert und meist auf Teilzusammenhänge beschränkt (z. B. Grashamsches Gesetz: Gutes Geld wird durch schlechtes verdrängt, wenn sie nebeneinander bestehen). Auch in neomarxistischen Strömungen, welche die dogmatische Ausformung des Marxismus ablehnen, werden G'e häufig als Zusammenhänge minderer Stringenz und als Tendenz formuliert.]

Gesetz der Ökonomie der Zeit → Ökonomie der Zeit

Gesetz der ungleichmäßigen ökonomischen und politischen Entwicklung des Kap – bringt zum Ausdruck, daß im Kap auf Grund der → Konkurrenz und der → Anarchie der Produktion die Gesamtentwicklung der Wirtschaft und → Gesellschaft nicht kontinuierlich ohne Widersprüche und Spannungen abläuft, sondern daß Unregelmäßigkeiten, Sprunghaftigkeit und Ungleichgewicht, Krisen und Konjunkturen, politische Abhängigkeiten und Kriege mit objektiver Notwendigkeit aus den kap → Produktionsverhältnissen folgen. Die Ungleichmäßigkeit im Inneren der kap Länder ist durch die Ungleichheit der → Klassen bedingt. Innerhalb der kap Wirtschaft entwickeln sich Wirtschaftssektoren, Wirtschaftszweige und Einzelbetriebe unterschiedlich, mit der Folge, daß nicht nur die → Kapitalisten, sondern auch ein Teil der → Arbeiter in eine wirtschaftlich günstigere oder ungünstigere Lage kommen. Durch die nicht von vornherein abgestimmten Entscheidungen der Kapitalisten, die unberechenbare Marktkonkurrenz und die Auswirkungen eines ungenügend beherrschten Geldsystems werden Wirtschaftskrisen verursacht, von denen sich die Wirtschaft aber nur kurzfristig wieder erholt.
Die Ungleichmäßigkeit der Entwicklung wird im Monopol-Kap noch gesteigert, wenn die Marktregulierungen einseitiger und häufiger Machteingriffe der → Monopole möglich werden. Bei der wirtschaftlichen und politischen Verflechtung mit dem → Staat (→ staatsmonopolistischer Kap) wird zwar durch Versuche planmäßiger staatlicher Wirtschaftspolitik die auf die Marktkonkurrenz zurückgehende Ungleichmäßigkeit verringert, aber auf höherer Ebene bleibt ein politisches und wirtschaftliches Ungleichgewicht zwischen den ökonomischen Machtgruppen bestehen. Es gelingt ihnen nicht, die Gesamtwirtschaft dabei auf einem gleichmäßigen Wachstumspfad zu stabilisieren. Hinzu kommen die wirtschaftlichen und politischen Ungleichheiten in der kap Weltwirtschaft, zu denen nicht nur dauerhafte Abhängigkeiten und Ausbeutungsverhältnisse zwischen Industriestaaten und Entwicklungsländern gehören, sondern auch die Konkurrenz der Industriestaaten und internationalen Gesellschaften untereinander. Diese Auseinandersetzungen werden nicht nur wirtschaftlich ausgetragen, sondern auch durch Kriege.
[Im Gesetz der ungleichmäßigen Entwicklung werden u. a. die auch in der nichtmarxistischen Ökonomie bekannten Erscheinungen der Struktur- und Konjunkturkrisen behandelt. Entgegen der Lehre von der Unausweichlichkeit der Disproportionalitäten infolge der kap Produktionsweise wurden in der sog. bürgerlichen Ökonomie

die ökonomischen Mittel (z. B. Marktforschung, Kooperation) und die wirtschaftspolitischen Instrumente (Struktur- und Konjunkturpolitik) entwickelt, welche die Ungleichmäßigkeiten und ihre Folgen verringert haben oder doch versuchen, die in ihrer Verursachung sich ständig wandelnden Störungen, vor allem die Konjunkturkrisen, zu beheben oder doch wenigstens die negativen sozialen Auswirkungen auszugleichen. Es konnte bisher nicht nachgewiesen werden, daß durch sozialistische Planungsmethoden eine gleichmäßige, dynamische Entwicklung erreicht wurde (Versorgungskrisen). Soweit Ungleichmäßigkeiten gesellschaftlich und weltpolitisch verstanden werden, muß der Begründung aus den kap Produktionsverhältnissen ein Erklärungskonzept gegenübergestellt werden, das ähnliche Erscheinungen in nicht-kap Ländern oder zu Zeiten, als es noch keinen Kap gab, einbezieht und auch auf andere Erklärungsursachen (z. B. Nord-Süd-Gefälle, Nationalismen) zurückgreift.]

Gesetz des tendenziellen Falls der Profitrate — ist eines der historischen Entwicklungsgesetze der kap Wirtschaft, das - neben der → Konzentration und → Zentralisation sowie neben den sich verstärkenden Wirtschaftskrisen - die Widersprüche des Kap verstärkt und ihn zunehmend funktionsunfähig macht. Die durchschnittliche → Profitrate (Verhältnis des Mehrwertes bzw. Profits zum eingesetzten Kapital) fällt, wenn das Wachstum des → Mehrwerts bzw. des Profits geringer ist als das Wachstum des → Kapitals. Da die Kapitalisten ständig Kapital akkumulieren, um Extraprofite zu erzielen und im Konkurrenzkampf bestehen zu können, nimmt die → organische Zusammensetzung des Kapitals fortwährend zu. Wächst die → Mehrwertrate nicht im gleichen Maße, sinkt die Profitrate. Es wird eine Reihe von Gründen angeführt, die den Fall der Profitrate verhindern. Dazu zählen die Steigerung der Mehrwertrate, das zeitweilige Senken des Lohnes unter den Wert der → Ware → Arbeitskraft, die Verringerung des → Wertes der → Produktionsmittel durch deren Preissenkung, Kapitaleinsparungen zu Lasten der Arbeiter (z. B. Verzicht auf Arbeitsschutz) und Kapitalanlage im Ausland, wo höhere Profitraten erzielt werden können. Diese Gegenkräfte vermögen den Fall der Profitrate abzuschwächen, jedoch nicht aufzuhalten.

Infolge der Abnahme der Profitrate verstärken sich die Widersprüche des Kap: Die Kapitalisten versuchen die → Ausbeutung zu steigern, durch Investitionen im Ausland die Profite zu erhöhen und durch Konkurrenzkämpfe untereinander die individuelle oder durch Zusammenschlüsse die gemeinsame Lage zu verbessern. Durch die Jagd nach Extraprofiten entsteht eine Investitionshektik, die → Überproduktion und Wirtschaftskrisen entstehen läßt. Wenn auf Grund des inneren Akkumulationszwanges die Profitrate weit genug gesunken ist, geht die Akkumulationsbereitschaft (Investitionen) zurück, das kap System verliert seine Dynamik und Funktionsfähigkeit.

[Das Gesetz vom tendenziellen Fall der Profitrate ist empirisch-statistisch nicht nachweisbar, wenn auch für einzelne Perioden oder in einzelnen Ländern oder an einzelnen Rentabilitätskennziffern der Nachweis geführt wird. Wenn es überhaupt eine Tendenz gibt, so ist sie durch entgegenwirkende Kräfte - insbesondere Erhöhung der Mehrwertrate durch → technischen Fortschritt - bisher überlagert worden. Aber selbst wenn eine Tendenz dieser Art bestünde, folgt daraus nicht zwingend eine Abhängigkeit der Investitionstätigkeit der Kapitalisten. Diese ist nicht allein durch die Höhe der Profitrate bestimmt - die im übrigen zumindest kurzfristig durch geld- und kreditpolitische Maßnahmen erhöht werden kann -, sondern auch durch die Erwartungen der Unternehmer, die sich auf künftige Marktentwicklungen, Liquidität u. a. stützen.]

Gewalt → Revolution

Gewerkschaften — sind Organisationen der Arbeiterklasse, die im Kap die Interessen des → Proletariats durch Selbsthilfe und Widerstand gegen die Kapitalisten vertreten. Im → Frühkap spielten die G eine geringe Rolle, sie waren erst in der Entwicklung begriffen. Die Rolle der G im Kap wird in der marxistischen Theorie zwiespältig gesehen: Einerseits fungieren sie als Interessenvertreter der → Arbeiter gegen das → Kapital. Als solche kämpfen sie um bessere Lebensbedingungen, setzen Lohnerhöhungen (im Rahmen der Kosten der erweiterten Reproduktion der Arbeitskraft) durch, fordern Arbeitszeitverkürzung, besseren Arbeitsschutz usw. Dabei sind die G gleichzeitig „Schulen des Klassenkampfes", das heißt, im Klassenkonflikt selbst bilden sich Bewußtsein, Organisation und Formen des Klassenkampfes. Aber die G werden bei Abschluß konkreter Vereinbarungen und bei Kompromissen mit den Kapitalisten über bessere Arbeitsbedingungen auch anfällig dafür, daß sie sich durch diese Übereinkünfte dem kap System in gewisser Hinsicht anpassen, Funktionen der kap Gesellschaft übernehmen und so das eigentliche Ziel der Arbeiter, ihre Befreiung aus dem kap Joch, nicht mehr verfolgen.

Andererseits sind die G jedoch Organisationen des politischen Klassenkampfes, der auf eine Revolution, d. h. Systemablösung, gerichtet ist. Insofern sind die G Teil der revolutionären Arbeiterbewegung, die in der kommunistischen Partei ihre politische Spitzenorganisation gefunden hat.

[In der Geschichte hat sich die Mehrzahl der G im Kap unter Aufnahme sozialer, auch nichtmarxi-

stischer Strömungen zu Gegenmachtorganisationen entwickelt, denen – neben der staatlichen Sozialpolitik – die sozialen Verbesserungen im Kap vorwiegend zu danken sind; gleichzeitig integrierten sie sich aber in das kap System, das ihnen bestimmte Aufgaben bei der Organisation der Arbeit, bei der Konfliktlösung usw. übertrug und sie damit zu einer staatstragenden Organisation machte. Sie begannen, das Kapitalverhältnis mit seinen Konsequenzen im Grunde zu akzeptieren und wurden damit zu einem systemerhaltenden Ordnungsfaktor].

Die Aufgabe der G als Vertreter der Interessen der Arbeiter habe aber darin zu liegen, ihre Stellung zum Ausbau einer antikap Gegenmacht, welche das System beseitigen hilft, zu benutzen. Diese Konzeption wird z. B. von A. Gorz (→ LV) vertreten.

In neuerer Zeit gewinnt in manchen G eine Strategie die Oberhand, die sowohl konkrete Verbesserungen der Lebenslage der Arbeiter als auch langfristig systemüberwindende Reformen anstrebt (→ Systemüberwindung).

Gewinn → Profit

Grundgesetz → ökonomisches Grundgesetz

Grundrente → Rente, → Feudalismus

Der **Grundwiderspruch des Kapitalismus** – ergibt sich aus der Gegenüberstellung der gesellschaftlichen Art der Produktion, die sich in Form gemeinsamer Arbeit vieler in großen Organisationen (Fabriken) vollzieht, und der privaten Aneignung der Produkte durch relativ wenige Kapitalisten. Die Kapitalisten organisieren die Produktion von Waren, indem sie zuerst in einzelnen → Fabriken, später in Großbetrieben und schließlich in überbetrieblichen Organisationsformen die Arbeiterklasse, den größten Teil der Gesellschaft, zu produktiver Tätigkeit anhalten. Die → Produktion vollzieht sich also im Kap in gesellschaftlichen Formen; der Grad der → Vergesellschaftung nimmt mit der Vervollkommnung und Vergrößerung der kap Produktion zu. Demgegenüber werden die Ziele der Produktion unverändert durch Private bestimmt, die Eigentümer der → Produktionsmittel sind und sich die Produkte des gesellschaftlichen Produktionsprozesses aneignen. Sie oder ihre Vertreter haben die Befehlsgewalt in den Unternehmungen und indirekt über ihren politischen Einfluß auch in der Gesellschaft (→ Staat). Es dominiert das Kapitalinteresse über die Interessen der Arbeiter, die den → Mehrwert, aus dem das Kapital gebildet wurde, geschaffen haben und ständig neu produzieren. Mit der Entwicklung des Kap zum → Spätkapitalismus ändert der G nur seine Form, wenn anstelle von Privatkapitalisten Manager treten und der Staat Funktionen der Kapitalisten durch Beamte wahrnimmt. Aus dem G werden andere Widersprüche, z. B. zwischen Produktion und → Markt oder zwischen → Akkumulation und → Verelendung, abgeleitet. *[Die Bedeutung dessen, was marxistisch als G d K analysiert und zur Basis des Kap-Verständnisses gemacht wird, muß, wenn auch der Gegensatz zwischen Kapital und Arbeit ein wichtiges Konfliktverhältnis in Marktwirtschaften darstellt, relativiert werden, 1) weil es andere, in anderen Erklärungszusammenhängen stehende wichtige Probleme (Sicherung demokratischer Freiheitsrechte, Wirtschaftswachstum zur Beseitigung der wirtschaftlichen Not und als Basis des Wohlstandes u. a.) gibt, 2) weil die Entwicklung des Verhältnisses von Kapital und Arbeit nicht notwendigerweise auf Polarisation gerichtet sein muß, sondern es zu Überschneidungen (Mittelschichten), zu Auflösungen (kapitallose Führungseliten) und zu einer gewissen Verringerung des Ungleichgewichts (Beteiligungen an gesellschaftlichen Entscheidungsprozessen) gekommen ist, und weil 3) auch in den bestehenden sozialistischen Systemen eine Lösung der Probleme des G's nicht voll gelungen ist.]*

Handelskapital, Handelskapitalismus → Kapital, Kapitalismus

Handelskrise → Krise

Handwerk → Kleinproduzent

Histomat, historischer Materialismus → Materialismus

Ideologie — ursprünglich eine bestimmte Art von Bewußtsein, das eine interessenbedingte, von einem beschränkten Gesichtskreis aus entfaltete Interpretation der Wirklichkeit liefert; es ist deshalb immer verkehrtes, falsches Bewußtsein, das der Verwirklichung der eigenen Interessen dienlich ist, um so mehr, wenn es gelingt, ihm generelle Geltung zu verschaffen und damit die eigenen Interessen und gegebenenfalls Herrschaftsansprüche zu realisieren. Die I'n neigen dazu, sich zu verselbständigen und von ihrer ursprünglichen Bestimmung losgelöste gesellschaftliche Institutionen und soziale Bewegungen zu schaffen, welche die gesellschaftliche Entwicklung im Interesse der jeweiligen ideologietragenden Klasse beeinflussen. In diesem Sinne sind alle Religionen, Weltanschauungen, aber auch das demokratische Rechtssystem I'n, welche eine Verallgemeinerung zum Nutzen der Klassen, deren Interessen sie widerspiegeln, anstreben. I'n sind deshalb nicht nur falsches Bewußtsein, sondern auch Instrumente der Interessendurchsetzung letztlich ökonomisch fundierter Klassen. Demgegenüber hat die marxistische Theorie mit dem Anspruch der Wissenschaftlichkeit den Ideologieverdacht hinter sich gelassen. Erst wenn es keine klassenbedingten Interessenstandpunkte

mehr gibt (im Kommunismus), wird auch die Voraussetzung für solches falsches Bewußtsein verschwinden.
[Der Marxsche Ideologiebegriff ist von der Soziologie aufgenommen worden und zeigt einen wichtigen Zusammenhang zwischen Interesse und Bewußtsein. Aber die Verdächtigung aller (nicht marxistischen) Bewußtseinsinhalte der Interessenbedingtheit wird anderen Aspekten bei der Analyse zeitbedingter Weltanschauungen, der Sinn- und Wahrheitssuche, der immanenten Logik, der Axiomatik aller Philosophien u. a. nicht gerecht. Der Ideologieverdacht allein ist kein Gegenbeweis oder keine Widerlegung; I-Kritik kann auch auf die marxistische Theorie angewandt werden.]
Der I-Begriff hat im Marxismus-Leninismus eine Verflachung in der Form erfahren, daß alle Bewußtseinsinhalte, Lebensanschauungen und Philosophien ohne den ideologiekritischen Inhalt darunter gefaßt werden. In diesem Sinne wird auch ohne kritischen Unterton von der marxistischen Ideologie gesprochen. Insofern ist I gleichbedeutend mit geistig-ideellen Überbaubereichen.

Imperialismus — ist ein Entwicklungsstadium des Kap, das durch zunehmende Funktionsunfähigkeit und innere Widersprüche gekennzeichnet ist. Der Schwerpunkt der marxistischen I-Theorie liegt in den wirtschaftlichen Außenbeziehungen der kap Staaten zu anderen Industrieländern und zu nichtentwickelten Staaten. Die inneren Verhältnisse der kap Staaten in dieser Phase werden durch den → staatsmonopolistischen Kap bestimmt. Beide Bereiche sind eng miteinander verknüpft und charakterisieren den I als höchstes und letztes Stadium des Kap vor der Revolution.
Der wichtigste Grundgedanke der marxistischen I-Theorie ist, daß der Kap kein auf einzelne Staaten beschränktes Wirtschaftssystem, sondern ein → Weltsystem ist, in dem einzelne Länder über Außenhandel, internationale Dienstleistungen, Kapitalströme, Wanderungen von Arbeitskräften und Tourismus eng miteinander zu einer Einheit verbunden sind. Die Entwicklung zum monopolistischen Kap (→ Monopol) hat bereits die Überlegenheit der kap Industrie gegenüber der Wirtschaft der vorwiegend Rohstoff produzierenden und Industriegüter importierenden Länder verstärkt. Außerdem geht es den Industriestaaten in Entwicklungsländern um die Erschließung von Absatzmärkten und um Kompensationen für innere wirtschaftliche Schwierigkeiten (z. B. in Krisen) oder um Lebensraum. Durch die Tendenzen zur Senkung der Profitrate (→ Gesetz des tendenziellen Falls der Profitrate) bieten die noch nicht entwikkelten Länder mit ihren relativ niedrigen Löhnen ein interessantes Feld für Kapitalanlagen in Form von Krediten oder Direktinvestitionen. Die Wirtschaft der Entwick-

lungsländer gerät dadurch nicht nur in wirtschaftliche und indirekte politische Abhängigkeit, sondern muß auch noch große Teile des im eigenen Land geschaffenen → Mehrwerts in die hochindustrialisierten Staaten abfließen lassen oder zusehen, wie er in Investitionsprojekte geleitet wird, die nicht vornehmlich ihren eigenen Interessen dienen. Darin liegen u. a. die Gründe, daß die koloniale Befreiungsbewegung sich in einer antiimperialistischen Revolutionsbewegung fortsetzt.

Die Macht der Monopole der Industriestaaten wird dadurch vergrößert, daß sie sich nicht nur sehr eng mit den jeweiligen Staaten verschmelzen, um ihre Profitinteressen durchzusetzen und das System zu erhalten, sondern daß sie sich auch den Schranken nationalstaatlicher Politik, die oftmals die unmittelbaren Interessen des Kapitals zu kleinlich oder aus Systemerhaltungsgründen zu schwach vertritt, durch internationale Konzernbildung zu entziehen verstehen. Die nach außen gerichtete Aktivität des Kapitals hat nicht nur → Kriege zur Unterdrückung antiimperialistischer Kräfte entstehen lassen, sondern auch die Konkurrenz der kap Staaten um Rohstoffe, Absatzgebiete und Kapitalinvestitionen derart angeheizt, daß es in der Folge zu großen imperialistischen Kriegen gekommen ist, wie den beiden Weltkriegen. An Kriegen und dem Sicherheitsbedürfnis der Völker profitiert die → Rüstungswirtschaft, die darauf hinwirkt, durch Manipulation die Kriegsfurcht wachzuhalten. Sie sorgt für Wettrüsten und schreckt auch nicht im Interesse der Kapitalverwertung vor kriegerischen Aktionen zurück. Weitere Kennzeichen des I sind Landwirtschafts- und Mittelstandskrisen, die Aufteilung der Welt unter den Industriemächten, übernationale Vereinigungen. Auch die erstarkende Friedensmacht der sozialistischen Staaten Osteuropas wird dort als wichtiges Merkmal des I genannt. Die I-Theorie wurde von John A. Hobson (1894) und Lenin (1916) begründet.

[Für die weltpolitischen Zusammenhänge, die die marxistische I-Theorie aufzeigt, lassen sich Beispiele anführen. Aber es gibt auch Faktoren, die nicht in dieses System passen (z. B. Handel und Investitionen im Interesse der Entwicklungsländer; politische Kräfte, die sich bei der Kriegs- und Rüstungsbeschränkung durchsetzen; Vereinigung von Rohstoffländern zur Ausübung einer Gegenmacht; steigende Rohstoffpreise). Der der I-Theorie zugrunde liegende Gedanke, daß die internationale Politik vor allem aus den Kapitalinteressen der westlichen Industriestaaten erklärt werden könne, geht an nicht in diese Logik passenden Elementen der Weltpolitik vorbei (z. B. Nationalismen, historische Strukturen, Ideologien u. a.). I ist, wie die Geschichte zeigt, nicht nur mit dem kap System verknüpft, sondern eine Erscheinung des weltpolitischen Kräftespiels aller

Zeiten (z. B. der Römer der Antike). Vgl. auch → **Sozialimperialismus.**]

Industrielle Reservearmee ist das Heer der Arbeitslosen im Kap, das eine wichtige Aufgabe im Mechanismus des Wirtschaftssystems zu erfüllen hat: Diese Arbeitslosen, denen es an ausreichenden Unterhaltsmitteln fehlt (→ Pauperismus), nehmen zu einem geringen Lohn bereitwillig jede Arbeit an. Sie verhindern deshalb einen Lohnanstieg, der wesentlich und auf Dauer über die Reproduktionskosten der Arbeitskraft hinausgeht. Die ständig drohende Gefahr für Arbeiter und Angestellte, arbeitslos zu werden, und die Konkurrenz der Arbeitslosen um einen Arbeitsplatz helfen den Kapitalisten, die Arbeiter zu disziplinieren. Insofern ist die i R ein Teil der systemimmanenten Mechanismen, die die → Ausbeutung durch niedrige Löhne möglich machen. Die i R hat darüber hinaus die Funktion, immerfort Arbeiter bereitzuhalten, wenn das → Kapital Arbeitskräfte zur Verwertung, d. h. zur Reproduktion des eigenen → Wertes, und zur Schaffung von → Mehrwert benötigt. Die i R umfaßt alle diejenigen Arbeiter, die das Kapital aus dem Kapitalverwertungsprozeß ausgestoßen hat, weil sie als Arbeitskräfte nicht mehr brauchbar sind, weil ein geringerer Arbeitskräftebedarf infolge technisch verbesserter oder rationalisierter Produktionsmethoden auftritt oder weil die Akkumulation des Kapitals im Krisenzyklus zeitweilig zurückgegangen ist. Auf diese Weise wird die i R zu einem „elastischen Polster", das je nach den Bedürfnissen des Kapitals Arbeiter entweder aufnimmt oder abgibt.

Im → Spätkap ist in einigen Staaten, z. B. in der Bundesrepublik Deutschland, die Arbeitslosigkeit zeitweilig fast ganz verschwunden oder bedeutend reduziert worden. Jedoch trügt der Schein, der veränderte Formen der i R als grundlegende Änderung ausweist. Teils ist es durch weltweite Verflechtung der Industrie gelungen, die i R in die Entwicklungsländer zu verlagern, die nach den Bedürfnissen des Kapitals Rohstoffe, agrarische Produkte u. a. zu relativ niedrigen Preisen liefern. Teils wurden mit Eintritt in eine Überbeschäftigung die Arbeitskräfte benachbarter, weniger industrialisierter Länder herangezogen (Gastarbeiter), die nach Bedarf wieder abgeschoben werden können, oder die Arbeitslosigkeit auf bestimmte, für weniger leistungsstark gehaltene Bevölkerungsgruppen und Mitglieder der Gesellschaft verlagert (ältere Angestellte, ungelernte Arbeiter; Farbige in den USA), die als Randgruppen aus der Gesellschaft mehr oder minder ausgeschlossen werden. Schließlich sind Schwankungen der Arbeitslosenzahlen, die über das jahreszeitlich übliche Maß hinausgehen, der Beweis dafür, daß der Kap ohne die i R, wenn auch in verringertem Umfang, nicht auskommen kann. Der Wan-

del von zeitweiligen in lang andauernde Krisen (Stagflation: Inflation, verbunden mit Arbeitslosigkeit) zeigt darüber hinaus, daß das Arbeitslosenproblem nicht gelöst ist, sondern auf längere Zeit bestehen bleibt.
Die Entstehung der ersten i R geht auf die ursprüngliche → Akkumulation im → Feudalismus und → Frühkap zurück, als unter Anwendung von Gewalt Bauern und städtischen Handwerkern die Grundlage einer selbständigen Existenz entzogen wurde. Nach marxistischem Verständnis hängt die ständige Zuführung von Arbeitslosen zur i R im Kap selbst nicht mit einer übermäßigen Bevölkerungsvermehrung (**absolute** Überbevölkerung) zusammen, auch nicht unmittelbar mit dem technischen Fortschritt, sondern mit dem einseitig am Profit orientierten Kapitalinteresse, dem das Schicksal der Menschen gleichgültig ist und das den arbeitssparenden technischen Fortschritt schrankenlos zur Profitsteigerung einsetzt. Es ist eine **relative** Überbevölkerung (im Verhältnis zum Bedarf des Kapitals). Lediglich die in der i R stark wachsende revolutionäre Bewegung veranlaßt den kap → Staat, im Interesse der Systemerhaltung eine Vollbeschäftigungspolitik zu betreiben, die in → Krisenzeiten gleichzeitig eine Politik der Kapitalverwertung ist.
[Die marxistische Analyse der Arbeitslosigkeit übersieht, daß die Ursachen der Arbeitslosigkeit sehr unterschiedlicher Natur sein können; neben der besonders wichtigen konjunkturellen Arbeitslosigkeit gibt es die strukturelle und Fluktuationsarbeitslosigkeit, zu einem geringen Teil aber sind Gründe für die Arbeitslosigkeit auch bei den Arbeitern selbst zu suchen (z. B. höherer Verdienst bei zusätzlicher Schwarzarbeit). Die Logik, daß aus → Akkumulation, technischem Fortschritt und Profitinteresse Arbeitslosigkeit folgt, ist nicht zwingend; kreislauftheoretisch ist ebenso eine Konstellation möglich, bei der die Nachfrage auf andere Zweige verlagert wird und dort Arbeitskräftebedarf hervorruft. Die Voraussetzung dafür ist jedoch, daß die Wirtschaft sich durch Wachstumsinvestitionen in einer dynamischen Aufwärtsphase befindet.
Vollbeschäftigungspolitik und alle Einrichtungen des Staates, die das in einer Marktwirtschaft bestehende Arbeitsplatzrisiko verringern und absichern sollen (z. B. Arbeitslosenversicherung), nur als im Interesse des Kap liegend zu sehen, beruht auf einem Staatsverständnis, das den Staat als kap Klassenstaat ausweist (→ Staat).]

Internationalismus — ist die Vorstellung, daß Wirtschafts- und Gesellschaftssysteme, insbesondere des Kap, nicht auf nationale Volkswirtschaften beschränkt sind, sondern ein übernationales System darstellen. Dieses System bildet sich über Außenhandel, Kapitalverkehr, Direktinvestitionen, Arbeitskräftebewegungen (Gastarbeiter), Tourismus u. a., aber auch durch die internationale Solidarität der Werktätigen. Besonders deutlich wird der Gedanke des I in der Leninschen → Imperialismustheorie herausgearbeitet. Deshalb muß auch der Klassenkampf – entsprechend dem alten marxistischen Leitsatz: „Proletarier aller Länder vereinigt euch" – international geführt werden: Das → Proletariat hat (anders als die Interessen der Nationalstaaten) grundsätzlich nur ein Ziel: das kap Joch abzuschütteln. Aber im Weltmaßstab wiederholt sich das Klassen- und Ausbeutungsverhältnis der kap Gesellschaften: den ausbeutenden Industrienationen stehen die wirtschaftlich ausgebeuteten Länder der Dritten Welt gegenüber, die sich nur durch antiimperialistische Befreiungskämpfe behaupten können. Einer der Unterschiede zwischen dem heutigen osteuropäischen Marxismus und der trotzkistischen Richtung besteht darin, daß dort die Nationalstaatlichkeit eine größere Rolle spielt („Aufbau des Soz in einem Land", staatsmonopolistischer Kap), während hier der Internationalismus und die länderübergreifenden Klassengegensätze noch stärker betont werden.

[Zwar ist eine Tendenz der Integration der Nationalwirtschaften in eine Weltwirtschaft (mit Ausnahme der sozialistischen Länder) infolge der Verbesserung der Verkehrsmittel, der Ausdehnung des Welthandels u. a. unverkennbar, aber die Unterschiede im Entwicklungsstand, in den Wirtschaftsordnungen, nationalen Traditionen usw. lassen die Weltwirtschaft als System nach Art einer Klassengesellschaft vergröbert und einseitig erscheinen. Demgegenüber beruhen die Versuche zur Verbesserung der Weltwirtschaftsordnung von vornherein auf einer heterogenen Organisation dieser Weltwirtschaft.]

Investition → Akkumulation, Reproduktion

Investitionsplanung → Planung

Kapital – stellt in der marxistischen Lehre ein gesellschaftliches Verhältnis dar, das bei der Produktion zwischen den Eigentümern von Produktionsmitteln und denjenigen entsteht, die von dem → Eigentum an → Produktionsmitteln ausgeschlossen sind (→ Arbeiter). Diese sind gezwungen, ihre → Arbeitskraft an die → Kapitalisten zu verkaufen, so daß der Kapitalist sie ausbeuten und daraus → Mehrwert ziehen kann. Aus den zweiseitigen Beziehungen von Arbeitsleistung und Ausbeutung bildet sich das **Kapitalverhältnis** als die Grundlage der Klassenteilung in Kapitalisten und Arbeiter heraus.

Diese soziologische Betrachtung des Kapitals erklärt sich aus wirtschaftlichen Vorgängen: Wenn → Geld nicht mehr dazu verwendet wird, um Konsumgüter für den Eigenbedarf oder Produktionsmittel für die eigene Arbeit zu erwerben, sondern Geld eingesetzt wird, um mehr Geld daraus zu machen, entsteht K. K ist „Mehrwert heckender Wert“, ist Einsatz von Produktionsmitteln zum Zwecke der Bereicherung, d. h. zur Erhaltung des alten → Wertes und zur Schaffung von → Mehrwert. Da aber trotz des äußeren Scheins der Produktivität (→ Fetischismus) das K selbst keinen Mehrwert produziert, sondern nur der Arbeiter (→ Arbeitswertlehre), ist K nur die Voraussetzung für die Verfügung des Kapitalisten über die Produktionsmittel und die damit produzierenden Arbeiter sowie über das Produkt der Arbeit. Sinn des K's ist die **Kapitalverwertung,** die → Reproduktion des Kapitals und seine Vergrößerung. Der Kapitalist kann – wie humane Absichten er im einzelnen auch haben mag – sich aus dem Profitstreben und auf Grund der Konkurrenz sowie der Gefahr des eigenen Unterganges – letztlich gezwungen durch das ganze kap System – nicht entziehen. Das K, unter dessen Verfügungsgewalt sich fast die gesamten wirtschaftlichen Mittel befinden, hat die Tendenz, alle gesellschaftlichen Prozesse der Herrschaft der Kapitalverwertung unterzuordnen und das Kapitalinteresse zur Richtschnur aller wirtschaftlichen und gesellschaftlichen Entwicklungen zu machen.

Schon in den vorkap → Produktionsweisen existierte K in Form des **Warenkapitals** der Kaufleute, die mit der Geldanlage in Waren und in Handelseinrichtungen **(Kaufmannskapital)** und durch die zwar unproduktive Tätigkeit (→ Arbeit) des Handels → Profite machten, ferner in Form des **Wucher-** und **Leihkapitals** der Viehhändler, Bankiers usw., die über Ausleihung von Geld gegen Zins Ausbeutung betrieben. Erst im Kap kommt das K in Form des **industriellen Kapitals,** der Anlage in industriellen Produktionsmitteln, zu seiner beherrschenden Stellung, in der es durch hohe Mehrwert- und Akkumulationsraten die Umsetzung des technischen Fortschritts in die Produktion beschleunigt und dadurch eine historisch einmalige wirtschaftliche Dynamik entfaltet. Je mehr in den kap Ländern alle Wirtschafts- und Gesellschaftsprozesse unter die Herrschaft des K's geraten sind, desto mehr treten auch die inneren Schranken des K's zutage. Sie bestehen im Wachsen des Widerspruchs zwischen privater Aneignung und zunehmender Vergesellschaftung der Produktion, im Abnehmen der Verwertungsmöglichkeiten durch → Überproduktion und mangelnde Massenkaufkraft und in den sich verstärkenden Klassenkämpfen. Ein zeitweiliger Ausweg wird im **Kapitalexport,** der Übertragung von K in Länder mit höherer Mehrwertrate, meist Entwicklungsländer, gefunden, wodurch internationale K- und Ausbeutungsverhältnisse entstehen (→ Imperialismus). Auch die Verquickung des K's mit dem → Staat (→ staatsmonopolistischer Kap) dient u. a. der Durchsetzung

des Verwertungsinteresses. Das K nimmt neue Erscheinungsformen an und bereitet gleichzeitig seine eigene Aufhebung vor, indem die Einzelkapitale wachsen, die von immer weniger Kapitalisten gehalten werden, und innerhalb der Einzelkapitale der Vergesellschaftungsprozeß zunimmt. K ist daher keine logische, sondern eine historische Kategorie, deren Beseitigung im Soz bevorsteht.
Die Unterscheidung zwischen **konstantem** und **variablem Kapital** beruht darauf, daß das K teils in Produktionsmitteln angelegt wird, die im Produktionsprozeß nur ihren eigenen Wert abgeben, insofern also konstant bleiben, und teils zur Bezahlung von Arbeitskräften dient. Das hier eingesetzte K vergrößert sich durch den vom Arbeiter geschaffenen Mehrwert und ist deshalb variabel. Formelmäßig werden diese beiden K-Teile mit den Buchstaben c und v bezeichnet.
Die Unterscheidung zwischen **fixem** und **zirkulierendem Kapital** beruht darauf, daß Teile des K's (vor allem → Arbeitsmittel, wie Maschinen, Gebäude u. a.) in mehreren Produktionsprozessen unverändert (fix) bleiben, während andere Teile (die Arbeitsgegenstände wie Rohstoffe und Halbfabrikate und der Lohn für Arbeitskräfte) vollständig in die einzelnen Produkte eingehen und beim Verkauf der Waren zurückfließen. Der Ersatz für die Abnutzung des fixen K's erfolgt über die Abschreibungen.
Produktives Kapital ist nur das in der materiellen Funktion tätige K, also insbesondere das industrielle K zu seinem überwiegenden Teil, während K'e, die dem Warenumsatz, der Finanzierung und der Geldanlage dienen, **unproduktive Kapitale** sind (vor allem Kaufmanns- und Bankierskapital, Waren- und Leihkapital), obwohl sie dem Kapitalisten auch Profite bringen, die jedoch im produktiven Bereich erwirtschaftet sind. Produktives K heißt nicht, daß K produktiv ist, sondern daß es in den Bereichen der Wirtschaft angelegt ist (Produktion), in denen → Mehrwert hergestellt wird.
Realkapital ist der Wert des tatsächlich in der Wirtschaft oder in einzelnen Betrieben vorhandenen, in Produktionsmitteln angelegten K's; **fiktives Kapital** ist nur ein in Wertpapieren, Forderungen und Beteiligungen u. a. geldmäßig verbriefter Wert, der mit dem Realkapital nicht übereinzustimmen braucht.
[Der marxistischen K-Theorie steht eine große Zahl sogenannter bürgerlicher K-Theorien gegenüber. Sie liefern in ihrer Mehrzahl und häufigen Widersprüchlichkeit Ansatzpunkte der Kritik dafür, welche Probleme mit der marxistischen K-Theorie, die letztlich die geschichtliche Ablösung des K-Verhältnisses begründet, nicht gelöst werden können: Steht hier das Ausbeutungs- und Machtproblem im Vordergrund, so kommt der Effizienzgesichtspunkt zu kurz, der von Marx selbst nicht übersehen,

aber nur als historisches, nicht als funktionales Problem behandelt wird. Das Effizienzproblem kann aber mit einer Theorie, die Arbeit und Kapital als Produktionsfaktoren konzipiert, besser erklärt werden. Ebenso wird im Marxismus der kap Mechanismus der volkswirtschaftlich notwendigen K-Bildung und -Verwendung vorwiegend vom Gesichtspunkt der Verteilung, nicht als Problem des Anreizes und der volkswirtschaftlichen Koordination gesehen. Die Schlüsselrolle, welche das K für die marxistische Kap-Kritik spielt, führt häufig zu einer mystifizierenden Überstrapazierung der Begriffe K, Kap und kap, wodurch andere Systemelemente übersehen werden. Eine solche Sicht liegt schon in der Methode, welche das Kapitalverhältnis als das Grundproduktionsverhältnis versteht, begründet.]

Kapitalexport → Kapital

Kapitalismus — ist vor allem ein System der Industriewirtschaft, das auf → Privateigentum an den Produktionsmitteln beruht und vorwiegend marktwirtschaftlich gesteuert wird. Die wissenschaftliche Interpretation dieses Systems durch die klassische Nationalökonomie weckte die Marxsche Kritik. Das von ihm entwickelte System der Politischen Ökonomie stellt dementsprechend eine Kritik der → Politischen Ökonomie des Kap im theoretischen Verständnis seiner bürgerlichen Interpreten dar.

In marxistischer Sicht ist Kap eine 1) auf maschineller Produktionstechnik basierende → Produktionsweise, in der 2) das → Eigentum an den gesellschaftlich genutzten → Produktionsmitteln sich in den Händen von Privaten, den → Kapitalisten, befindet, die diese 3) zu dem Zweck einsetzen, einen möglichst großen → Profit zu erzielen, welcher zum größten Teil für Investitionen verwendet wird und damit erneut der Profitvermehrung dient. Dies ist 4) nur möglich durch die → Ausbeutung der zur → Ware gewordenen → Arbeitskraft. Der Lohnarbeiter ist gezwungen, sich auf dem Arbeitsmarkt zu verdingen, da er „frei von Produktionsmitteln" ist und sonst keinen Lebensunterhalt finden kann. 5) Wie die Beziehungen der Arbeiter zu den Kapitalisten, so werden auch die Beziehungen der Kapitalisten untereinander durch die → Ware-Geld-Beziehung geregelt. 6) Die herrschenden juristischen und politischen Ideen (Freiheitsideologien, Pluralismus, Demokratie u. a.) und ihre Einrichtungen (Rechtssystem, Parlamentarismus u. a.) sowie die weltanschaulichen Vorstellungen und ihre Institutionen (Schulsystem, Kirchen) spiegeln im wesentlichen die ökonomischen Interessen des Kapitals wider und dienen der herrschenden Klasse zur Durchsetzung und Aufrechterhaltung ihrer Macht gegenüber den Arbeitern.

Das → ökonomische Grundgesetz des Kap ist das → Mehrwertgesetz, das auf dem → Wertgesetz beruht. Es zeigt die Zielsetzung, Funktionsweise und Entwicklung des Kap auf. Das Streben der Kapitalisten nach Mehrwert führt zum → Grundwiderspruch des Systems, der privaten Aneignung des gesellschaftlich produzierten Produktes. Die Arbeiter schaffen den Mehrwert, von dessen Aneignung sie ausgeschlossen sind. Das Kapitalinteresse in Form der Profitmaximierung setzt sich durch, indem die Arbeiter ausgebeutet und ihre Interessen unterdrückt werden. Die Kapitalisten müssen den größten Teil des Profits wieder investieren, wenn sie nicht im Konkurrenzkampf erliegen wollen. Darin zeigt sich die schöpferische Kraft des Kap bei der Entfaltung der → Produktivkräfte, d. h. bei der Entwicklung und Umsetzung des technischen Fortschritts in der Produktion mit dem Ergebnis einer enorm steigenden → Arbeitsproduktivität und eines rasch wachsenden nationalen Reichtums (MEW, Bd. 4, S. 467).

Ein Vorläufer des industriellen Kap ist der **Handelskapitalismus,** der schon im → Feudalismus (Venedig, Fugger) und in der → Sklavenhalterordnung (Ritterstand im alten Rom) bestanden hat, ohne jemals zur herrschenden → Produktionsweise geworden zu sein. Er ist gekennzeichnet durch Kapitaleinsatz im Handel, wodurch vor allem im → Merkantilsystem der Eindruck erweckt wurde, der Handel sei produktiv. Das Handelskapital war eine Quelle der sogenannten ursprünglichen → Akkumulation des Kap, und es verband sich häufig mit der → Manufaktur, einer sich bereits zum industriellen Kap entwickelnden Vorform (→ Frühkapitalismus). Das Handels- und Kaufmannskapital blieb auch im vollentwickelten Kap, dem sogenannten **Konkurrenzkapitalismus,** neben der industriellen und anderen Kapitalformen erhalten. Der Konkurrenzkap ist der vollentwickelte Kap. Er ist durch die Entfaltung der Konkurrenz auf allen Märkten gekennzeichnet. Dadurch kommen das → Wertgesetz und die Marktkräfte voll zur Geltung. Darin unterscheidet er sich auch vom Frühkap und vom Monopolkap sowie vom → staatsmonopolistischen Kap.

Der Funktionsmechanismus des Kap entwickelt in sich die Kräfte seines Untergangs: Kapitalakkumulation und Konkurrenzkampf führen zur → Konzentration und → Zentralisation, die den Wettbewerbsmechanismus, die Voraussetzung eines funktionalen Kap, lahmlegen und durch Monopole ersetzen. Es entsteht der **Monopolkapitalismus** (→ Monopol). Die Irrationalität der → Anarchie der Produktion nimmt infolge der Monopolkämpfe neue Formen an. Auch die Wirtschaftskrisen ändern ihr Erscheinungsbild. Schließlich wird der Kap durch eine ständig fallende → Profitrate, die eine erlahmende Akkumulationsbereitschaft der Kapitalisten zur Folge hat, in eine allgemeine →

Krise eintreten. Die kap Produktionsverhältnisse werden zu einer Fessel der weiteren Entwicklung; in ihrem Schoß sind schon die sozialistischen Produktionsverhältnisse herangereift. Es findet kein wirtschaftlicher Zusammenbruch statt, sondern durch eine → Revolution des verelendeten, aber zu politischem Bewußtsein gelangten Proletariats werden die politischen Voraussetzungen für den Aufbau des Soz geschaffen.
Die tatsächliche Entwicklung des Kap hat diesen Weg nicht genommen, sondern es sind Modifikationen des Kap eingetreten, die in den Lehren des → Spätkap, → Imperialismus und → staatsmonopolistischen Kap formuliert werden.
[Die Auseinandersetzung mit der marxistischen Kap-Theorie wird geführt durch Widerlegung einzelner Theorie-Elemente (z. B. Arbeitswertlehre, Mehrwerttheorie, Krisentheorie) oder mit dem Nachweis, daß einzelne Gesetze und Prognosen in der Wirklichkeit nicht nachweisbar sind (Verstärkung der Wirtschaftskrisen, Verelendung, Abnahme der Profitrate). Keine der Diskussionen ist zu Ende. Im ersten Diskussionsbereich ist eine Klärung nicht zu erwarten, weil unterschiedliche wissenschaftliche Systeme und Methoden mit verschiedenen erkenntnisleitenden, praktischen und politischen Interessen aufeinanderstoßen. Im zweiten Diskussionsbereich darf die Anpassung der Kap-Theorie an einen weiterentwickelten Kap, der bis heute nicht die ursprünglichen Voraussagen erfüllt hat, allein noch nicht als Schwäche angesehen werden. Das Problem ist vielmehr, ob eine modifizierte, marxistische → Politische Ökonomie einen modernen Kap zutreffend erklären und gleichzeitig die grundlegenden Theorie-Elemente der klassischen Kap-Kritik aufrechterhalten kann. Die Auseinandersetzung mit der marxistischen Kap-Theorie wird von unterschiedlichen Positionen geführt, die konzeptionell teils auf W. Sombart („Der moderne Kapitalismus"), teils auf W. Eucken („Wirtschaftsordnung"), teils auf W. Rostow („Entwicklungsstadien") u. a. zurückgehen oder eine funktionale Betrachtung von Industriegesellschaften in den Vordergrund rücken.]

Kapitalist — ist der Eigentümer von → Kapital, der auf Grund des privaten Eigentums an → Produktionsmitteln fremde → Arbeitskraft gegen Lohn in Anspruch nimmt und ausbeutet. Geschieht dies zum Zwecke der Produktion, spricht man von **produktiven Kapitalisten;** tritt der K als Kreditgeber auf, von **verleihenden Kapitalisten** oder Geld-K'en (Bankier); der Kaufmann ist der handeltreibende K oder **Kaufmannskapitalist.** Aus der Differenz zwischen dem vom Arbeiter geschaffenen → Wert und seinem Lohn eignet sich der einzelne K Teile des → Mehrwerts als → Profit an, die er zum Konsum und zur → Akkumulation verwendet. Der K befindet sich bei der Wahl zwischen Konsum und Akkumulation in einer Art „faustischem Konflikt", weil der reine K nur Profit macht, um diesen erneut in profitmachendes Kapital zu verwandeln. Der Konsum lenkt von dieser Zielsetzung ab. Jeder K muß auch Konsum und sogar in gewissem Grade Luxuskonsum entfalten, will er sich gesellschaftlich als klassenzugehörig und funktionsfähig, z. B. kreditwürdig, erweisen. Marx verurteilt die K'en nicht moralisch, er stellt sogar auch beim K'en → Entfremdung fest; er unterliege der Zwangsläufigkeit seiner sozialen Charaktermaske, welche durch das gesamte kap System geprägt werde und von ihm um die Gefahr seiner Existenz → Ausbeutung und → Akkumulation des Mehrwerts fordere.

Die **Kapitalistenklasse** verfolgt Interessen, die über das reine Profitinteresse des einzelnen K'en hinausgehen und diesem widersprechen können. Dazu gehören insbesondere Maßnahmen zur Erhaltung des kap Systems, wie z. B. Kartellgesetzgebung oder Zugeständnisse an die Arbeiterklasse, um revolutionäre Situationen nicht aufkommen zu lassen. Infolge der → Konzentration und → Zentralisation des Kapitals ändert sich die Kapitalistenklasse qualitativ und quantitativ. Immer mehr K'en scheiden infolge Bankrotts aus der Klasse aus, immer weniger können das notwendige, ständig steigende Kapital aufbringen und die monopolistischen Schranken überspringen, um die Produktion neu aufzunehmen, so daß ihre Zahl abnimmt und das wirtschaftliche Potential der Produzierenden zunimmt. Außerdem wird ihr Verhältnis untereinander immer weniger durch Konkurrenz und immer mehr durch Formen der Zusammenarbeit und durch finanzielle Verflechtungen gekennzeichnet.

Die Figur des sogenannten **fungierenden Kapitalisten,** d. h. des K'en, der sowohl das Kapital besitzt als auch die Produktion leitet, wird aufgelöst in reine Kapitalbesitzer, die nur Eigentum haben und Dividenden usw. beziehen, aber nicht mehr die Produktions- und Ausbeutungsprozesse leiten, und in **Manager**, die diese Aufgabe wahrnehmen. Sie werden von den K'en angestellt und vertreten den Interessenstandpunkt des Kapitals. Tantiemen und Eigenbesitz bestärken sie darin.

[Der K als Sozialfigur ist in der marxistischen Lehre vor allem wegen der ihm zugeschriebenen Ausbeutung ausschließlich mit negativen Werten belegt. Die Aktivität als Unternehmer im Hinblick auf schöpferische Gestaltung der Wirtschaft, Organisation der Produktion („schöpferischer Unternehmer", J. Schumpeter) und die Bereitschaft, persönliches und vermögensmäßiges Risiko auf sich zu nehmen, finden keine positive Bewertung, obwohl damit die Funktionsfähigkeit einer Volkswirtschaft verknüpft ist.

Die Differenzierung der Kapitali-

stenklasse in Bezieher von Kapitaleinkommen und Manager, in Groß- und Kleinkapitalisten (Kleinaktionäre) läßt unterschiedliche soziale Schichten entstehen, welche die Einheitlichkeit der Kapitalistenklasse in Frage stellen. Insbesondere die Manager und mit ihnen zusammen die leitenden Angestellten können als die vom Kapital und seinen Interessen deutlich getrennte Schicht betrachtet werden, in deren Händen die Macht der Großindustrie liegt und die eigene Ziele entwickeln und verfolgen („Technostruktur" bei I. K. Galbraith, → LV).]

Kapitalvernichtung ist die vor allem in → Krisen stattfindende Entwertung des Kapitals, das seinen Gebrauchswert beibehält. Wenn z. B. Preise für Rohstoffe aus konjunkturellen Gründen fallen, sind vorhandene Lager weniger wert, dementsprechend sinkt der Wert des hier eingesetzten Kapitals, obwohl die Verwendung der Rohstoffe nicht berührt wird. Ähnliches findet statt, wenn generell die Aktienkurse sinken oder in Konkurs geratene Firmen ihre Anlagen unter Wert verkaufen müssen. Die Entwertung und Vernichtung des Kapitals bildet für den Konjunkturaufschwung eine wichtige Voraussetzung: Sinkt der Kapitalwert, steigt bei gleicher → Profitmenge die Profitrate, wovon Anregungen zur Produktionssteigerung und damit zur Wiederbelebung der Wirtschaftstätigkeit ausgehen. *[Die K stellt – soweit sie mit Konkurs und Übernahme durch andere Unternehmungen verbunden ist – vor allem eine Kapitalumverteilung dar, welche ein Bestandteil des marktwirtschaftlichen Konkurrenzsystems ist (Bereinigungskrise). Von dieser K ist die „schöpferische Zerstörung", das ist die Entwertung von Kapital durch technischen Fortschritt, zu unterscheiden (→ moralischer Verschleiß). Hier ist das Kapital tatsächlich, auch in seiner Verwendung, entwertet. Diese Art von K wird durch höhere Effizienz gerechtfertigt.]*

Kaufmannskapital, Kaufmannskapitalist → Kapital, Kapitalist

Klasse – ist die Gruppierung der Menschen einer Gesellschaft nach ihrer sozialen Stellung im gesellschaftlichen Produktionsprozeß, aus dem sich ihre Interessenlage ergibt. Die Stellung im Produktionsprozeß wird bestimmt vor allem durch das → Eigentum an den Produktionsmitteln, aber auch durch die Organisation der Arbeit, durch die Art der Verteilung des Sozialprodukts und durch die Größe der Anteile, welche die einzelnen Gruppen erhalten. Diese Bestimmungselemente der K'n sind Teile der → Produktionsverhältnisse; sie werden durch den Entwicklungsstand der → Produktivkräfte bedingt, und insofern ist die Klassenteilung gesetzmäßig und nicht ins Belieben einer Gesellschaft gestellt. In den K'n kommen die unterschiedlichen Interessenpositionen, die sich aus dem Produktionsprozeß und der Verteilung der Ergebnisse der Produktion ergeben, zum Ausdruck. Den Angehörigen einer K wird ein spezifisches Klassenbewußtsein zugeschrieben; es braucht nicht mit dem tatsächlichen persönlichen Bewußtsein übereinzustimmen, sondern es ist idealtypischer Natur, d. h. allgemein und vom Einzelfall abstrahiert, und durch ihre allgemeine ökonomische und gesellschaftliche Lage geprägt. Die Machtverteilung und die Herrschaftsverhältnisse einer Gesellschaft verhelfen der herrschenden K vor allem zur Aneignung des → Mehrprodukts, welches die K geschaffen hat, die bei seiner Verteilung leer ausgeht. Seit dem → Urkommunismus (bis zum Soz) ist die Geschichte der Menschheit vor allem ein Kampf um dieses Mehrprodukt zwischen den beiden **Grundklassen:** den Ausbeutern und den Ausgebeuteten; im Kap sind es die Kapitalistenklasse und die Arbeiterklasse. **Nebenklassen** (z. B. kleine Handwerker, Händler) stehen in einer Zwischenstellung, die ihre Anhänger für einen Anschluß prinzipiell an beide Grundklassen disponiert.

Die Stellung der K'n zueinander ist durch **Klassenkämpfe** gekennzeichnet. Da die Interessen der K'n in den → ökonomischen Gesellschaftsformationen bis zum Soz antagonistisch, d. h. widersprüchlich, in dem Sinn sind, daß das Interesse der einen K nicht realisiert werden kann, ohne das der anderen grundlegend zu verletzen, sind die Klassenkämpfe für das gegenseitige Verhältnis typisch. Im Kap haben die Klassenkämpfe zunächst ökonomischen Charakter (Streik, Aussperrung), aber sie beginnen mit der Organisiertheit der Arbeiter und wachsendem politischem Bewußtsein in politische, revolutionäre Bewegungen (politischer Streik, Unruhen) umzuschlagen.

Die Vorstellungen von **Klassenharmonie** werden als eine Form der Verschleierung, ihre Propagierung wird als verfeinerter Klassenkampf angesehen. In den Klassenkämpfen geht es einerseits vor allem um die Verteilung des Mehrprodukts. Andererseits sind die Klassenkämpfe auch auf eine grundsätzliche Änderung des Systems (→ Revolution) gerichtet. In diesem doppelten Sinne ist die menschliche Geschichte eine Geschichte der Klassenkämpfe. Die Klassenpositionen sind jedoch keineswegs statisch und nur auf diese Probleme fixiert; sie wandeln sich mit der Entwicklung der → Produktivkräfte und nehmen an der evolutionären Veränderung der → Produktionsverhältnisse in Richtung auf eine neue ökonomische Gesellschaftsformation teil, d. h., die Arbeiterbewegung nimmt an Stärke zu, und die Kapitalisten müssen neue Formen der Machtsicherung finden. Das Verhältnis der K'n zueinander, die Machtverteilung und die Methoden des Klassenkampfes wandeln sich dabei.

[Im Marxismus drängt die Klassenfrage alle anderen sozialen Schichtungsprobleme (Mittelstand , Intelligenz, Eliten, funktionale Schichtung) in den Hintergrund. In der kritischen Analyse der Klassengesellschaften wird die Widersprüchlichkeit der Klassenstandpunkte übersteigert. Es wird aber übersehen, daß es eine Funktionsfähigkeit der Klassengesellschaften über Jahrhunderte nicht gegeben haben würde, wenn nicht neben Klassenkämpfen auch Übereinkünfte, Kooperation und eingehaltene Spielregeln, welche die Voraussetzung der Funktionsfähigkeit sind, bestanden hätten. Bei Marx ist dieser Gedanke ganz allgemein im Gesetz von der Übereinstimmung der Produktionsverhältnisse mit dem Niveau der Produktivkräfte u. a. angesprochen, aber nicht zu einem wesentlichen Element des Funktionssystems des Kap aufgebaut. Eine entwickelte Marktwirtschaft ist in zunehmendem Maße dadurch gekennzeichnet, daß die gesellschaftlichen Konflikte durch Verhandlungen zwischen den Vertretern der Gruppen (z. B. zwischen Arbeitgeberverbänden und Gewerkschaften) geregelt, die Formen des Konfliktaustrages normiert und damit rationalisiert werden.]

Klassenkampf → Klasse

Kleinproduzent — ist in der Regel ein **Handwerker,** der mit eigenem, relativ einfachem Werkzeug ohne maschinelle Produktion und ohne oder nur mit wenigen Lohnarbeitern Produkte herstellt, bearbeitet oder repariert. Wenn diese Produktion ausschließlich im Auftrag erfolgt, ist er kein Warenproduzent, da der Abnehmer bekannt ist und auf die Produktion Einfluß nehmen kann. Wenn er für den anonymen → Markt produziert, wird der K zum **kleinen Warenproduzenten.** Sie sind typisch für die einfache → Warenproduktion, die zu den Erscheinungen einer vorkap, d. h. auch vorindustriellen → Produktionsweise gehört. Im Kap sind sie eine Nebenklasse, die unter der Konkurrenz der kap Unternehmungen dezimiert wird.
[Der den K'en vorausgesagte Untergang im entwickelten Kap ist zum Teil eingetreten. Kleinproduktion konnte sich jedoch in einzelnen Bereichen halten oder wurde teilweise neu belebt (vor allem im Reparatur- und Dienstleistungsbereich). Vereinzelt entstanden sogar neue Zweige (z. B. KFZ-Reparaturwerkstätten). Jedoch ging die rein handwerkliche Produktion zugunsten einer Ausdehnung der kleinmaschinellen Fertigung zurück, so daß vielfach der Übergang vom Handwerk zur Kleinindustrie flüssig geworden ist. Ihre wirtschaftliche Selbständigkeit ist vielfach durch Auftrags- oder Rohstoffabhängigkeit (z. B. Tankstellen) in Frage gestellt.]

Kolonialsystem — ursprünglich das politische und wirtschaftliche Herrschaftssystem der europäischen Mutterländer über ihre Kolonien - ist im Stadium des → Imperialismus das Herrschaftssystem der imperialistischen Staaten über die nichtindustrialisierten und abhängigen Länder. Dabei spielen Reste des Kolonialismus noch eine Rolle. Vor allem aber geht es um spezifische kap Methoden der internationalen Ausbeutung und Abhängigkeit, die häufig unter dem Mantel formaler Gleichberechtigung verborgen sind. Ihre Grundlage ist der kap organisierte Weltmarkt, der die stärkere Marktpartei begünstigt und die Expansion des Kapitals der Industriestaaten in die schwächer entwickelten Länder fördert. Auch systemunabhängige politische und militärische Instrumente werden zur Erhaltung und Ausdehnung des K's einbezogen. Zu den Funktionselementen des modernen K's gehören für Entwicklungsländer ungünstige Weltmarktpreise, Kapitalabhängigkeiten, Entwicklungshilfe als Geschäft und politische Erpressung, Gewinntransfer in die Industriestaaten, Verhinderung von Entwicklungen, die gegen das Interesse der Industrieländer verstoßen, Unterstützung feudaler und kapitalfreundlicher Regime und andere Faktoren.

[Zusammenhängen dieser Art stehen auch andere gegenüber, die nicht in dieses Bild passen: zeitweilig steigende Weltrohstoffpreise, Ausübung von Gegenmacht (z. B. Ölkartell), unpolitische Hilfe durch die UNO und andere Organisationen, Wiederinvestition von Gewinnen im Lande usw. Auch immer wieder auftretende Enteignungen durch Länder des K's zeigen Elemente, die aus anderen Zusammenhängen erklärt werden müssen.]

Kommunismus — ist der Zustand der menschlichen → Gesellschaft, in dem der Kampf um die materielle Existenz, der bisher die Geschichte der Menschheit kennzeichnet, dank eines hohen Niveaus der → Produktionskräfte zu Ende gekommen ist. Ausgehend von der ersten Phase des K, dem → Soz, wird in der zweiten Phase, dem **Vollkommunismus,** das hohe Produktionsniveau es gestatten, die notwendige Arbeit stark zu kürzen und nach dem Grundsatz zu handeln: „Jeder nach seinen Fähigkeiten, jedem nach seinen Bedürfnissen." Die Verteilung „nach den Bedürfnissen" ist oft als Schlaraffenlandwirtschaft karikiert worden, aber da jeder die gleiche Chance der Bedürfnisbefriedigung haben soll, können exzentrisch individualistische Bedürfnisse (private Kunstsammlung oder Villa mit Dienstboten) nicht erfüllt werden, auch muß die Gesellschaft weiterhin wirtschaften, d. h., es muß gearbeitet werden, und der Einsatz von Arbeit und Produktionsmitteln muß rationell erfolgen. Da auch kulturelle Bedürfnisse ständig eine wirtschaftliche Basis benötigen und die Bedürfnisse der Menschen sich wandeln, wird auch im K Wirt-

schaften, d. h. rationeller Mitteleinsatz zur Erreichung wirtschaftlicher Ziele, notwendig sein. Die Menschen werden nach ihren Fähigkeiten arbeiten, für deren Entfaltung die Gesellschaft sorgt. Die Arbeit wird zu einem ersten Lebensbedürfnis, da sie unter den neuen gesellschaftlichen Bedingungen unmittelbar gesellschaftlich wird, das heißt, sie verliert nach Aufhebung der Arbeitsteilung und mit Beteiligung des einzelnen an den Arbeitsentscheidungen ihren Zwangscharakter und kann so der Selbstentfaltung dienen. Damit wird auch die Voraussetzung für die klassenlose und herrschaftsfreie Gesellschaft gelegt, in der jeder zeitweilig leitende und ausführende Tätigkeiten übernimmt. So werden auch die Unterschiede zwischen geistiger und körperlicher Arbeit verschwinden; ebenso die zwischen Stadt und Land, nachdem die agrarischen Produktionsmethoden und Lebensbedingungen dem industriellen Niveau angepaßt worden sind.
Die Steuerung der Wirtschaft – beruhend auf einem einheitlichen kommunistischen Eigentum – erfolgt nicht über die → Ware-Geld-Beziehung und das → Wertgesetz oder eine zentrale Planwirtschaft, sondern durch unmittelbare gesellschaftliche Absprachen in der freien → Assoziation der Produzenten und zwischen ihnen, nachdem auch der Staat als Herrschaftsorganisation über Menschen ersetzt wurde durch eine Verwaltung von Sachen und Leitung von Produktionsprozessen. Gleichzeitig entwickelt sich der neue kommunistische Mensch, der sich, wenn die Konkurrenz der Menschen beseitigt und die Durchsetzungsmöglichkeiten des Eigennutzes stark beschränkt sein werden, zunehmend soziale, gemeinschaftstragende Eigenschaften aneignen werde.
[Das Gesellschaftsbild des K trägt humane Züge. Es ist eine Utopie, die, wie andere Utopien, eine Zielvorstellung enthält, die aus der Negation der Verhältnisse des Kap im 19. Jahrhundert deduziert wurde. Eine rationale Diskussion ist deshalb schwierig, weil die K-Vorstellungen teils von Werturteilen (z. B. Vorrang der gesellschaftlichen Gleichheit, Betonung kollektiver Werte), teils von unsicherer Einschätzung der Entwicklungsmöglichkeiten (weitgehende Veränderbarkeit des Menschen) ausgehen. Unterschätzt werden im K-Bild die gesellschaftlichen Koordinationsprobleme vor allem in Konfliktsituationen (z. B. Komplizierung der Organisation wirtschaftlicher Aufgaben bei nur oder vorwiegend nur direkten Beziehungen der Beteiligten) und gegenläufige Tendenzen (z. B. Spezialisierung, welche der Aufhebung der Arbeitsunterschiede zuwiderläuft).]

Konjunktur — meist im Sinne von guter Konjunktur (Aufschwungphase, Boom) gebraucht, bedeutet einen allgemein guten Geschäfts-

gang mit steigenden Gewinnen und der zunehmenden Bereitschaft, Arbeitsplätze zu besetzen und neu zu schaffen. *[Im Gegensatz dazu wird in der sogenannten bürgerlichen Wirtschaftstheorie unter K meist das Auf und Ab der Wirtschaftsentwicklung verstanden, und es werden deren Ursachen und Gesetzmäßigkeiten untersucht, ohne ein allgemeines Ziel dieser Entwicklung vorauszusetzen, wie es in der marxistischen → Politischen Ökonomie geschieht.]* Diese sieht in den sich wiederholenden und ständig verschärfenden → Krisen eine Situation, in der die Widersprüche des Kap einen Höhepunkt erreichen, die nur durch → Kapitalvernichtung, Lohnsenkungen usw. zeitweilig wieder gelöst werden. Aber die Ursachen der Krise sind nicht behoben, sondern wirken fort. Die Krisen werden immer stärker und sind eine Ursache für die allgemeine Krise, welche in das revolutionäre Ende des Kap einmündet. Marx gehört - abgesehen von dieser historischen Perspektive - zu den ersten K-Theoretikern. Er hat die ständige Gefahr von Krisen in einem marktwirtschaftlichen Geldsystem nachgewiesen und u. a. in der → Anarchie der Produktion, in der übermäßigen Kapitalakkumulation und in der zu geringen Kaufkraft der Arbeiter konkrete Krisenursachen des Kap entdeckt (→ Krise).
[Ist Marx mit seinen konjunkturtheoretischen Ansichten ein wichtiger Vorläufer moderner Konjunkturtheorie, so ist doch der Zusammenhang zwischen K-Krise, allgemeiner Krise und Revolution bisher nicht nachweisbar.]

Konkurrenz — ist die menschliche Beziehung, die darauf angelegt ist, die Überlegenheit des einen über die anderen, gemessen an Leistungskriterien, festzustellen. Im Kap ist die K der Kapitalisten auf den Absatz ihrer Produkte am Markt und damit auf Profitmachen und → Akkumulation gerichtet. Wer die produzierten → Waren nicht mit Gewinn absetzen kann, erreicht nicht nur das Ziel der Kapitalverwertung nicht, sondern macht u. U. Verluste und kann aus eigener Kraft nicht akkumulieren, d. h., er kann nicht mit der Hoffnung auf zusätzlichen Profit sein Kapital vermehren. Über das blind wirkende Gesetz der K am Markt, das den einzelnen wie ein Zwangsgesetz oder „Wolfsgesetz" zur Leistung treibt, wird festgestellt, ob die individuellen Aufwände dem gesellschaftlich notwendigen Aufwand entsprechen. Auch die → Arbeiter konkurrieren untereinander, um die Arbeitsplätze am Arbeitsmarkt, solange die - als systemnotwendig geltende - → industrielle Reservearmee besteht, und sie konkurrieren um die bescheidenen Aufstiegschancen im Betrieb.
Die K ist die Voraussetzung der einfachen und der kap → Warenproduktion. Ohne sie kommt das → Wertgesetz nicht zur Wirkung, das die → Marktpreise um die

Wertgröße bzw. den → Produktionspreis oszillieren, d. h. pendeln, läßt. Wirtschaftliche Zusammenbrüche oder die Abschöpfung von → Extramehrwert durch einzelne → Kapitalisten sind normale Erscheinungen eines auf K beruhenden Wirtschaftssystems. Insofern stimmt die marxistische Analyse mit der Theorie des Markt-Preis-Mechanismus überein. Solange das kap System auf der Basis der Marktkonkurrenz funktioniert, spricht man von **Konkurrenz-Kapitalismus.** Die K selbst und die systemnotwendige Akkumulation bewirken über → Konzentration und → Zentralisation des Kapitals die Beseitigung der Marktkonkurrenz und das allmähliche Hinüberwachsen des Kap in den → Monopolkapitalismus, in dem die K vermindert wird und neue Formen annimmt (K um Marktanteile, Investitionen, technischen Fortschritt), die sich von der freien Marktkonkurrenz unterscheiden.

[Die Verminderung des Wettbewerbs in einzelnen Bereichen der Volkswirtschaft schließt nicht das Fortbestehen der K in anderer Form (Konkurrenz der Monopole um die Käufergunst) und das Fortbestehen in anderen, vor allem konsumnahen Wirtschaftszweigen aus. In gewissem Sinne setzt die Ausnutzung einer Monopolstellung sogar nicht monopolisierte Wirtschaftszweige voraus, da sonst der Monopolprofit in Frage gestellt ist. Wie die moderne Wettbewerbstheorie nachweist, hängt die Existenz von Wettbewerb nicht allein an den Marktformen. Monopole sind im Wirtschaftsprozeß sogar notwendig, soll Anreiz zu Neuerungen bestehen. Entscheidend kommt es darauf an, daß das „Auf und Ab der Unternehmen" in Abhängigkeit von ihrer Marktleistung gesichert ist.]

Konsumterror — ein neuzeitlicher, nicht nur in der marxistischen Lehre verwendeter Begriff, der den zwingenden Einfluß der kap Marktbeherrschung auf die Konsumenten zum Ausdruck bringt. Über Produktionsentscheidungen, Werbung, Massenkommunikationsmittel, Formierung von Leitbildern in Film und Fernsehen werden die Konsumenten häufig unbewußt zum Konsum der Produkte veranlaßt, welche die Industrie anbietet und welche ihr hohe Profite verschaffen. Häufig sind diese Erzeugnisse objektiv ohne Nutzen und befriedigen nur suggerierte Bedürfnisse der Menschen (z. B. Markenwaschmittelwerbung). Andere Produkte, die den wahren oder echten Bedürfnissen der Menschen entsprechen, werden nicht angeboten oder werden sogar zerstört (saubere Umwelt). Wegen der psychologischen Manipulation ist der K als solcher häufig nicht spürbar, obwohl gerade darin die hinterhältige Form der Unfreiheit der Konsumenten liegt. *[Bestehen tatsächlich manipulative Einflüsse auf die Entscheidungen der Konsumenten, so sind diese doch be-*

schränkt, wie viele fehlgeschlagene Werbekampagnen und autonome Modetendenzen (z.B. Gammlerlook) zeigen. Konkurrierende Werbung hebt sich außerdem in der manipulierenden Wirkung häufig auf. Wenn das Aufspüren von Marktlücken Gewinne verspricht, liegt gerade darin der umgekehrte Zusammenhang. Gewöhnung an Werbung und aufklärerische Erziehung können den Widerstand gegen die Manipulation verstärken.] Schließlich wird die konsumtive Lebenshaltung vieler Menschen als das Ergebnis der verschiedenen Formen des K angesehen, ohne die das kap Wachstum nicht denkbar ist. *[Die Anprangerung bestimmter Konsumhaltungen setzt eine Instanz voraus, die zwischen noch zulässigen und verpönten Bedürfnissen und ihrer Befriedigung autoritär unterscheiden kann. Eine solche Instanz gibt es in vorwiegend marktwirtschaftlich organisierten Volkswirtschaften nicht und sollte es nicht geben.]*

Konsumtion — oft nur Konsum – ist der Verbrauch von Gütern und Dienstleistungen zum Zwecke der Bedürfnisbefriedigung oder der produktiven Weiterverarbeitung. Dabei kommt es in der Ökonomie nicht auf den Verbrauch beliebiger Güter an (z. B. Luft, Wasser), sondern auf die K von Gebrauchswerten, die produziert worden sind und im Kap teils die Gestalt von Waren annehmen, teils als **Eigenverbrauch** im eigenen Betrieb erzeugt wurden. **Konsumtive Konsumtion** (Endverbrauch) ist die K von Konsumgütern, **produktive Konsumtion** ist dagegen der Verbrauch von → Produktionsmitteln bei der Produktion von anderen Gütern. In der produktiven K entstehen die Kosten des neuen Produkts, indem der Wert der Produktionsmittel übertragen wird. Die konsumtive K ist im Kreislauf der Güter das letzte Stadium, das auf → Produktion und → Zirkulation folgt. Sie dient der Wiederherstellung der Arbeitskraft, die erneut in den Produktionsprozeß eingebracht wird, so daß sie ein Zwischenglied im volkswirtschaftlichen → Reproduktionsprozeß ist. *[Die K der Arbeiter, verstanden als Phase im volkswirtschaftlichen Reproduktionsprozeß, wertet den Konsum als Kosten des Arbeiters, die zur Erhaltung seiner Funktionsfähigkeit notwendig sind. Ein steigendes Einkommensniveau gibt jedoch auch dem Proletariat, vor allem den besser verdienenden Arbeitern und Angestellten, einen größeren Entscheidungsspielraum über Sparen und Konsumieren und über die Richtungen der K.]*

Luxuskonsum ist im Kap vorwiegend den Kapitalisten vorbehalten; er ist der Teil der Gesamtnachfrage, der – im Gegensatz zur Nachfrage der Arbeiter, die durch die Dringlichkeit der Existenzbedürfnisse und durch Manipulation vorherbestimmt ist – sehr flexibel ist und am stärksten auf die → Produktion einwirkt. *[Diese Zuord-*

nung des Luxuskonsums zur Kapitalistenklasse ist mit der allgemeinen Steigerung des Lebensstandards in dieser Strenge nicht mehr haltbar.] Luxuskonsum der Kapitalisten gilt, da die Einkommen, die dafür ausgegeben werden, nach der → Arbeitswertlehre nicht von den Kapitalisten erarbeitet worden sind, auch als **parasitärer Konsum** (→ Verschwendung).

Konzentration des Kapitals — ist neben der → Zentralisation eine historisch zwangsläufige Entwicklung des Kapitals, welche die Konkurrenz verringert und den → Konkurrenzkap in den → Monopolkap hinüberwachsen läßt. In der K und Zentralisation des Kapitals findet die fortschreitende Vergesellschaftung der Produktion schon im Kap ihren Ausdruck. Es entstehen wirtschaftliche Großorganisationen, die nach der → Revolution direkt in den Aufbau des Soz eingebracht werden können.
Der Marxsche Begriff der K weicht von dem in der nichtmarxistischen Terminologie üblichen Begriffsinhalt ab; dieser deckt sich eher mit dem Marxschen Begriff der Zentralisation des Kapitals.
Unter K wird verstanden, daß die Einzelkapitale im Kap durch ständige → Akkumulation immer größer werden. Die Produktionsstätten wachsen deshalb aber nicht nur auf demselben technischen Niveau durch Angliederung weiterer Produktionsaggregate, sondern auch durch Kapitalinvestitionen für Rationalisierungszwecke, technischen Fortschritt, Ausbau der Marktorganisation und des Beschaffungswesens usw. Dadurch nimmt das zur Produktion notwendige Kapital zu, und es steigt auch die Produktivität.
Die K als eine Erscheinung der → Produktionsverhältnisse spiegelt Entwicklungen der → Produktivkräfte wider. Die Stellung des Einzelkapitals gegenüber Konkurrenzkapitalien, die die gleiche Investitionsstrategie verfolgen, kann sich nur geringfügig verbessern, aber gegenüber anderen, die nicht in gleicher Weise Mehrwert aneignen und akkumulieren können, entsteht eine Überlegenheit, die den Schwächeren aus dem Markt treibt. Da auf diese Weise die funktionierenden Kapitale ständig wachsen und einen nicht einholbaren Vorsprung in der Technik und der Marktorganisation gewinnen, wird es Kapitalisten, die in einer Branche neu anfangen wollen, immer schwerer, das notwendige Kapital aufzubringen, Patente zu erwerben und auf dem Markt Fuß zu fassen. Produktion und Angebot konzentrieren sich auf immer weniger Kapitale. Anstelle anonymer Marktkonkurrenz setzen sich zunehmend oligopolistische Marktstrukturen (mehrere große Kapitale) durch. Die Folge ist, daß die → Konkurrenz abnimmt oder sich verändert und eine Grundvoraussetzung des Wirkens des → Wertgesetzes verschwindet.
[Die Marxsche K-Theorie (Konzentration und Zentralisation) hat eine

wichtige historische Tendenz des marktwirtschaftlichen ›Systems herausgearbeitet. Gegentendenzen, die es gibt, setzen die Entwicklung nicht außer Kraft. Die Stärke der Marxschen K-Theorie liegt darin, daß sie die Gründe für diese Entwicklung nicht im Marktbereich (z. B. bei Kartellabsprachen oder Marktstrukturen) sieht, wie vom Ansatz her die Marktformenlehre, sondern in den technologischen Prozessen (→ Produktivkräfte) sowie in der → Akkumulation und dem Konkurrenzmechanismus des Systems. Zweifelhaft ist die zwangsläufige Tendenz des Hinüberwachsens in sozialistische Gesellschaftsstrukturen; es gibt auch andere Tendenzen, wie die dezentrale und vielgliedrige Organisation von Großkonzernen zeigt, die im Innern neue Formen der → Kooperation und Konkurrenz entwikkeln.]

Kooperation — bedeutet 1) Zusammenarbeit im Sinne gemeinsamer Tätigkeit vieler Produzenten in gleichen oder in verschiedenen, aber untereinander unmittelbar verbundenen Arbeitsprozessen. Von **einfacher Kooperation** spricht man, wenn die Zusammenwirkenden gleichartige Arbeit verrichten und noch keine oder eine zufällige Arbeitsteilung besteht (z. B. gemeinsame Jagd). In der **kapitalistischen einfachen Kooperation,** dem ersten Entwicklungsstadium der kap Produktion, arbeiten Handwerker manuell und ohne Arbeitsteilung in einem Unternehmen (nicht notwendig räumlich vereint) zusammen, wodurch in gewissem Grade die Arbeitsproduktivität steigt, obwohl sich gegenüber der Einzelproduktion das Niveau der verwendeten Technik kaum verändert hat. Dadurch werden technisch wie soziologisch die frühkap → Manufaktur und der Industriebetrieb vorbereitet. Das Ziel dieser Unternehmung ist bereits ein auf Ausbeutung beruhender Gewinn. Die höheren Formen der K (z. B. Manufaktur) basieren auf der Arbeitsteilung und vereinigen Arbeiten verschiedener Art.

2) Unter K wird auch die organisierte Zusammenarbeit verschiedener Institutionen verstanden (z. B. Genossenschaften, Kartelle u. a.). Sie kann auch innerbetrieblicher, zwischenbetrieblicher, nationaler und internationaler Art sein und kommt im Kap und im Soz vor. Besonders betont wird der Unterschied zwischen kap und sozialistischer K, der sich aus der unterschiedlichen Motivation, hier gegenseitige Hilfe, dort Gewinnmaximierung, ergibt.

[Gerade die Unterscheidung in den Zielen der Kooperation ist fragwürdig, da auch in Planwirtschaften der einzelbetriebliche Nutzen einer K bestehen muß, wenn die Betriebe durch Prämiierung am Betriebserfolg interessiert werden sollen. Dagegen müssen bei der K in Marktwirtschaften auch Vorteile, z. B. Marktchancen zugunsten von größeren Vorteilen

der Zusammenarbeit, aufgegeben werden.]
K zwischen Betrieben sozialistischer und kap Länder sind Formen des Ost-West-Wirtschaftsverkehrs, bei welchen der Produktions- und Absatzprozeß nach einzelnen Abschnitten (Lieferung einzelner Teile, Besorgung des Absatzes) oder Funktionen (Stellung des Know-How, der Leitung, der Lieferung der Rohstoffe und Bereitstellung der Arbeiter) zwischen den K-Partnern geteilt wird.

Kostpreis — umfaßt den Wert der bei der → Produktion einer → Ware im Branchendurchschnitt verbrauchten → Produktionsmittel (Rohstoffe, Halbfabrikate und Abschreibungen) und die → Löhne für die aufgewandte Arbeitskraft. Man kann den K auch als → Wert oder → Produktionspreis ohne Mehrwertzuschlag bezeichnen, als die Größe, die der → Kapitalist mindestens erwirtschaften muß, um auf eine gewisse Dauer existieren zu können. Die im K sich vollziehende Verschmelzung der konstanten und variablen → Kapitalteile erweckt im Kapitalisten die falsche Vorstellung, als würde das von ihm zur Verfügung gestellte Gesamtkapital den Mehrwert schaffen, während nach der → Arbeitswertlehre die wirklichen Kosten, d. h. diejenigen, die der Mehrwertschaffung dienen, allein im Arbeitsaufwand liegen. Die theoretische Funktion des K'es liegt in der Zwischenstufe bei der → Transformation der Werte in Produktionspreise. *[Der K entspricht den betriebswirtschaftlichen Gesamtkosten ohne solche Kosten, die wie Zinsen, Mieten etc. auch Teile des neugeschaffenen Wertes enthalten. Die Zuordnung des Mehrwerts allein zu den Arbeitsaufwänden ist an die Axiomatik der → Arbeitswertlehre geknüpft.]*

Kreditsystem — ist die Gesamtheit der in einer Wirtschaft bestehenden Regelungen über Aufkommen und Verteilung der Kreditmittel. Im Kap ist das K durch einen eigenen kap organisierten Wirtschaftszweig geprägt, das Bankwesen, das über das Leihkapital verfügt und über Zinsen unterschiedlicher Art (neben Gebühren) → Mehrwert an sich ziehen kann. Die Kontrolle der Zentralbanken, die sich erst allmählich entwickelt hat, dient der Ordnung des Bankwesens und damit der Profitsicherung sowie der Systemerhaltung. Die Steuerung durch die Zentralbank versagt als wirksames Mittel gegen eine übermäßige Geld- und Kreditausdehnung, welche die Quelle oder die notwendige Bedingung der Inflation ist, da die Zentralbank im Interessenverbund mit der Wirtschaft und dem kap Staat steht.
[Die marxistische Theorie vermag von ihrem Ansatz der Inbesitznahme des Staates durch das Kapital und der Verschmelzung von Kapital und Staat der Geld- und Kreditpolitik einer selbständigen Notenbank im Kräftefeld von Banken,

Staat, Wirtschaft und Ausland keine adäquate Analyse zu geben, da von vornherein ihre kapitalfreundliche Interessenlage feststeht. Die eigentlichen Probleme liegen dagegen bei der in bestimmten Situationen nur beschränkten Wirksamkeit der Instrumente (Diskontpolitik, Offenmarktpolitik u. a.) der Zentralbank.]

Krieg – K'e sind nach der marxistischen Theorie nicht notwendig, sondern sie sind historisch bedingt: Sie werden in engem Zusammenhang mit der Entstehung des → Privateigentums und der Klassengesellschaften gesehen. Nur hier sind K'e notwendig und unvermeidlich, jedoch hat es nicht immer K'e gegeben und wird sie nicht immer geben. Im Sozialismus-Kommunismus wird dies der Fall sein, da das Privateigentum und die antagonistischen Klassen abgeschafft sind.
Die Unterscheidung zwischen gerechten und ungerechten K'en beruht vor allem darauf, von welcher Seite der K aktiv geführt wird, von den Ausbeutern in ihrem Interesse und zur Stärkung ihrer im geschichtlichen Prozeß rückständigen Positionen oder im Interesse der unterdrückten Klassen von fortschrittlichen Kräften, die im Einklang mit der Entwicklung der → Produktivkräfte stehen. Mit dem Übergang zum → Imperialismus steigt im Kap die Kriegsgefahr, da die Kämpfe um die Aufteilung der Welt, die Befreiungskriege der Kolonialländer und ausgebeuteten Entwicklungsländer und die Aggression gegen die sozialistischen Länder zugenommen haben. An diesen K'en profitiert das → Kapital nicht nur, wenn sie erfolgreich beendet sind, sondern auch schon an der Vorbereitung und Durchführung der K'e über die Profite der → Rüstungswirtschaft. Das Interesse des Kapitals an K'en wächst.
[Der Begründung von K'en letztlich aus dem Eigentum und insbesondere aus den kap Eigentumsverhältnissen kann mit Hinweis auf Geschichte und Gegenwart entgegengesetzt werden, daß Nationalismen, Religions- und Ideologieauseinandersetzungen, Machtausweitung (in einem weiteren als nur ökonomischen Sinne) als Ursachen mindestens ebenso wie jene Ursache, die im Marxismus im Vordergrund steht, wirksam sind und daß sie nur schwer darauf allein reduzierbar sind. Die Unterscheidung von gerechten und ungerechten K'en setzt ein allgemeingültiges Gerechtigkeitskriterium voraus.]

Krise – ist der Beginn eines Zusammenbruchs des wirtschaftlichen Funktionssystems des Kap und die Phase des wirtschaftlichen Niedergangs; sie tritt als zyklische K und als allgemeine K des Kap in Erscheinung.
Die **zyklischen Krisen** sind periodisch auftretende Zusammenbrüche des Funktionsmechanismus der Wirtschaft, die u. a. Arbeitslosigkeit, Massenelend, unverkäufli-

che Warenbestände, Umsatz-, Gewinn- und Investitionsrückgang sowie Bankrotte verursachen. K'n dieser Art hat es schon vor dem Kap gegeben; sie waren hauptsächlich durch Naturereignisse, Mißernten oder Kriege verursacht worden und äußerten sich u. a. auch in **Handelskrisen,** die unabsetzbare Warenvorräte, Zusammenbrüche von Handelshäusern usw. hervorriefen. Die allgemeinste Ursache für Wirtschaftskrisen liegt in der durch das Dazwischentreten des → Geldes hervorgerufenen Teilung des naturalen Tausches in Verkauf und Kauf. Es ist möglich, daß das Geld nicht wieder ausgegeben wird, das man durch Warenverkauf eingenommen hat. Dadurch entstehen K'n im Handel und in der Produktion der nicht absetzbaren Güter.

Im Kap verlieren die K'n ihren mehr oder minder zufälligen Charakter und haben andere Ursachen; sie sind systemnotwendig und treten in fast regelmäßigem Rhythmus auf. Ihre Ursachen sind zahlreich und betreffen z. T. miteinander eng verbundene Komplexe: die → Anarchie der Produktion, die daraus folgende Disproportionalität der Investitionen, die durch eine Überakkumulation verursachte → Überproduktion, das Kreditsystem, das → Gesetz des tendenziellen Falls der → Profitrate und → Unterkonsumtion als Ergebnis steigender → Ausbeutung, d. h. fehlender → Nachfrage. Die K mündet regelmäßig in einen länger anhaltenden Zustand der Stagnation (Depression) ein, in der die K zum Dauerzustand wird, aber sie entwickelt auch Kräfte ihrer Überwindung. Wirtschaftszusammenbrüche sind mit → Kapitalvernichtung verbunden; die Aufkäufer von Konkursmassen können billig funktionsfähige Produktionsmittel erwerben, wodurch der Wert des Kapitals vermindert und die Profitrate erhöht wird. So entstehen Anreize und Antriebskräfte für eine Produktionsausweitung. Ein Aufschwung (→ Konjunktur) wird eingeleitet, der, aus den gleichen Gründen wie zuvor, wieder eine K hervorbringt. Die K'n nehmen an Stärke zu, weil jede K die Widersprüche vermehrt (z. B. → Konzentration) und die Erholung nur kurzfristiger und oberflächlicher möglich ist. Im Spätkap werden durch eine staatliche Konjunkturpolitik zwar die K'n in ihrem Erscheinungsbild verändert und an Stärke vermindert, aber die Ursachen werden nicht beseitigt. Inflation, verbunden mit Arbeitslosigkeit (Stagflation), K'n in einzelnen Wirtschaftszweigen und Regionen (Strukturkrisen, z. B. Landwirtschaft) und unausgenutzte Kapazitäten werden zu **chronischen Krisenerscheinungen,** die nicht mehr beseitigt werden können. Die zyklischen K'n münden in die allgemeine K des Kap ein.

[Die Marxsche Krisentheorie zeigt wichtige Ursachen der Wirtschaftskonjunkturen auf, zu denen andere hinzukommen (z. B. geld- und kreditwirtschaftliche Ursachen, Defizite öffentlicher Haus-

halte). Unterschätzt wird die staatliche Konjunkturpolitik, welche Wirtschaftskrisen früheren Ausmaßes verhindern kann. Es scheint fraglich, ob man die Krisenzyklen, die heute besser beherrscht werden können, einfach durch sogenannte chronische Krisenerscheinungen ersetzen kann, die teilweise ganz andere Ursachen haben (z. B. Ölkrise).]
Die **allgemeine Krise des Kap** ist das Endstadium des Kap als → ökonomische Gesellschaftsformation und → Weltsystem. Die inneren Widersprüche und die Klassenkämpfe nehmen zu, die oben genannten chronischen Krisenerscheinungen beherrschen das Bild. Die Funktionsunfähigkeit des kap Systems wird immer offenkundiger, und die Ablösung des Kap durch den Soz steht bevor. Im Marxismus-Leninismus wird der Beginn der allgemeinen K gleichgesetzt etwa mit dem Hinüberwachsen des Kap in den → Imperialismus und mit der Entstehung des sowjetischen Soz. Die allgemeine K des Kap wird nach mehr oder minder beschreibenden Elementen in Etappen eingeteilt. Zu Beginn der siebziger Jahre trat der Kap in die vierte Etappe seiner allgemeinen K ein. Die erste Etappe (zwischen den beiden Weltkriegen) ist gekennzeichnet durch die UdSSR als erstes sozialistisches Land, durch den Beginn der Kolonialkrise, durch Inflation und Weltwirtschaftskrise. In der zweiten Etappe (nach dem Zweiten Weltkrieg) entstand das sozialistische Lager, und die Widersprüche des → Imperialismus und → staatsmonopolistischen Kap, verstärkt durch die antiimperialistische Befreiungsbewegung, nahmen zu. In den fünfziger Jahren beginnt die dritte Etappe, die u. a. durch die Festigung des sozialistischen Weltsystems, durch imperialistische Staatenvereinigungen (EWG) und die zunehmende Befreiung der Dritten Welt charakterisiert ist. Die vierte Etappe ist u. a. durch verstärkte innere soziale Auseinandersetzungen der kap Länder geprägt.
[Die Fixierung der allgemeinen K auf den Kap seit 1917 zwingt – nachdem die Weltrevolution nicht eingetreten ist – Etappen der allgemeinen K einzuführen, deren Kennzeichen nicht theoretisch abgeleitet sind, sondern aus der geschichtlichen Entwicklung bezogen werden.]
Die Etappeneinteilung der allgemeinen K wird von den nicht leninistischen Strömungen des Marxismus meist abgelehnt. An ihre Stelle tritt z. B. im Trotzkismus eine allgemeine Einteilung nach Art des Früh-, Hoch- und → Spätkapitalismus.

Leihkapital → Kapital

Lohn → Distribution

Lohnarbeit – ist die Arbeit, die auf Grund eines Arbeitsvertrages geleistet wird, nach dem der Arbeiter seine → Arbeitskraft auf Zeit gegen einen Preis (Lohn) dem

Kapitalisten zur Verfügung stellt. Der Kapitalist erhält die Verfügungsgewalt über den Arbeiter während der → Arbeitszeit und nützt die Eigenschaft der von ihm „gemieteten" Arbeitskraft dazu, → Mehrwert zu produzieren. Die Berechnung des Lohnes erweckt den Schein, als würde die gesamte Arbeitszeit bezahlt, tatsächlich ist nach der → Arbeitswertlehre der Lohn nur dem Teil des vom Arbeiter geschaffenen Produkts gleich, der durch den Wert der → Ware Arbeitskraft, ihre → Reproduktionskosten, bestimmt wird.

[Nur im 19. Jahrhundert konnte von einer Verfügungsgewalt des Unternehmers über den Arbeiter im Betrieb die Rede sein. Durch staatliche Sozialpolitik und gewerkschaftliche Interessenvertretung in und außerhalb der Unternehmung sind die Herrschaft des Kapitals und die Marktregulierung der Arbeitsbedingungen eng begrenzt. Daß der Lohn nur einen Teil des Gesamtergebnisses des neu geschaffenen Wertes ausmacht, ist eine Selbstverständlichkeit, daß er aber nur die Reproduktionskosten der Arbeit (→ Existenzminimum) deckt, kann nur für die extremen Bedingungen der Vergangenheit der Industrieländer behauptet werden oder wenn man die Reproduktionskosten mit dem jeweiligen Lebensstandard der Arbeiter gleichsetzt.]

Wie die Sklavenarbeit für die → Sklavenhalterordnung und die Fronarbeit sowie die Naturalablieferung für den → Feudalismus das typische Ausbeutungssystem sind, so ist das **Lohnarbeitssystem** die vorherrschende Form der → Ausbeutung im Kap. Ein **Lohnarbeiter** ist ein Angehöriger der Arbeiterklasse, der ohne Eigentum an Produktionsmitteln zum Verkauf seiner Arbeitskraft gezwungen ist, um seinen Lebensunterhalt zu erwerben. Er gerät damit während der Arbeit unter die Herrschaft des Kapitals.

[Der ‚Lohnarbeiter' ist außerdem Staatsbürger; er ist Mitglied in Gewerkschaften, Parteien und anderen Organisationen sowie in gewissem Umfang Eigentümer von Konsum-, Geld- und anderem Vermögen. Dadurch ist seine gesellschaftliche Stellung in vielen Fällen vielfältiger und sein Einfluß größer als beim Typ des reinen Lohnarbeiters.]

Lohnraub → Ausbeutung

Lumpenproletariat — ist der Teil des Proletariats im Kap, der aus dem Produktionsprozeß endgültig ausgeschieden ist und eine als unehrenhaft geltende oder sogar kriminelle Unterhaltsquelle gefunden hat (Verbrecher, Bettler, Landstreicher, Prostituierte, „Gammler" usw.). Es sind die Gestrauchelten der kap Gesellschaft. Sie kommen zum Teil aus der → industriellen Reservearmee, insbesondere infolge Dauerarbeitslosigkeit, zum Teil sind es die ehemaligen Kleingewerbetreibenden in Handwerk und kleinem Einzelhandel, nachdem sie durch die

größere marktmäßige Leistungsfähigkeit des Industrie- und Handelskapitals niederkonkurriert wurden. Ihr Schicksal ist nicht so sehr individuell verschuldet als vielmehr das Ergebnis des kap Wirtschafts- und Gesellschaftsmechanismus, der nur Menschen mit kapitalmäßig verwertbaren Eigenschaften und Fähigkeiten mit Arbeit und Einkommen versorgt, in diesem Sinne nutzlose Menschen aber ausstößt.
[Die unter L zusammengefaßten Randgruppen der Gesellschaft können nicht als spezifisch kapitalistische Erscheinungen gelten. Es gab sie z. T. auch vorher. Sieht man die Ursache allein im kap System, verbaut man sich den Zugang zu systemimmanenten Hilfen, welche für jede einzelne Gruppe andere sein müssen.]

Luxus → Konsumtion, → Verschwendung

Manager → Kapitalist

Manufaktur — ist nach der → Kooperation die zweite Entwicklungsstufe der kap Produktion. Sie ist ein gewerblicher Großbetrieb des Spätfeudalismus bzw. des → Frühkap, der auf arbeitsteiliger und spezialisierter Handarbeit beruht. Die M'en entstanden, als die kleinhandwerkliche, zunftgebundene Produktion den steigenden Bedarf der feudalen Hofhaltungen und der kriegerischen Unternehmungen nicht mehr decken konnte. Die feudalen M'en wurden auf Initiative und unter Mitwirkung der Fürsten gegründet, die ihre außerökonomische, feudale Herrschaft unter Mißachtung der brüchig werdenden Zünfte zur Organisation der M'en einsetzten. Die frühkap M wurde meist von Händlern gegründet, die ökonomisch heruntergekommene Handwerker, Bauern usw. für sich arbeiten ließen und dadurch wachsende Marktnachfrage befriedigten. Oft bedienten sie sich dabei des **Verlagssystems,** d. h. der dezentralen Produktion in den individuellen Werkstätten, unter einheitlicher Leitung des Verlegers und des zentralen Absatzes (oft auch zentraler Rohstoffversorgung). In den sogenannten vollkommenen M'en wurde die gesamte Produktion in zentralen Werkstätten hergestellt. Abgesehen von der handwerklichen Technik wiesen die voll entwickelten M'en schon zahlreiche Elemente kap Produktion auf: Ausbeutung der Lohnarbeit, Durchorganisation der Produktion, zunehmende Marktorientierung und Kostensenkung durch Spezialisierung. Die M trug gleichzeitig zur Schaffung eines inneren Marktes bei und legte mit der sich ausweitenden Arbeitsteilung und Zerlegung von Berufen die Voraussetzung für eine maschinelle Fertigung. In diesem Sinne waren sie unmittelbare Vorläufer und Wegbereiter der industriellen Fertigung in → Fabriken. Die M verlor an Bedeutung, als „ihre eigene enge technische Basis ... auf einem gewissen Entwicklungsgrad mit den von ihr selbst geschaffenen Produktionsbedürfnissen in Widerspruch" geriet (MEW, Bd. 23, S. 390).

Markt – ist ursprünglich der Ort, an dem Käufe und Verkäufe konzentriert sind; in der begrifflichen Erweiterung umfaßt er im Kap den gesamten Bereich der Warenzirkulation, soweit Angebot, Nachfrage und Preisbildung nicht durch zentrale Anweisungen reguliert werden (wie z. B. in der Kriegswirtschaft), sondern den spontanen Marktkräften überlassen bleiben. Diese werden in der marxistischen Theorie durch die → Ware-Geld-Beziehung und das → Wertgesetz dargestellt und analysiert. Die Preisbildung am Markt erweckt den Anschein, als würden dort die → Werte geschaffen, tatsächlich geschieht dies jedoch durch die → Arbeit in der → Produktion. Mit der Preisbildung am M, die an den Wertgrößen bzw. den → Produktionspreisen der → Waren orientiert ist, wird lediglich offengelegt, welche individuellen Aufwendungen in der Produktion gesellschaftlich notwendig waren und welche nicht. Dadurch wirken die Marktprozesse auf die Produktion ein und steuern sie im nachhinein. Die → Anarchie der Produktion und die mit ihr verbundene volkswirtschaftliche Unwirtschaftlichkeit, die – bei einem Höchstmaß an betrieblicher Wirtschaftlichkeit – in dem Fehlen einer Koordination der Produktion unter den Kapitalisten von vornherein und in der dadurch verursachten Fehllenkung von Arbeit und Produktionsmitteln besteht, wird erst über die nachträgliche M-Koordination korrigiert; es entstehen unverkäufliche Lagerbestände bei den einen Kapitalisten, die in der Regel Verlust machen und Produktionseinschränkungen für die neue Produktionsperiode vorsehen, und Profite bei den anderen, die ihre Produktion ausdehnen werden. In der neuen Periode ist der M-Ausgleich wieder nicht gesichert, da die individuellen Entscheidungen nicht aufeinander abgestimmt sind.

Mit der zunehmenden M-Beherrschung durch → Monopole und durch regulierende Eingriffe des Staates (→ staatsmonopolistischer Kap) verändern sich die M-Gesetze und verlieren an Wirksamkeit. *[In den marxistischen Vorstellungen über den M steht die Irrationalität einer nachträglichen Koordination im Vordergrund; es wird jedoch die Leistungsfähigkeit des M-Mechanismus (auch bei Formen der unvollkommenen Konkurrenz) als eines leistungsfähigen gesellschaftlichen Informations- und Anreizsystems unterbewertet, das bei vielen Schwächen des Systems (z. B. Manipulation, Krisen) die Vorzüge der relativ raschen, automatischen und rigorosen, wenn auch häufig einseitigen Wirksamkeit besitzt und tatsächlich eine Koordination herbeiführt. Die rasche Schließung von Marktlücken und eine markteffiziente Steuerung der Produktionsfaktoren sind außerdem Vorteile dieses Lenkungssystems, dem jedoch auch Nachteile, z. B. bei der Befriedigung nicht marktgängiger Bedürfnisse (kollektiver Güter) und durch Folgewirkungen in marktmäßig nicht steuerbaren Bereichen einer Wirtschaft (externe Effekte, z. B. Umweltzerstörung), gegenüberstehen.]*

Marktpreis → Preis

Marktsozialismus → Sozialismus

Marktwert — ist der Durchschnitt der individuellen Produktionswerte, bei dem sich die Gewinne der mit fortschrittlicher Technik produzierenden Warenproduzenten mit den Verlusten rückständiger ausgleichen. In der theoretischen Ableitung nimmt der M eine Mittelposition zwischen → Wertgrößen bzw. → Produktionspreisen ein, die zum Oszillationszentrum der Preise wird, wenn die Wertgröße bzw. der Produktionspreis nicht konstant bleibt, sondern sich durch technischen Fortschritt oder Nachfrageverschiebungen u. a. verändert.
[Der M ist eine nur in der marxistischen Preistheorie vorkommende Größe, die nicht mit den konkreten Marktpreisen identisch ist.]

Marxismus — ist die Gesamtheit der Lehren von Karl Marx einschließlich der Beiträge Friedrich Engels', auch wenn im Detail zwischen beiden Klassikern des M gewisse Unterschiede feststellbar sind (z. B. in der Frage der → Dialektik). Die Lehre des M ist in ihrem eigenen Verständnis streng wissenschaftlich und sehr eng mit ihrer politischen Praxis verbunden. Zum M werden darüber hinaus alle Theorien und politischen Richtungen gezählt, die sich als marxistisch verstehen und sich auf Marx beziehen. Das Entstehen verschiedener, zum Teil kontroverser Richtungen des M geht 1) auf Unterschiede in der wissenschaftlichen Interpretation der klassischen Lehren zurück, 2) auf die politische Auslegung und Anwendung und 3) auf unterschiedliche Versuche, den M auf sich verändernde gesellschaftliche und politische Verhältnisse anzuwenden und ihn dabei weiterzuentwikkeln. Obwohl der theoretische und politische Streit zwischen den Schulen des M groß ist, haben sie meist ein weites Feld gemeinsamer marxistischer Vorstellungen. Der Schwerpunkt der internen marxistischen Diskussionen liegt heute nicht mehr so sehr auf dem Gebiete der → Politischen Ökonomie, sondern in der Sozialphilosophie, Anthropologie, politischen Taktik und auf anderen Gebieten, obwohl z. B. die → Imperialismus- und → Stamokaptheorie zwischen Leninisten und Trotzkisten - und nicht nur zwischen ihnen - strittig sind. Als **orthodoxer Marxismus,** polemisch oft auch als **dogmatischer Marxismus** bezeichnet, gilt der Marxismus-Leninismus, der keineswegs die Marxschen Lehren unverändert bewahrt hat, sondern durch Lenin und die Praxis des sowjetischen Soz eine „schöpferische Weiterentwicklung" erfahren hat. Unter **Neomarxismus** werden die marxistischen Strömungen der Nachkriegszeit vor allem in den westlichen Ländern zusammengefaßt, die weitgehend von der unmittelbaren Beziehung zur Arbeiterbewegung gelöst sind und wissenschaftliche Theorienbildung, vor allem auf dem Gebiete der Sozialphilosophie, betreiben. Der Neomarxismus hat zu einem verbreiteten wissenschaftlichen, zum Teil auch politischen Wiederaufleben marxistischer Gesellschaftskritik und zu der Konzeption neuer Wege zum Sozialismus geführt, die sich von der gewaltsamen → Revolution unterscheiden (→ Eurokommunismus).

Marxist — Anhänger der Lehren von K. Marx und F. Engels. Obwohl Marx von sich sagte, daß er kein Marxist sei, und damit wohl meinte, daß er nicht Gründer und Anhänger einer neuen philosophischen Richtung sein wolle, qualifiziert heute die intellektuelle Anhängerschaft an die Lehren der Klassiker des Marxismus zum M'en. Dabei spielen die unterschiedliche Interpretation und der Meinungsstreit eine nachgeordnete Rolle. Meist wird als unabdingbar auch eine den marxistischen Lehren entsprechende politische und gesellschaftliche Praxis, im Kap also revolutionäre Aktivität, gefordert, welche die Theorien in die Wirklichkeit umsetzen hilft. Ob dagegen auch eine persönliche Lebensführung notwendig ist, die an den Zielen eines humanen und solidarischen Menschenbildes orientiert ist, gilt als strittig. **Marxologe** ist dagegen ein (meist) spöttisch gemeinter Ausdruck für Leute, die sich kritisch immanent mit Marxismus beschäftigen.

Materialismus — ist eine Grundrichtung der Philosophie, welche sich als Wissenschaft versteht, alles Sein im Grunde materialistisch erklärt und jedwede außerweltlichen oder geistigen Erklärungsursachen (Idealismus) ablehnt. Im sogenannten orthodoxen Marxismus ist der M in Form des **dialektischen Materialismus (Diamat)** als allgemeine Philosophie und in Form des **historischen Materialismus (Histomat)** als eine Lehre von den Bewegungsgesetzen der menschlichen Gesellschaft in der Geschichte als abgerundete Lehrdisziplin entwickelt worden.
Im **Diamat** werden die allgemeinsten Bewegungsgesetze der Natur, die gleichzeitig auch für den Menschen, sein Denken und für die Gesellschaft gelten, dargestellt. Seine Formulierung geht mehr auf Engels und Lenin als auf Marx zurück. Von anderen materialistischen Schulen unterscheidet sich der Diamat dadurch, daß er nicht eine allgemeine und unveränderliche Urmaterie annimmt, sondern von einer wissenschaftlich erforschbaren, in sich unend-

lichen Materie, die ursprünglich und nur aus sich selbst erklärbar ist, ausgeht. Alle Formen des Seins, auch das Bewußtsein, sind materiell und stellen sich als Eigenschaften der Materie dar. Von hier aus wird zwar keine ausgeformte Ontologie, aber eine Erkenntnistheorie und wissenschaftliche Methodologie entwikkelt, welche gleichzeitig eine Anleitung für die Einzelwissenschaften und eine allgemeine Weltanschauung bieten sollen. Die Materialität allen Seins heißt auch, daß die Welt unabhängig vom Bewußtsein des Menschen existiert und grundsätzlich erkennbar ist. Die gesellschaftliche Umwelt prägt das Bewußtsein des Menschen. Die Praxis, die Umsetzung der Gedanken in die Wirklichkeit, gilt als Beweis für die Richtigkeit von Bewußtseinsinhalten. Eine wesentliche Eigenschaft der Materie ist die Bewegung.
Engels hat in der „Dialektik der Natur" (MEW, Bd. 20, S. 38) unter Anwendung des materialistischen Ansatzes auf die zeitgenössischen naturwissenschaftlichen Erkenntnisse eine Klassifikation der Bewegungsformen der Materie formuliert, die auch zu einer Einteilung der Wissenschaften geführt hat. Die Bewegungsgesetze der Materie werden im wesentlichen durch die → Dialektik geklärt, die, ursprünglich eine Denk- und Redemethode, auf die Entwicklungsvorgänge in der Natur und des menschlichen Geistes, in der Wissenschaft und in der Gesellschaft als deren Bewegungsweisen Anwendung findet. Die Allgemeingültigkeit der materialistischen und dialektischen Prinzipien macht den Diamat zum methodisch-theoretischen Fundament des Marxismus.
Der **Histomat** ist die Lehre von den allgemeinen Entwicklungsgesetzen der Gesellschaft. Aus allgemeinen → Gesetzen werden die Entstehung, die Funktionsweise und der Untergang der ökonomischen Gesellschaftsformationen, also der Ablauf der Menschheitsgeschichte, in Stufen erklärt und in die Zukunft projiziert. In klassischer Form hat Marx im Vorwort zur Kritik der politischen Ökonomie (MEW, Bd. 13, S. 8–9) die materialistische Geschichtsauffassung dargestellt:
„In der gesellschaftlichen Produktion ihres Lebens gehen die Menschen bestimmte, notwendige, von ihrem Willen unabhängige Verhältnisse ein, Produktionsverhältnisse, die einer bestimmten Entwicklungsstufe ihrer materiellen Produktivkräfte entsprechen. Die Gesamtheit dieser Produktionsverhältnisse bildet die ökonomische Struktur der Gesellschaft, die reale Basis, worauf sich ein juristischer und politischer Überbau erhebt, und welcher bestimmte gesellschaftliche Bewußtseinsformen entsprechen. Die Produktionsweise des materiellen Lebens bedingt den sozialen, politischen und geistigen Lebensprozeß überhaupt. Es ist nicht das Bewußtsein der Menschen, das ihr

Sein, sondern umgekehrt ihr gesellschaftliches Sein, das ihr Bewußtsein bestimmt. Auf einer gewissen Stufe ihrer Entwicklung geraten die materiellen Produktivkräfte der Gesellschaft in Widerspruch mit den vorhandenen Produktionsverhältnissen oder, was nur ein juristischer Ausdruck dafür ist, mit den Eigentumsverhältnissen, innerhalb deren sie sich bisher bewegt hatten. Aus Entwicklungsformen der Produktivkräfte schlagen diese Verhältnisse in Fesseln derselben um. Es tritt dann eine Epoche sozialer Revolution ein. Mit der Veränderung der ökonomischen Grundlage wälzt sich der ganze ungeheure Überbau langsamer oder rascher um. In der Betrachtung solcher Umwälzungen muß man stets unterscheiden zwischen der materiellen, naturwissenschaftlich treu zu konstatierenden Umwälzung in den ökonomischen Produktionsbedingungen und den juristischen, politischen, religiösen, künstlerischen oder philosophischen, kurz: ideologischen Formen, worin sich die Menschen dieses Konfliktes bewußt werden und ihn ausfechten. So wenig man das, was ein Individuum ist, nach dem beurteilt, was es sich selbst dünkt, ebensowenig kann man eine solche Umwälzungsepoche aus ihrem Bewußtsein beurteilen, sondern muß vielmehr dies Bewußtsein aus den Widersprüchen des materiellen Lebens, aus dem vorhandenen Konflikt zwischen gesellschaftlichen Produktivkräften und Produktionsverhältnissen erklären. Eine Gesellschaftsformation geht nie unter, bevor alle Produktivkräfte entwickelt sind, für die sie weit genug ist, und neue höhere Produktionsverhältnisse treten nie an die Stelle, bevor die materiellen Existenzbedingungen derselben im Schoß der alten Gesellschaft selbst ausgebrütet worden sind. Daher stellt sich die Menschheit immer neue Aufgaben, die sie lösen kann, denn genauer betrachtet wird sich stets finden, daß die Aufgabe selbst nur entspringt, wo die materiellen Bedingungen ihrer Lösung schon vorhanden oder wenigstens im Prozeß ihres Werdens begriffen sind. In großen Umrissen können asiatische, antike, feudale und modern-bürgerliche Produktionsweisen als progressive Epochen der ökonomischen Gesellschaftsformation bezeichnet werden. Die bürgerlichen Produktionsverhältnisse sind die letzte antagonistische Form des gesellschaftlichen Produktionsprozesses, antagonistisch nicht im Sinn von individuellem Antagonismus, sondern eines aus den gesellschaftlichen Lebensbedingungen der Individuen hervorwachsenden Antagonismus, aber die im Schoß der bürgerlichen Gesellschaft sich entwickelnden Produktivkräfte schaffen zugleich die materiellen Bedingungen zur Lösung dieses Antagonismus. Mit dieser Gesellschaftsformation schließt daher die Vorgeschichte der menschlichen Gesellschaft ab.“

Der entscheidende materialistische Grundgedanke des Histomat ist, daß die Funktionsweise und Entwicklung der menschlichen Gesellschaft aus der materiellen Tätigkeit der Menschen im Produktionsprozeß (→ Produktivkräfte und → Produktionsverhältnisse) zu erklären ist. Die gesellschaftlichen Verhältnisse und der geistig ideologische → Überbau sind direkte oder vermittelte Resultanten der ökonomischen → Basis, ohne daß jedoch Gegenwirkungen, z. B. in der aktiven Rolle des Überbaus, geleugnet werden. Zum Überbau gehört auch der herrschende Zeitgeist, der in den Bewußtseinsformationen die ökonomische Basis überdauert oder vorauseilende Inhalte besitzt. Die Entwicklung der Menschheitsgeschichte geht nicht kontinuierlich, sondern als eine Abfolge von zunehmenden Spannungen und Widersprüchen vor sich, die sich in Klassenkämpfen äußern und sich in → Revolutionen entladen, als deren Folge eine neue Entwicklungsstufe erreicht wird. Die Schlüsselrolle, welche in der materialistischen Gesellschaftsauffassung der wirtschaftlichen Tätigkeit der Menschen zugewiesen ist, begründet die → Politische Ökonomie als Sozialwissenschaft. In verschiedenen neomarxistischen Richtungen wird die dogmatische Ausformung des Diamat und Histomat kritisiert, weil Marx sich nicht als Schöpfer eines neuen philosophischen Lehrgebäudes verstanden wissen wollte und weil sie zu einer Rechtfertigungslehre der realen Verhältnisse der sozialistischen Länder erstarrt ist. Hier ist eine Überbewertung der (staatlich gestalteten) Produktionsverhältnisse eingetreten, die Dynamik der Produktivkräfte und des geistigen Überbaus wird dagegen unterschätzt (R. Garaudy). Demgegenüber wird die Zuordnung der Marxschen philosophischen und historischen Lehre zur kritischen Analyse des Kap und zur politisch-revolutionären Aktivität der Arbeiterklasse, als Anleitung zum politischen Handeln, hervorgehoben. Es wird die Bedingtheit der Menschen und der Gesellschaft nicht nur durch die materielle Produktion, sondern auch durch die bestehenden gesellschaftlichen Einrichtungen und ideologischen Institutionen hervorgehoben (die „zweite Natur"), von denen sie befreit werden müssen, soll eine Humanisierung im Sinne des Sozialismus-Kommunismus erreicht werden. *[Eine kritische Auseinandersetzung mit den allgemeinen philosophischen Grundlagen des Marxismus kann nur auf der Basis anderer philosophischer, weltanschaulicher und religiöser Positionen erfolgen. Im historischen Materialismus steht eine Geschichtsphilosophie zur Diskussion, die von anderen geschichtsphilosophischen Ansätzen (z. B. Spengler, Toynbee) oder angesichts der Multikausalität geschichtlicher Entwicklungen von der Fragwürdigkeit aller geschichtsphilosophischer Ansätze her kritisiert werden kann. Gleichwohl würde der historische Materialismus dann eine wichtige Hypothese der Geschichtsbetrachtung liefern können.]*

Mehrarbeit → Arbeit

Mehrprodukt → Produkt

Mehrwert – ist die Geldform des Mehrprodukts im Kap. Der M wird vom → Arbeiter geschaffen, der durch seine → Arbeit mehr Wert bildet, als er dem Kapitalisten in Form des Lohnes kostet. Da im Lohn nach dem → Wertgesetz, das auch für die → Ware → Arbeitskraft gilt, nur die Reproduktionskosten der Arbeitskraft enthalten sind, der Arbeiter aber mehr produziert, bekommt er, was ihm nach den Gesetzen des Tausches bei einer privat-kapitalistischen Eigentumsordnung zusteht; nach den gleichen Gesetzen wächst den → Kapitalisten der M zu. Darauf beruht die → Ausbeutung des Arbeiters. Der M ist der Teil seiner Arbeit, den er nicht bezahlt erhält (→ Arbeitswertlehre). Wenn z. B. ein Arbeiter an einem zehnstündigen Arbeitstag einen Wert von 100 DM (nach Abzug aller sonstigen Kosten) produziert und sein Lohn nach Tarifvertrag 50 DM (unter Einschluß sonstiger Sozialkosten) beträgt, bleibt ein Mehrwert von 50 DM. Da nur die Arbeit wertproduktiv ist, drückt das Verhältnis des M's (m = 50 DM) zu dem für Lohnzahlung verwendeten Kapital (v = 50 DM) die **Mehrwertrate**

$$m' = \frac{m}{v} = \frac{50}{50} = 100\,\%$$

aus, die aussagt, wieviel M von dem Arbeiter in der Arbeitszeit geschaffen wird. Sie ist nicht unabhängig von dem in → Produktionsmitteln angelegten Kapital, das aber selbst keinen M schafft, aber die Höhe der Arbeitsproduktivität beeinflußt. Die M-Rate drückt gleichzeitig den Grad der → Ausbeutung aus und ist mit der **Ausbeutungsrate** identisch.
Der M ist die Gesamtheit der durch die Kapitalisten angeeigneten unbezahlten Arbeit in der Produktion: der Gesamtmehrwert wird unter die Kapitalistenklasse nach Maßgabe der an → Produktion, → Zirkulation und → Konsumtion beteiligten Kapitalien verteilt. So entstehen die konkreten Formen des M's, der industrielle → Profit, die Handelsspanne, der Zins und die Bodenrente. Diese verwandelten Formen des M's müssen noch von Kostenelementen (Lohn für Handlungsgehilfen, Bankangestellte und Gutsverwalter usw.) bereinigt werden, ehe die Reineinkommen der Kapitalisten in Erscheinung treten, die - neben dem Konsum der Kapitalisten - vor allem zur → Akkumulation verwendet werden. In den Steuern sind sowohl echte Kostenelemente enthalten, soweit vom → Staat die → Reproduktionsbedingungen gesichert werden, als auch Mehrwertbestandteile, die wie der gesamte M der Akkumulation oder dem Luxuskonsum dienen (z. B. öffentliche Repräsentationsbauten).

Die M-Theorie ist das Fundament der Marxschen Kapitalismuskritik. Sie erklärt, wie der M über das Wirken des Wertgesetzes und die zur Ware gewordene Arbeitskraft zustande kommt, wie er auf Grund von Privateigentum an den Produktionsmitteln, also durch die Herrschaft des Kapitals, zum Ziel der Produktion wird und wie seine Verwendung vorwiegend für Akkumulation die Dynamik des kap Systems begründet. Das **Mehrwertgesetz** faßt diese Zusammenhänge in einem Begriff zusammen und erklärt als das → ökonomische Grundgesetz des Kap die Funktionsweise dieses Systems.

[Die M-Theorie bildet mit der → Ausbeutungstheorie eine Einheit, auch bei einer kritischen Betrachtung. Eine vorwiegend aus der Verteilungsproblematik aufgebaute Analyse der kap → Gewinne, der als Axiom die alleinige Wertproduktivität der Arbeit zugrunde liegt, ermöglicht keine angemessene Diskussion, wenn nicht neben den gesellschaftskritischen Ansätzen der → Verteilung auch die Zusammenhänge vorgetragen werden, die die Funktionsfähigkeit des Systems mitbegründen. So kommen die Probleme des Anreizes zur Kapitalbildung und der Steuerung der Kapitalverwendung zu kurz. Nicht umsonst wurden Gewinn und Rentabilität in den sozialistischen Ländern Osteuropas vor langem oder erst jüngst wieder anerkannt und ins Planungssystem eingeführt.]

Merkantilsystem (Merkantilismus) — ist ein Wirtschaftssystem des absolutistischen Staates, in dem durch wirtschaftspolitische Maßnahmen für einen ständigen Überschuß der Ausfuhren über die Einfuhren gesorgt wurde (aktive Außenhandelsbilanz); zu diesem Zweck betrieb der Staat eine Ausfuhrförderung (Gründung und Förderung von exportfähigen Gewerbebetrieben, insbesondere der → Manufakturen, staatliche Aufkäufe, Einwanderungsanreize) und erließ Einfuhrbeschränkungen (Einfuhrzölle, Konsumkontrolle und -verbote u. a.). Im Handel wurde die eigentlich gewinnbringende Tätigkeit gesehen, die Landwirtschaft dagegen vernachlässigt. Das Ziel der nationalen Wohlstandsmehrung wurde unter Gleichsetzung von staatlichen und gesellschaftlichen Interessen verfolgt. Der M gilt als Vorstadium des Kap (→ Frühkap), da sich dort die Herrschaft des Handelskapitals herausbildete und die erwirtschafteten Gewinne zu Kapitalansammlungen führten, die zu einer Quelle der ursprünglichen → Akkumulation des Kap wurden.

[Nur im nachhinein kann das M in gewisser Hinsicht als Vorstufe des Kap interpretiert werden. Seine Existenz verdankt es vor allem der Ökonomie des absolutistischen Staates und den ihm zugrunde liegenden theoretischen Vorstellungen.]

Metamorphose der Ware — ist die Umwandlung der → Ware in

ihrer Funktion als → Wert, den sie im Tauschverkehr besitzt, in ihre Funktion als → Gebrauchswert. Als Wert ist die Ware Träger gesellschaftlich notwendiger → Arbeit, die sie befähigt, im Tausch andere Waren oder → Geld zu beschaffen. Als Gebrauchswert stiftet die Ware durch Gebrauch oder Verbrauch unmittelbaren Nutzen. Die M geht auf die in den Waren enthaltene Arbeit in ihrem → Doppelcharakter als wertschöpfender und gebrauchswertschaffender Arbeit zurück. Der Produzent der Waren nützt im Verkauf nur den Wert der Ware aus, er verwandelt Waren in Geld und zeigt damit, daß sein individueller Aufwand nach den → Gesetzen der → Warenproduktion gesellschaftlich notwendig war. Mit dem Verkauf der Waren ist die erste Teilmetamorphose abgeschlossen. Die zweite Teilmetamorphose erfolgt im Kauf von anderen Waren, die dem produktiven oder konsumtiven → Verbrauch dienen. Damit ist die Gesamtmetamorphose der Ware abgeschlossen. Da die erste Teilmetamorphose (der Verkauf der Ware durch den Produzenten) gleichzeitig für einen anderen Marktteilnehmer die zweite Teilmetamorphose (Kauf von Gebrauchswerten) darstellt, ist der gesellschaftliche Zirkulationsprozeß eine Vielzahl von teilweise identischen Teilmetamorphosen.
[Die Lehre vom Zusammenhang zwischen Gebrauchswert und Tauschwert vermag die unterschwelligen Interessen, die im Produktions- und Zirkulationsprozeß zutage treten, zu verdeutlichen, aber keine weiterführende Analyse des quantitativen Zusammenhangs beider Eigenschaften der Ware zu geben.]

Militarisierung der Wirtschaft → Rüstung

Mittelschichten — sind im Kap die neben den Grundklassen (→ Arbeiter und → Kapitalisten) bestehenden Bevölkerungsgruppen, die häufig als Mittelstand bezeichnet werden. Zu ihnen zählen selbständige Handwerker, Händler, Künstler, Ärzte, Klein- und Mittelbauern. Sie sind Kleineigentümer und selbständig; oft sind sie auch Arbeitgeber für nur wenige Arbeiter und Angestellte und nehmen dadurch aktiv an der → Ausbeutung teil. Insofern sind sie auch Kapitalisten, aber gegenüber → Monopolen befinden sie sich häufig in einer ähnlichen Situation wie Proletarier: Über niedrige Preise werden ihre Einkommen und → Akkumulationsmöglichkeiten beschnitten, und sie stehen in wirtschaftlichen Ausbeutungs- und Abhängigkeitsverhältnissen. Diese Zwischenstellung zwischen Kapitalisten und Proletariern macht die M in ihrer politischen Haltung wankend; sie werden jedoch generell als Verbündete des → Proletariats angesehen. Für den Grundwiderspruch und die Klassenteilung im Kap spielen die M nur eine nachgeordnete Bedeutung, wie in dem auf sie ange-

wandten Begriff der Nebenklassen anklingt.
[Mit der Beschränkung der M auf Selbständige ist der Teil der Bevölkerung, der - formal unselbständig - Leitungsfunktionen wahrnimmt (Teile der Angestellten, Beamten und auch der Arbeiter), ausgeklammert, obwohl er auf Grund der Herkunft, der Ausbildung; des Bewußtseins und der Funktionen, die er in der → Gesellschaft wahrnimmt, weder zum Proletariat noch zur Kapitalistenklasse gehört. Er spielt in der kapitalistischen Gesellschaft politisch, ökonomisch oder kulturell eine wichtige Rolle.] H. Marcuse hat aus Ernüchterung über die revolutionäre Kraft des Proletariats in Teilen dieser Schicht (Lehrer, Studenten) revolutionäre Hoffnungen gesetzt.

Monopol — ist die entwickelte, von Konkurrenz befreite Form des Kapitals. Beim reinen M gibt es auf den Warenmärkten nur einen Anbieter oder einen Nachfrager; die → Konkurrenz ist also ausgeschaltet, wodurch eine - gegenüber dem unter Marktkonkurrenz stehenden Kapitalisten - erweiterte Verwirklichung des Kapitalinteresses möglich ist. Der Monopolist als Anbieter kann den höchstmöglichen → Gewinn dadurch erzielen, daß er einen höheren Preis (als bei Konkurrenz) festsetzt oder daß er weniger Waren anbietet (als der Markt bei einem Konkurrenzpreis aufnehmen würde) und dadurch den Preis hochtreibt. Der Monopolist bezieht deshalb neben dem normalen Durchschnittsprofit den **Monopolprofit,** in der Landwirtschaft und in den Grundstoffindustrien die **Monopolrente,** beides Formen des Extraprofits. Überall, wo M-Situationen ausgenützt werden, wird die Volkswirtschaft mit weniger Waren zu höheren Preisen versorgt. *[In der Wirklichkeit sind reine M'e ebenso selten (z. B. Post) wie ein voll entfalteter Wettbewerb; das Modell der vollständigen Konkurrenz, das eine optimale Steuerung der Volkswirtschaft unter bestimmten Bedingungen bewirken würde, ist sogar nirgends realisiert. Die sogenannte bürgerliche Ökonomie hat in der Lehre von den Marktformen viele Möglichkeiten der Preisbildung (z. B. das Oligopol mit wenigen Anbietern) aufgezeigt, die zwischen dem reinen M und der vollständigen Konkurrenz liegen. Monopolähnliche Marktpositionen sind für einen dynamischen Wettbewerb, sollen Leistungsgewinne als Anreize für die Innovationen wirksam werden, notwendig, wenn nur der Markt die Chance bietet, daß sie wieder beseitigt werden, sobald ihre Leistungen zurückbleiben. Marktbeherrschende Positionen kommen vor allem durch Zusammenschlüsse (Kartelle, Syndikate, Verflechtungen u. a.) und durch Absprachen zustande, denen in gewissem Umfang durch eine staatliche Wettbewerbspolitik entgegengewirkt werden kann. Mehr oder minder ist in der Realität die*

Konkurrenz jedoch beschränkt – nicht aufgehoben, aber verändert. Es gibt eine allgemeine Tendenz zu Preisen, die Elemente des M-Profits enthalten und deshalb über den Konkurrenzpreisen liegen. Die moderne marxistische → Politische Ökonomie hat diese Theorie pauschal übernommen und dafür, ohne die Differenzierungen der Marktformenlehre und der Wettbewerbstheorie gerade im Hinblick auf die Entstehung und Stabilisierung von neuartigen Konkurrenzverhältnissen zu berücksichtigen, den M-Begriff beibehalten.] Unter M'en wird deshalb pauschal die Wettbewerbsbeschränkung verstanden und damit die Beherrschung der Wirtschaft und der Gesellschaft durch wenige Kapitalbesitzer sowie die entsprechende Entmachtung breiter Schichten zum Ausdruck gebracht. Dieses Entwicklungsstadium des Kap, **Monopolkapitalismus,** löst den Konkurrenzkap ab. Die Monopolisierung fördert aber Überakkumulation und Überproduktion und infolgedessen auch Wirtschaftskrisen. Nur durch eine verstärkte Einbeziehung des → Staates in die Wirtschaft ist Abhilfe möglich (→ staatsmonopolistischer Kap). Der Monopolisierungsgrad der kap Volkswirtschaften nimmt mit der → Konzentration und → Zentralisation des Kapitals ständig zu. *[Aber der Monopolisierung sind insoweit Grenzen gesetzt, als die Profitmasse, welche sich die M'e aneignen können, durch den Profit des nichtmonopolisierten Sektors beschränkt ist. Konkurrenz unter den M'en entsteht von neuem. Durch Erweiterung des Außenhandels erlangt auch die Auslandskonkurrenz wachsende Bedeutung.]*

Moralischer Verschleiß — ist im Gegensatz zum natürlichen Verschleiß der Maschinen bei der Produktion (Reibung, Zerstörung) die durch technischen Fortschritt verursachte Wertminderung der Produktionsanlagen, insbesondere der Maschinen. Die billigeren oder leistungsfähigeren neuen Maschinen entwerten die alten und machen sogenannte technische oder wirtschaftliche Abschreibungen notwendig.
Die Kapitalisten werden durch den Konkurrenzkampf gezwungen, technisch noch brauchbare Maschinen zu verschrotten (Vernichtung von Produktionsmitteln) und durch Neuanlage von Kapital den Maschinenpark zu erneuern. Nur kapitalkräftige → Kapitalisten, insbesondere → Monopole, können die stürmische technologische Entwicklung auf Grund ihrer größeren Akkumulationsfähigkeit mitmachen und vorantreiben. Kleinere Kapitalisten scheiden aus dem Produktionsprozeß aus (→ Konzentration), weil ihre Kapitalkraft überschritten wird.
[J. A. Schumpeter (→ LV) hat diesen Vorgang als „schöpferische Zerstörung" bezeichnet, weil trotz Zerstörung noch funktionsfähiger Produktionsmittel und trotz des wirtschaftlichen Zusammen-

bruchs einiger privater Produzenten eine Steigerung der volkswirtschaftlichen Produktivkräfte eintritt.]

Multis — multinationale Organisationen, gemeint sind große kap Konzerne und Unternehmen, deren Produktionsstätten und Absatzorganisationen über verschiedene Länder planmäßig ausgelegt sind, um unterschiedliche Marktlagen in den einzelnen Ländern und die wirtschafts- und finanzpolitisch bedingten nationalen Unterschiede für die Interessen der M, insbesondere das der Profitsteigerung und der Marktausdehnung, auszunützen. Der Begriff und die kritische Analyse der M sind nicht auf die marxistische Politische Ökonomie beschränkt, aber hier fügt sich die Lehre von der alle staatlichen und volkswirtschaftlichen Grenzen überschreitenden Macht von Großkapitalien in die → Imperialismustheorie ein, die sowieso das weltpolitische Geschehen im Kap, vor allem aus dem Kapitalinteresse der Monopole, das sich mit den Staatsinteressen verbündet, erklärt. Die Wirtschaftsmacht der M steigert die Macht des Kapitals noch insofern, als sie durch ihr übernationales Aktionsfeld gegenüber den Nationalstaaten die Oberhand haben und ihre Interessen gegen die nationale Politik der kleinen und mittleren Staaten durchsetzen oder ihnen ihren Willen aufzwingen können. Durch eine selektive Produktions-, Investitions- und Preispolitik können sie sich wirtschaftspolitischen Entscheidungen einzelner Staaten, von denen ihre Interessenverwirklichung beeinträchtigt wird, entziehen und die unterschiedlichen Produktions- und Absatzbedingungen ohne Rücksichtnahme auf die nationalen Belange ausnützen. Dies wird als einer der Gründe angesehen, weshalb die Wirtschaftspolitik der einzelnen Staaten häufig ohne Erfolg ist; insbesondere wirken sich die langfristigen Profitinteressen der M gegen die Entwicklungsbemühungen der Dritten Welt aus, weil jene an niedrigen Löhnen, niedrigen Rohstoffpreisen usw. interessiert sind. Die M sind das Ergebnis der Fortsetzung der → Konzentration und → Zentralisation im Weltmaßstab. *[Der einseitig kritischen Analyse können positive Funktionen der M bei einer sich vertiefenden weltwirtschaftlichen Verflechtung gegenübergestellt werden: übernationaler Marktausgleich, Finanzierungskapazität für Großinvestitionen, Gegengewicht gegen nationalstaatliches Autonomiedenken und gegen Monopolstellungen von Außenhandelsorganisationen der Staatshandelsländer, Verstärkung des Wettbewerbs in Ländern mit relativ wenigen, aber leistungsfähigen einheimischen Produzenten u. a. In dem Bemühen um eine Verbesserung der Weltwirtschaftsordnung geht es aber auch darum, exzessiv ausgenützte Marktmacht zu beschränken.]*

Nachfrage — ist der mit Kaufkraft ausgestattete und am Markt wirksam werdende Bedarf. Die N ist neben dem Angebot in der sogenannten bürgerlichen Markttheorie eine wichtige Komponente der Erklärung der Markt- und Preisbildungsprozesse. In der marxistischen Theorie dagegen wird sie als selbständige Erklärungsursache der Preise abgelehnt und durch die → Arbeitswerttheorie ersetzt. Nur bei der Verursachung der zufälligen Marktpreisschwankungen und bei der letzten Stufe der Verminderung der → Abstraktion von Wert zum Marktpreis wird die N mit untergeordneter Bedeutung anerkannt. Lediglich die N der Kapitalisten nach Luxusgütern hat größeren Einfluß, da sie stärkeren Schwankungen unterliegt. Der Grund für die Vernachlässigung der N liegt darin, daß die Wertanalyse an langfristigen stationären Gleichgewichtsmodellen orientiert ist, in denen die N stabil ist. Außerdem ist die N das Ergebnis der Einkommensverteilung (→ Distribution), die bei den Arbeitern wegen des niedrigen Niveaus der Einkommen - auf Reproduktionsbasis - kaum Wahlmöglichkeiten entstehen läßt. Tatsächlich wird über das Angebot von Waren und über deren Produktion von den Kapitalisten entschieden, die auch über die Möglichkeit der suggestiven Beeinflussung der N verfügen, wenn gleichwohl Wahlmöglichkeiten bestehen sollten. Für die Produktions- und Investitionsentscheidungen der einzelnen Kapitalisten spielen die N und die Nachfrageerwartungen eine gewisse Rolle: Sie sind ein Teil des Mechanismus, der die → Anarchie der Produktion und die unkoordinierten Investitionen bestimmt.

[Je höher das tatsächliche Lebensstandardniveau der Bevölkerung, je mehr Werbung durch Gegenwerbung aufgehoben und Widerstand gegen manipulative Werbung betrieben werden kann, desto stärker kommen Wahlmöglichkeiten, welche die Rolle der N im Wirtschaftsprozeß verstärken, zum Tragen.]

Nationaleinkommen → Produkt

Nationalisierung → Verstaatlichung, → Vergesellschaftung, → Expropriation

Neokolonialismus → Imperialismus, Kolonialsystem, Weltsystem des Kapitalismus

Neomarxismus → Marxismus

Ökonomie der Zeit — ist die Feststellung, daß für jede Gesellschaft die verfügbare Arbeitszeit, deren Maximum durch die Zahl der Arbeiter und ihre Lebenszeit bestimmt wird, beschränkt ist. Diese Zeit, in der Güter produziert und verbraucht werden und in der gearbeitet wird, aber auch Muße und Genuß erlebt werden können, muß eingeteilt und sparsam eingesetzt werden. „Ökonomie der Zeit, darin löst sich schließlich alle Ökonomie auf" (K. Marx: *Grundrisse der Kritik der Politischen Ökonomie*, Berlin 1953, S. 89). Bei jeder arbeitsteiligen Produktion muß die Gesellschaft eine Aufteilung der verfügbaren Arbeitszeit auf die einzelnen Bereiche und Zweige der Volkswirtschaft vornehmen. In einem weiteren Sinne geht es dabei auch um die in den → Produktionsmitteln vergegenständlichte Arbeit. Ö d Z stellt daher ein allgemeines Effizienzkriterium dar. Jede → ökonomische Gesellschaftsformation verfügt bei der Verwirklichung der Ö d Z über spezifische ökonomische Mechanismen. Im Kap ist der Marktmechanismus, der im → Wertgesetz zum Ausdruck kommt und am Profitstreben orientiert ist (→ Mehrwertgesetz), ein äußerst rationelles System der Zeitökonomie, andererseits besitzt dieses System Schranken für einen rationellen volkswirtschaftlichen Einsatz der lebendigen und vergegenständlichten Arbeit, die in Arbeitslosigkeit, → Krisen mit ungenutzten Kapazitäten, Überkapazitäten, → Verschwendung, negativen externen Effekten und manipulierter Freizeitverwendung zum Ausdruck kommt.

[Neben der Zeit des Menschen sind auch viele von der Natur gegebene Mittel, welche Bedürfnisse des Menschen befriedigen, sowie zu jeder Zeit der Bestand an Gütern, die vom Menschen geschaffen wurden, knapp. Ihre Knappheit ist nicht gleichzusetzen mit dem zu ihrer Herstellung notwendigen Arbeitsaufwand. Auch wenn man in der Zeit eine generelle menschliche Begrenzung und damit einen Effizienzmaßstab sehen kann, so muß er ergänzt werden um die Qualität und die Intensität der Zeitnutzung.]

Ökonomische Gesellschaftsformationen — sind die im historischen → Materialismus entwickelten Epochen der Menschheitsgeschichte: → Urkommunismus, → Sklavenhalterordnung, → Feudalismus, → Kap. Darauf folgt der → Kommunismus, der in zwei Phasen eingeteilt wird (MEW, Bd. 19, S. 21): den Soz und den Vollkommunismus. Heute besteht angesichts der konkreten Entwicklung (und zu ihrer Begründung) eine Tendenz in Osteuropa, den Soz gegenüber dem Kommunismus stärker zu verselbständigen und das gegenwärtige Entwicklungsstadium als „entwickelten" oder „reifen Soz" zu analysieren.

Die ö G sind auf Grund eines bestimmten Standes der → Produktivkräfte durch spezifische → Produktionsverhältnisse und einen entsprechenden geistig-ideologischen → Überbau gekennzeichnet. Sie bedingen die Klassenverhältnisse und die in der jeweiligen ö G geltenden ökonomischen → Gesetze. Es besteht die Vorstellung, daß jeweils ein spezifisches Produktionsverhältnis für die ö G charakteristisch sei, z. B. das feudale Abhängigkeitsverhältnis, das auf dem Grundeigentum beruht, für den Feudalismus oder das →

Privateigentum an den → Produktionsmitteln für den Kap. Aus diesem ökonomischen Grundverhältnis wird das → ökonomische Grundgesetz einer ö G abgeleitet, das - wie das → Mehrwertgesetz im Kap - Ziel und Bewegungsform der Ökonomie und Gesellschaft einer ö G ausdrückt. Die Abfolge der ö G gilt nur in der Regel, sie ist nicht für jeden Einzelfall, für alle Länder und Gebiete der Erde zwingend.

Die ö G verändern sich unter dem Anstoß der Produktivkräfte, die sich vor allem infolge des technischen Fortschritts ständig weiterentwickeln. Eine grundlegende Veränderung der Produktionsverhältnisse geht revolutionär vor sich, nachdem die vorauseilende Entwicklung der Produktivkräfte eine wachsende Spannung zu den relativ gleich bleibenden Produktionsverhältnissen hervorgerufen hat. Die Zeit von der Revolution bis zur Herstellung der neuen Produktionsverhältnisse wird als → Übergangsperiode bezeichnet.

[Der Bildung von ö G liegt erstens die Methode der Typisierung zugrunde, die nach einer bestimmten Theorie (hier historischer → Materialismus) allgemein charakteristische sozioökonomische Erscheinungen herausgreift und zu einem die gesamte Wirklichkeit einer Epoche kennzeichnenden Bild zusammenfaßt. Nach Ort und Zeit verschiedene geschichtliche Erscheinungen können auf diese Weise in einen überörtlichen und überzeitlichen Zusammenhang eingeordnet und gleichzeitig in ihrer Abfolge durch Gesetzmäßigkeit erklärt werden: Entwicklungstheorien nach dieser Methode, aber mit anderen Kriterien, die aus anderen Theorien abgeleitet wurden, sind auch von anderen Wissenschaftlern (z. B. W. Sombart und W. W. Rostow) erarbeitet worden. Die Marxschen ö G sind darauf angelegt, die jeweiligen Epochen nicht nur mehr oder minder nach äußeren Erscheinungen zu typisieren, sondern zweitens auch Theorien zu entwickeln, welche die Funktionsweise der ö G erklären sollen.] In der marxistischen → Politischen Ökonomie wurden vor allem die Funktionsweise der gegenwärtigen ö G, des Kap, und die ihm innewohnenden historischen Tendenzen in der Gegenposition zur sogenannten bürgerlichen Ökonomie untersucht. Dem marxistischen Kap-Begriff liegt einerseits die historische Theorie der ö G zugrunde, andererseits ist dieser Begriff die Basis der marxistischen Theorie jeder auf Privateigentum gegründeten modernen Industriegesellschaft, deren Gesetzmäßigkeiten aus dem → Mehrwertgesetz abgeleitet werden (→ Kapitalismus).

Ökonomisches Grundgesetz – ist dasjenige Gesetz einer → ökonomischen Gesellschaftsformation, das deren Funktionsweise und Entwicklungsrichtung erklärt. Aus dem ö G werden die anderen Gesetze abgeleitet oder erhalten von ihm, wenn sie in mehreren

ökonomischen Gesellschaftsformationen gelten, ihre spezifische Wirkungsform. Im ö G, das auch Bewegungsgesetz genannt wird, werden die beherrschende Zielsetzung einer Gesellschaft sowie die Einrichtungen und Methoden, die ihrer Verwirklichung dienen, aus den Produktionsverhältnissen erklärt und zum Wesen des ö G'es verdichtet. *[Die Annahme der Existenz eines ö G'es folgt aus einer spezifisch marxistischen Methode, die hinter den oberflächlichen Erscheinungen nach einem in letzter Instanz wirkenden Gesetz sucht, aus dem eine ökonomische Gesellschaftsformation in ihren wesentlichen Zusammenhängen erklärt werden kann. Eine solche Methode kann von einer Position aus in Frage gestellt werden, die prinzipiell eine - im Sinne einer Wesensschau - alles durchdringende Gesetzmäßigkeit leugnet und nur die Feststellung nachprüfbarer Zusammenhänge anerkennt.]* Jene Methode wird heute nicht mehr von allen Marxisten angewendet. An die Stelle eines ö G'es wird häufig ein System von gesetzmäßigen Zusammenhängen gestellt, die zusammen wirken und, als Ganzes genommen, eine ökonomische Gesellschaftsformation erklären.
Als Ziel des „Kapitals" bezeichnet Marx im ersten Vorwort zum ersten Band, „das ökonomische Bewegungsgesetz der modernen Gesellschaft zu enthüllen" (MEW, Bd. 23, S. 15). Dieses ö G des Kap ist das → Mehrwertgesetz. Es besagt, daß das Ziel der kap Gesellschaft die Schaffung von Mehrwert sei. Da der Arbeiter, der nach dem → Wert der → Ware → Arbeitskraft bezahlt wird, selbst mehr Wert produziert, kann sich der Kapitalist auf Grund des Privateigentums an den Produktionsmitteln den Mehrwert unentgeltlich aneignen und verwandelt ihn größtenteils, gezwungen durch die → Konkurrenz, wieder in Kapital, um erneut Mehrwert zu produzieren. Dieses ö G des Kap beherrscht die gesamte kap → Produktionsweise; seine Voraussetzung sind das → Wertgesetz, das → Privateigentum an den Produktionsmitteln und die im Kap zur Ware gewordene Arbeitskraft.
[Zur Kritik → Mehrwertgesetz]

Organische Zusammensetzung des Kapitals (abgekürzt mit q) - ist das Verhältnis von konstantem Kapital (c) zu variablem Kapital (v), also vom Aufwand an → Produktionsmitteln (Rohstoffen, Halbfabrikaten, Abschreibungen) einerseits und Löhnen andererseits:

$$q = \frac{c}{v}$$

Von dieser Formel geht Marx meist aus, er weist aber darauf hin, daß die Übereinstimmung zwischen den in den einzelnen Warenwerten verrechneten Anteilen des Kapitals (c) und (v) und dem gesamten Kapital des Unternehmens (V + C) nur dann besteht, wenn im Jahr nur ein einziger Umschlag des Kapitals erfolgt. Anderenfalls muß die organische Zusammensetzung mit

$$Q = \frac{C}{V}$$

ausgedrückt werden; in der Regel dürfte die Umschlagsgeschwindigkeit des konstanten Kapitals kleiner als 1 sein (z. B. Lebenszeit der Maschinen 10 Jahre; auf ein Jahr entfallender Abschreibungsbetrag 1/10 des Maschinenwerts), die des variablen Kapitals größer als 1. Die organische Zusammensetzung ist in den einzelnen Wirtschaftszweigen (und in einzelnen Betrieben), bedingt durch den jeweiligen Stand der Produktionstechnik, verschieden. Infolge der ständigen kap → Akkumulation (Zunahme von C), die in der Regel mit arbeitssparendem Fortschritt und relativ zurückbleibenden Löhnen verbunden ist, ist die Steigerung von q eine logische Konsequenz. Gemessen in technischen Einheiten (technische Zusammensetzung), trifft dies zweifelsfrei zu; die Messung in Werteinheiten muß jedoch die exogen bestimmte Preisentwicklung für Rohstoffe, Maschinen usw. und die Lohnentwicklung berücksichtigen. Ein steigendes q wird als Ursache sowohl der Aufrechterhaltung der → industriellen Reservearmee (arbeitssparender technischer Fortschritt) als auch des → Gesetzes des tendenziellen Falls der Profitrate angesehen. Beim einzelnen Kapitalisten entsteht in der Regel, wenn er (bei unveränderter Wertgröße) q individuell vergrößert und damit durch technischen Fortschritt die Arbeitsproduktivität steigert, ein → Extramehrwert.

[Die Kennziffer o Z, die in der Betriebswirtschaftslehre ungefähr dem Verhältnis von Materialkosten und Abschreibungen einerseits und den Lohnkosten andererseits entspricht, ist lediglich eine von vielen wichtigen Verhältniszahlen. Sie sagt ohne Annahmen über die betriebliche oder gesamtwirtschaftliche Gewinn-, Preis- und Lohnentwicklung wenig aus; für die Gesamtwirtschaft ist sie wegen der Schwierigkeit einer Kapitalrechnung kaum zu ermitteln.]

Pauperismus — ist gleichbedeutend mit Armut und Elend in breiteren Bevölkerungsschichten innerhalb von Ausbeutergesellschaften. Im Kap umfaßt der P vor allem die Dauerarbeitslosen als einen Teil der → industriellen Reservearmee, die - in unterschiedlichen Formen - eine notwendige Erscheinung des Kap ist. Insofern ist auch der P nicht das Ergebnis individueller Mißgeschicke, sondern eine systemimmanente Notwendigkeit. Durch die Dauer der Arbeitslosigkeit sinkt der Lebensstandard der Arbeitslosen, ihr Arbeitsvermögen und ihr Bewußtsein soweit, daß sie immer mehr das „Invalidenhaus der aktiven Arbeiterarmee und das tote Gewicht der industriellen Reservearmee" (MEW, Bd. 23, S. 673) bilden. Neben den Dauerarbeitslosen stehen das → Lumpenproletariat, unausgebildete Jugendliche (bei Marx: Waisen und Pauperkinder) und Arbeitsunfähige auf dem Stand des P. Während früher häufig ein ständiges und allgemeines Wachstum des P mit der zunehmenden absoluten → Verelendung des Proletariats im Kap in Verbindung gesetzt wurde, wird heute festgestellt, daß P durch staatliche Versicherungen und öffentliches Wohlfahrtswesen beschränkt sei und nur Randgruppen der Bevölkerung (z. B. Farbige in den USA) sowie breitere Bevölkerungsschichten in den Entwicklungsländern umfasse.

[Es kann als eine Leistung des Kap angesehen werden, daß er zuerst auf breiter Basis materielle Not und Elend überwunden hat. Dies schließt nicht aus, daß moderne Formen der Armut teils durch die Unzulänglichkeiten des Systems bedingt sind, teils auch andere Wurzeln haben (z. B. Armut in Indien).]

Planung — ist eine auf eine gewisse Dauer eingerichtete, von einer Zentrale ausgehende Regelung der wirtschaftlichen Prozesse zur Erlangung bestimmter Ziele innerhalb eines sozialen Gebildes. P dieser Art gibt es in den Unternehmen, in der Volkswirtschaft vor allem als **zentrale Planung,** welche die Koordination zwischen den Betrieben durch Anweisungen herstellt. Der Begriff der **gesellschaftlichen Planung** stellt gegenüber der zentralen P stärker auf die Beteiligung der Gesellschaft und die Abstimmung der Gruppen untereinander bei der Planaufstellung und Planverwirklichung ab. Aber auch zentrale P ist nicht ohne Beteiligung der Gesellschaft möglich.

Im Konkurrenzkap gibt es P im Prinzip nur innerhalb der Unternehmen; die Beziehungen der Unternehmen untereinander werden über den Markt gesteuert und unterliegen insoweit nicht der Verfügungsgewalt der Kapitalisten. Ebenso hält der Staat sich im Konkurrenzkap meist aus unmittelbarer wirtschaftlicher Tätigkeit heraus und legt in Gesetzen nur die Spielregeln der → Konkurrenz fest und greift nur in Notfällen ein.

Im Spätkap nimmt die P einen breiteren gesellschaftlichen Rahmen ein: In den → Monopolen und in allen monopoloiden (d. h. mit Monopolelementen durchsetzten) gesellschaftlichen Strukturen tritt an Stelle der Konkurrenz als Koordinationsmechanismus der Wirtschaft immer mehr P, deren Träger die Kartelle, Syndikate, Wirtschaftsverbände und andere gesellschaftliche Organisationen sind. Die P reicht hier über die eigene Organisation hinaus und erfaßt kraft Marktmacht auch die kleinen Konkurrenten und die Marktgegenseite (Lieferanten oder Abnehmer). Ebenso wächst der → Staat immer mehr in eine Position, in der er direkte Lenkungsfunktionen im Interesse der Monopole und zur Erhaltung des

Systems übernehmen muß. Als P'en dieser Art werden u. a. die konzertierte Aktion, Lohnleitlinien, Nationalbudgets, mittelfristige Finanzplanung und die Planifikationen angesehen. Trotz dieser in doppelter Richtung erfolgenden Ausdehnung der P im Kap – in den Organisationen der Wirtschaft und durch den Staat – bleiben die einzelnen Planungsvorhaben auf Teilbereiche beschränkt oder können nicht mehr als globale, die Entscheidungsfreiheit der Kapitalisten lediglich begrenzende Regelungen und nur in Ausnahmefällen verpflichtende Detailbestimmungen vorsehen. Die Planungsversuche mögen umfangreich und vielfältig sein, eine allseitige Koordination durch einen Zentralplan gibt es nicht und kann es auf privatkap Grundlage nicht geben. Die → Spontaneität der wertgesetzlichen, d. h. marktmäßigen Koordination, die Koordination hinter dem Rücken der Monopole und des Staates bleibt als ein wesentliches Element des kap Wirtschaftssystems deshalb erhalten.

[Neben der Planung in privaten Unternehmen und Organisationen ist Planung in entwickelten Marktwirtschaften ein wichtiges Element der staatlichen Finanzwirtschaft (Haushaltsplan, mittelfristige Finanzplanung). Auch wirtschaftspolitische Maßnahmen müssen vorausgeplant, d. h. genau bedacht und vorbereitet werden, aber sie dürfen nicht im Sinne zentraler P die Unternehmer in ihren Entscheidungen festlegen, soll die Wirtschaftsordnung nicht eine andere Qualität annehmen. Insofern ist die ordnungspolitisch bewußte Zurückhaltung von zentraler Planung eine Bedingung für die Erhaltung der Marktwirtschaft. In verschiedenen marktwirtschaftlich organisierten Volkswirtschaften (z. B. in der französischen Planification) benützt die staatliche Wirtschaftspolitik jedoch einige planerische Methoden bei der Globalsteuerung.]

Erst im Soz wird P im gesamtgesellschaftlichen Maßstab möglich. Die Forderung nach **Investitionsplanung** durch den Staat gehört zu den wirtschaftspolitischen Maßnahmen, die zur Bekämpfung der Arbeitslosigkeit und zur Sicherung einer ausgewogenen Wirtschaftsstruktur nicht nur von Marxisten vorgeschlagen werden, die aber auch zur Strategie der → Systemüberwindung zählen. Während die unternehmerischen Entscheidungen im Produktionsbereich dabei im wesentlichen unangetastet bleiben, soll eine zentralisierte gesamtwirtschaftliche P der Investitionen, d. h. der Schaffung von Produktionsanlagen vorgenommen werden. Dadurch werden die Marktmechanismen und die Entscheidungen der Unternehmer jedoch auch im produktiven Bereich beschränkt.

[Mit einer staatlichen P der Investitionen würde die marktwirtschaftliche Ordnung in einem zentralen Punkt außer Kraft gesetzt. Die eigenverantwortlichen Investitions-

entscheidungen, die mit Gewinnchancen und Verlustrisiko verknüpft sind, können nur unter der Bedingung einer gesamtwirtschaftlichen zentralen P vom Staat übernommen werden.]

Plusmacherei — ist 1) die Produktion von → Mehrwert und 2) das Gewinnstreben der → Kapitalisten mit der Motivation der Bereicherung um ihrer selbst willen. Diese Zielsetzung, die in der nichtmarxistischen Terminologie als Gewinnmaximierung bezeichnet wird, ist idealtypisch die einzige, in der Wirklichkeit jedoch nur eine – wenn auch wohl die wichtigste – von vielen Zielsetzungen (z. B. Erhaltung des Marktanteils). Sie wird bei Marx aus den Zirkulationsbedingungen des Kapitals (→ Ware-Geld-Beziehung) abgeleitet *[von M. Weber (Die protestantische Ethik und der Geist des Kapitalismus, 1904/05) dagegen zu Religion und Weltanschauung in Beziehung gesetzt und von W. Sombart als „Wirtschaftsgesinnung" verselbständigt].*

Politische Ökonomie — ist im Marxschen Sinne Kritik der klassischen bürgerlichen Ökonomie von A. Smith und D. Ricardo u. a. Sie sahen im kap Marktmechanismus eine natürliche und vollkommene Ordnung der Wirtschaft, nicht seine historische Bedingtheit. Dieser Ansatz hat die sogenannte bürgerliche Ökonomie zu einer Rechtfertigungswissenschaft des Kap werden lassen, die die gesellschaftlichen Grundlagen nicht mehr in Frage stellt, sondern von den Kategorien der → Warenproduktion ausgeht und allein nach den Bedingungen des optimalen Funktionierens dieses Systems sucht. Sie wird, soweit sie in dieser Weise an Oberflächenerscheinungen haften bleibt, als **Vulgärökonomie** bezeichnet. Demgegenüber stehen in der marxistischen Kritik der bürgerlichen Ökonomie, der marxistischen P Ö des Kap, die geschichtliche Vergänglichkeit des Kap, die Kräfte, die ihn hervorgebracht haben, und diejenigen, die ihn aufheben werden, im Vordergrund.
Der Funktionsmechanismus aller historisch gegebenen Wirtschaftssysteme wird in der marxistischen P Ö unter dem Gesichtspunkt der Klassengegensätze zwischen Ausbeutern und Ausgebeuteten auf seine Gesetze, die nach Marx aus einem → ökonomischen Grundgesetz ableitbar sind, untersucht. Im Kap handelt es sich dabei um das Mehrwertgesetz und den Grundwiderspruch zwischen Lohnarbeit und Kapital. Daraus werden die historischen Gesetze und Tendenzen, die die Entwicklung des Kap bestimmen, abgeleitet und gezeigt, wie sich, je mehr der Kap sich erschöpft und funktionsunfähig wird, die sozialistische → Produktionsweise in der zunehmenden Vergesellschaftung der Produktion vorbereitet und die Revolution des Proletariats heranreift.
Der methodische Zugang zur mar-

xistischen P Ö wird in den Anschauungen des historischen → Materialismus gefunden. Im Zusammenhang zwischen → Produktivkräften, → Produktionsverhältnissen und dem geistig-ideologischen → Überbau beschäftigt sich die P Ö vor allem mit den Produktionsverhältnissen und ihrer Dynamik; sie analysiert wirtschaftliche Zusammenhänge, die nur vordergründig als ein Verhältnis der Menschen zur Güterwelt erscheinen, auf ihren gesellschaftlichen Inhalt, auf das Verhältnis der Menschen und Klassen zueinander. Die marxistische P Ö ist eine Gesellschaftswissenschaft, die von den wirtschaftlichen Verhältnissen einer Gesellschaft aus aufgebaut wird.

[Tatsächlich klammern einige Hauptrichtungen der modernen Nationalökonomie die politischen und gesellschaftlichen Zusammenhänge sowie gesellschaftliche Werturteile aus und behandeln sie als Daten, aber bei den Begründern der Wirtschaftswissenschaften (A. Smith, D. Ricardo u. a.) war dieser umfassendere Ansatz vorhanden. Er ist es auch bei den Vertretern der politischen Wirtschaftslehre und der neuen politischen Ökonomie, welche die Wirtschaft als einen Bereich der Gesellschaft unter Einbeziehung soziologischer und politikwissenschaftlicher Methoden und Fragestellungen analysieren. Dadurch wird es möglich, auch das Machtphänomen in die wirtschaftliche Analyse wieder stärker einzubeziehen.]

Preis — ist der Geldausdruck des Wertes der → Waren. Diese Definition geht schon von einer Wertlehre aus, welche die Preise erklärt. Allgemeiner definiert ist der P der Geldausdruck für das Austauschverhältnis der Waren auf den Märkten, der in der marxistischen → Politischen Ökonomie aus der zur Herstellung des Produktes gesellschaftlich notwendigen Arbeit (→ Arbeitswertlehre) hergeleitet wird. Die P'e, die konkret auf den Märkten beobachtet werden können **(Marktpreis),** schwanken um die Wertgröße und erreichen sie nur zufällig. Die Wertgröße wird durch den → Produktionspreis als Mittelpunkt der P-Schwankungen im Kap ersetzt, wenn man realistischerweise davon ausgeht, daß das Verhältnis von Produktionsmittel- und Arbeitskräfteeinsatz in den einzelnen Wirtschaftszweigen verschieden ist (→ Organische Zusammensetzung des Kapitals). Der Produktionspreis wird in dieser Funktion durch den Monopolpreis abgelöst, wenn der Kap das Stadium des → Monokap erreicht hat. Angebot und Nachfrage gelten in der Marxschen Wert-Preis-Theorie u. a. als Ursachen für die P-Schwankungen, sie werden jedoch als Erklärung für den Wert selbst als unzureichend abgelehnt, weil sie im Gleichgewicht zu wirken aufhören.

[Die Marxsche Erklärung der P'e erfolgt deduktiv aus den Werten; es gelingt nicht durchgehend, die Brücke von den Werten über die

Produktionspreise bis zur Marktpreisbildung zu schlagen. Es entsteht der Eindruck, daß es Marx weniger um die Erklärung der marktwirtschaftlichen P-Bildungsprozesse ging als um die volkswirtschaftliche → Distribution, die mit der Werttheorie analysiert wird.]

Privateigentum — ist eine Form des → Eigentums, das Privatpersonen oder Gruppen von Privatpersonen zusteht. Es gewährt die Verfügungsgewalt über Sachen und die Nutznießung daran; es schließt die Nichteigentümer davon aus und zwingt sie dadurch - in der Geschichte in unterschiedlichen Formen - unter die Herrschaft der Eigentümer. Das P schafft die Legitimation zur → Ausbeutung des Menschen durch den Menschen. Eine entscheidende Rolle spielt dabei das P an Produktionsmitteln; solange es sich in einer handwerklich-bäuerlichen Produktionsweise gleich verteilte, wie in der einfachen → Warenproduktion - die jedoch niemals gesellschaftsgestaltende Bedeutung erlangt hat -, war Ausbeutung noch ausgeschlossen oder eng begrenzt. Die infolge der ursprünglichen → Akkumulation einseitige Häufung der Produktionsmittel bei den Kapitalisten gibt die Möglichkeit, die Arbeitskraft der Lohnarbeiter, die keine Produktionsmittel besitzen und ihre Arbeitskraft verkaufen müssen, anzuwenden und einen → Mehrwert herauszuschlagen, über sie am Arbeitsplatz zu verfügen und darüber hinaus in der Gesellschaft starken politischen Einfluß auszuüben.
[Keine Berücksichtigung bei dem Zusammenhang zwischen P an Produktionsmitteln einerseits und Ausbeutung und gesellschaftlicher Macht andererseits findet das Argument, daß unter dem gleichen P die tatsächlichen Beziehungen der Kapitalisten und Lohnabhängigen, erzwungen durch Gesetz oder Gegenmachtpositionen (Gewerkschaften), zugunsten der Arbeiter verändert werden können und verändert worden sind. Der Gebrauch des Eigentums ist prinzipiell veränderlich und beschränkbar.]

Produkt — ist das Ergebnis eines Arbeitsprozesses, in dem Menschen mit Hilfe der → Arbeitsinstrumente auf → Arbeitsgegenstände einwirken, um Güter herzustellen **(Produktion).** Selbst wenn mit zunehmender Technisierung, z. B. bei automatischen Produktionsverfahren, die unmittelbar angewandte menschliche Arbeit stark verringert wird, bleibt die Arbeit als die letztlich bewegende Kraft (bei der Erfindung und der Produktion, bei der Wartung und der Instandsetzung).
Das P zerfällt in drei Teile: in die verbrauchten Produktionsmittel, in das **notwendige Produkt** und das **Mehrprodukt.** Notwendiges P und Mehrprodukt bilden das **reine Produkt.** Das notwendige P wird auch **Produkt für sich** genannt

und dient der Erhaltung der Arbeitsfähigkeit des Menschen, der seine Körper- und Geisteskräfte im Produktionsprozeß eingesetzt hat. Dieser Teil des reinen P's bietet den Arbeitern ein → Existenzminimum, das gerade für die Wiederherstellung und Intakthaltung der Arbeitskraft auf gesellschaftlicher Ebene ausreicht. Die Gütermenge, die dazu gebraucht wird, ändert sich mit der kulturellen und zivilisatorischen Entwicklung. Das Mehrprodukt dagegen ist der verbleibende Teil des P's. Er ist nicht unmittelbar zur → Reproduktion notwendig und steht bis zu einem gewissen Grade (soweit nicht durch frühere Investitionsentscheidungen schon Vorentscheidungen für die Verwendung in künftigen Perioden gefallen sind) zur gesellschaftlichen Verfügung. Seitdem – am Ende des → Urkommunismus – die Arbeitsproduktivität soweit gestiegen ist, daß das Gesamtprodukt über das notwendige P hinausreicht, gibt es den Kampf der Menschen und Klassen um die Verteilung des Mehrprodukts. In den nachfolgenden → ökonomischen Gesellschaftsformationen bis zum Soz eignet sich immer eine herrschende Klasse dieses von der Masse der arbeitenden Menschen erzeugte Mehrprodukt an; die Formen der Aneignung sind verschieden, in der Sklavenhalterordnung durch Dienste für den Herrn, im Feudalismus durch Fron und Grundrenten, im Kap durch den → Mehrwert, den Geldausdruck des Mehrprodukts.

[Die Trennung zwischen notwendigem P und Mehrprodukt ist insofern theoretisch fragwürdig, als der Teil, der auf die Arbeiter entfällt, in den meisten marxistischen Analysen als Existenzminimum definiert wird. Übersteigt der Lohn aber in der Regel das → Existenzminimum, müßte man Kriterien finden, die den Lohn in Existenzminimum und Mehrproduktanteile aufteilen. Dies ist kaum durchführbar und widerspräche der Ausbeutungslehre.]

In der Sozialproduktberechnung bilden das notwendige P und das Mehrprodukt das **Bruttoprodukt** oder gesellschaftliche **Gesamtprodukt.** Zieht man davon das übertragene P ab, dem die bei der Produktion verbrauchten Vorleistungen (Rohstoffe, Halbfabrikate und Abschreibungen) entsprechen, so entsteht das **Volkseinkommen** oder **Nationaleinkommen;** *[es entspricht nach der westlichen Sozialproduktberechnung ungeachtet der unterschiedlichen Berechnungsansätze (z. B. ohne nichtmaterielle Dienstleistungen) dem Nettosozialprodukt.]*

Im Einzelbetrieb stimmen die Kosten und der Gewinn nur bei einer sehr starken Vergröberung mit den Begriffen notwendiges P und Mehrprodukt überein. So sind z. B. ein Teil der Zinsen und Steuern betriebswirtschaftlich gesehene Kosten, aber Teile des Mehrprodukts, während gesellschaftliche Aufwendungen in den Betriebskosten nicht erscheinen.

Produktionsabteilungen I und II — sind die Unterteilungen der Produktionszweige einer Volkswirtschaft in zwei Hauptgruppen. Als Unterscheidungsmerkmal dient dabei, ob Produktionsmittel (I) oder Konsumgüter (II) hergestellt werden. Bei der P I wird weiter unterteilt nach Zweigen, die Produktionsmittel wieder für die P I herstellen, oder solchen, die Produktionsmittel produzieren, die in der Konsumgüterproduktion verwendet werden. Die Einteilung in P, die vor allem bei der Verfeinerung der Marxschen → Reproduktionsschemata angewandt wird, abstrahiert von den sich in manchen Zweigen (z. B. Elektrotechnik) häufig überschneidenden Produktionsprogrammen. Die gelegentlich anzutreffende Bezeichnung der P mit A und B ist am gleichen Unterscheidungsmerkmal orientiert, bezieht sich jedoch ausschließlich auf die Industrie, stellt also die Produktionsmittelindustrien den Konsumgüterindustrien gegenüber. *[Mit der wachsenden Bedeutung des Dienstleistungsbereichs, der zwar formal in die beiden P eingegliedert werden könnte, der aber viele Besonderheiten aufweist (z. B. hohe Arbeitsintensität), wird das Konzept der beiden P gesprengt.]*

Produktionsmittel — ist der Sammelbegriff für → Arbeitsgegenstände und → Arbeitsmittel; er umfaßt die gesamte materielle Basis der Produktion (Rohstoffe, Werkzeuge, Maschinen, Gebäude usw.); ihr steht die → Arbeit als Produktionssubjekt gegenüber. **Produzierte Produktionsmittel** sind die bereits durch Arbeit in einem oder mehreren Produktionsprozessen veränderten Naturschätze, also alle P außer der Erde und den ungeschöpften Bodenschätzen.
Die Zahl der P wird infolge der zunehmenden → Arbeitsteilung, der Spezialisierung und Diversifikation der Produkte immer größer; die Qualität der P verändert sich dabei ständig. Im → Kap ist das → Privateigentum an den P'n die Basis des Kapitalverhältnisses und die notwendige Bedingung der kap → Warenproduktion und der kap Form der → Ausbeutung.

Produktionspreis — ist die (im 3. Band des „Kapital" entwickelte) Modifikation der → Wertgröße. Die Marktpreise pendeln unter der Voraussetzung einer unterschiedlichen → organischen Zusammensetzung des Kapitals nicht um die Wertgröße, sondern um den P. Dies ist der Fall, wenn das Verhältnis des Teils des Kapitals, das in Produktionsmitteln angelegt ist, zu dem Teil, der für Löhne verausgabt wird, von Wirtschaftszweig zu Wirtschaftszweig verschieden ist. Der P unterscheidet sich von der Wertgröße dadurch, daß nicht der im jeweiligen Produktionszweig von den dort Arbeitenden produzierte → Mehrwert, sondern ein Mehrwertaufschlag dem → Kostpreis (c + v) zugerechnet wird, der auf das eingesetzte Gesamtkapital (C + V) mit einer Durchschnittsprofitrate (p′) berechnet wird:

$$P = (c + v) + (C + V) \cdot p'^{*}.$$

Eine einheitliche Durchschnittsprofitrate ist das Ergebnis langwieriger Ausgleichs- und Umschichtungsprozesse, die durch das Suchen der Kapitalisten nach dem höchstmöglichen Profit hervorgerufen und durch ständige Strukturverschiebungen beeinflußt werden. Der P stimmt überein mit dem „natürlichen Preis“ von A. Smith und dem „Produktionspreis“ von D. Ricardo (MEW, Bd. 26, S. 208). Er enthält also sowohl Bestandteile, die der → Arbeitswertlehre (c + v) entsprechen, als auch solche, welche dem eingesetzten Kapital [(C + V) · p′] zuzurechnen sind.

Marx hat seine Leistung nicht in der Entdeckung des P'es gesehen, sondern in der Ableitung aus den Werten.

Es wurde Marx der Vorwurf gemacht, daß der P des 3. Bandes des „Kapital“ der Arbeitswertlehre des 1. Bandes widerspreche (Eugen von Böhm-Bawerk → LV). Ein solcher Widerspruch besteht jedoch nur dann, wenn man beide Aussagen (des 1. und des 3. Bandes) als isolierte Antworten auf die Frage der Preisbildung im Kap betrachtet. Tatsächlich wurde der P aus der Wertgröße abgeleitet, indem eine Bedingung der ursprünglichen Modellkonstruktion (gleiche organische Zusammensetzung) aufgegeben und dadurch deren → Abstraktion um einen Grad vermindert wurde. *[Der P ist deshalb noch immer eine Abstraktion und steht dem Wert näher als den konkreten Marktpreisen, aber er enthält bereits das Kapital als selbständigen Preisbildungsfaktor. Außerdem ist bis heute die Entstehung einer Durchschnittsprofitrate empirisch nicht nachweisbar. Bestenfalls ist es eine Tendenz, der andere Entwicklungen (z. B. Wettbewerbsbeschränkungen) entgegenwirken.]*

Eine bis heute anhaltende Diskussion hat sich um das Problem der Umrechnung der Wertgrößen in P'e entwickelt (→ Transformationsproblem). Die von Marx selbst gegebene Lösung ist – auch nach seinem eigenen Urteil – unvollkommen, weil sie von den Wertgrößen der Produktionsmittel ausgeht und nicht berücksichtigt, daß auch die Produktionsmittel mit P'en berechnet werden müssen.

Produktionsverhältnis — ist eine Beziehung zwischen den Menschen, die sie in der Produktion, beim Austausch, in der Verteilung und bei der → Konsumtion der Güter eingehen.

Das Schwergewicht liegt bei der Produktion, die nicht nur eine Auseinandersetzung des Menschen mit der Natur, sondern durch die → Arbeitsteilung und Zusammenarbeit auch ein gesellschaftlicher Vorgang ist. Das wesentliche ein-

---

* Siehe zur Erklärung der Symbole → Kapital und → organische Zusammensetzung des Kapitals.

zelne P ist das → Eigentum an den Produktionsmitteln. Von der Eigentumsform hängt es ab, welche Qualität alle übrigen Beziehungen der Menschen untereinander haben. Wenn die Produktionsmittel nur einem Teil der Gesellschaft gehören, so begründen sie die Macht dieser → Klasse gegenüber dem anderen Teil, welcher der Verfügungsgewalt und Ausbeutung der ersteren ausgeliefert ist. Wenn → Gemeineigentum vorhanden ist, ist eine Voraussetzung gegeben, daß keine Ungleichheit besteht, sondern gemeinschaftliche Ziele in der Produktion verfolgt werden können. Diese Hervorhebung der Eigentumsverhältnisse hat früher häufig zur Gleichsetzung von P'sen und Eigentumsverhältnissen geführt. Gegenwärtig wird dem Eigentum zwar noch immer eine Schlüsselfunktion unter den anderen P'sen zuerkannt, aber – nicht zuletzt aufgrund der Erfahrungen, daß geänderte Eigentumsverhältnisse allein noch nicht grundlegend neue P'se hervorbringen – werden die P'se allgemein heute weiter interpretiert. Sie umfassen die gesamten gesellschaftlichen Beziehungen im wirtschaftlichen Kreislaufprozeß, die ihrerseits entsprechend der materialistischen Geschichtsauffassung für die Gesamtgesellschaft und den geistig-ideologischen → Überbau mit seinen gesellschaftlichen Einrichtungen in einem komplizierten Prozeß direkter, indirekter und rückgekoppelter Beziehungen bestimmend sind. Nach dem sogenannten **Gesetz der Übereinstimmung der Produktionsverhältnisse mit dem Charakter der Produktivkräfte** sind die P'se durch das Niveau der → Produktivkräfte bestimmt, also nicht in das Ermessen einer Gesellschaft gestellt. Bei der kontinuierlichen Entwicklung der Produktivkräfte und bei gleichzeitig relativ gleichbleibenden P'sen entsteht ein zunehmender Widerspruch, der sich nur durch eine revolutionäre Umgestaltung der P'se lösen kann und dann zu einer neuen Übereinstimmung zwischen beiden Bereichen führt. Die dominierende Rolle des Eigentums und die davon abhängige Annahme von der relativen Unveränderlichkeit der gesellschaftlichen Verhältnisse läßt grundlegende Wandlungen der Gesellschaft innerhalb der → ökonomischen Gesellschaftsformationen, z. B. durch Reformen, nicht oder nur in sehr beschränktem Umfang zu.

[Akzeptiert man den weiteren Begriff der P'se als die Gesamtheit der wirtschaftlichen Beziehungen der Menschen (nicht nur in der Produktion), so zeigt sich, daß ihre Erklärung aus der Eigentumsordnung fragwürdig ist, nachdem unter sehr unterschiedlichen Eigentumsordnungen sich z. T. ähnliche Organisationsstrukturen (z. B. Industriebetrieb oder Handelsformen) in unterschiedlichen Systemen herausgebildet haben. Dadurch wird die Bedeutung des Eigentums verringert, aber das ge-

nannte Gesetz der Übereinstimmung bestätigt. Aber auch bei gleichem technischen Niveau der Produktivkräfte können sich z. T. unterschiedliche P'se ergeben (z. B. Industrieländer mit und ohne Mitbestimmung).]

Produktionsweise — ist die Gesamtheit der Methoden und Einrichtungen, die für die Produktion auf einer bestimmten Stufe der gesellschaftlichen Entwicklung notwendig ist. Die P ist die dialektische Einheit von Produktivkräften und Produktionsverhältnissen, die sich darin äußert, daß der Charakter der → Produktivkräfte die gesellschaftlichen Verhältnisse der Menschen in der Produktion, beim Tausch und bei der Verteilung (→ Produktionsverhältnisse) bestimmt; diese gesellschaftlichen Verhältnisse aber wirken auf die Produktivkräfte zurück, entwickeln sie weiter oder hemmen sie. So wird im Kap die private Eigentumsordnung und die aus ihr resultierende Gesellschaftsstruktur zu einem Hemmnis der weiteren Vervollkommnung der P, da trotz aller organisatorischer Anpassung der kap Gesellschaft an die den privatkap Rahmen sprengende Technik (Kapitalkonzentration, übernationale Konzerne) die Widersprüche zwischen gesellschaftlicher Produktion und privater Aneignung anwachsen. Eine weitgehende Übereinstimmung der Produktivkräfte mit den Produktionsverhältnissen ist nur zu Beginn einer → ökonomischen Gesellschaftsformation möglich. Die ständige Entfaltung der Produktivkräfte führt zu zunehmenden Widersprüchen hinsichtlich der Produktionsverhältnisse, die relativ konstant bleiben. Durch die revolutionäre Umgestaltung wird die Entsprechung zwischen den beiden Seiten der P wiederhergestellt, indem eine neue P entsteht, in der die alte mit ihren rückständigen Seiten überwunden wird, ihre positiven Seiten aber bewahrt sind. Diese Entwicklung ist aufwärts gerichtet: Wie die Arbeitsproduktivität steigt, so erreicht auch die Qualität der Produktionsverhältnisse in den nacheinander folgenden Gesellschaftsformationen ein höheres Niveau. Erst im Soz ist eine P erreicht, in der die Entfaltung der Produktivkräfte nicht mehr im Widerspruch zur gesellschaftlichen Organisation der Wirtschaft steht, da die Produktionsverhältnisse in bewußter Selbstbestimmung den Produktivkräften angepaßt werden.

[Der Begriff P kann mit dem der → ökonomischen Gesellschaftsformation gleichgesetzt werden, obwohl er genau genommen nur die ökonomische Basis umfaßt. Wenn die Wechselwirkung zwischen Produktivkräften und Produktionsverhältnissen das Kernstück des marxistischen ökonomischen Gesellschaftsverständnisses darstellt, so kann kritisch dagegen der keineswegs eindeutige und zwingende Zusammenhang festgestellt werden, der einen Spielraum für unterschiedliche Formen

der Produktionsorganisation läßt. Dies heißt, daß andere Einflüsse als die Produktivkräfte (z. B. die sozialen Ziele der Gesellschaft) maßgeblichen Einfluß auf die wirtschaftlichen und gesellschaftlichen Verhältnisse der Menschen gewinnen.]

Produktivkräfte — sind die arbeitenden Menschen und die → Produktionsmittel, einschließlich des Bodens. Sie fassen alle Faktoren zusammen, die die menschliche → Arbeitsproduktivität bilden: das sind die in den Menschen jeder Epoche schlummernden ökonomischen Fähigkeiten und Kenntnisse sowie die Produktionsmittel auf ihrem jeweiligen technischen Stand. Das schöpferische Element des Menschen in der → Produktion wird außerdem durch die konkreten Formen der → Kooperation sowie durch Teilgebiete der Wissenschaft, die die Produktionsmethoden weiterentwickeln, entscheidend mitbestimmt. Sie werden deshalb häufig auch zu den P'n gezählt. In einem weiteren Sinne wird im Kap auch der revolutionären → Klasse der Arbeiter die größte → Produktivkraft vor allen Produktionsinstrumenten zugeschrieben (MEW, Bd. 4, S. 181).
Die P sind ein Teil der → Produktionsweise, der auf den anderen Teil, die → Produktionsverhältnisse, d. h. die gesellschaftliche Organisation der wirtschaftlichen Tätigkeit, einwirkt und sie entscheidend bedingt. In der Auseinandersetzung mit der Natur verbessern die Menschen durch Erfahrung und technischen Fortschritt ständig ihre Arbeitsfähigkeit und die Qualität der Produktionsinstrumente, die zum Maßstab für die Entwicklung der P und der gesellschaftlichen Verhältnisse werden. Die P entwickeln sich nicht allein aus sich heraus, auch die Produktionsverhältnisse und der geistig-ideologische Überbau wirken auf sie ein.
[Der Lehre von den P'n steht die Lehre der Produktionsfaktoren gegenüber, welche in der wirtschaftlichen Disposition im Hinblick auf die ökonomische Ziel-Mittel-Rationalität eine Gleichwertigkeit unterstellt, die jedoch in der betrieblichen und wirtschaftspolitischen Sozialpolitik zugunsten sozialer Zielsetzungen aufgegeben ist.]

Produktverschlechterung — ist eine Methode der Profitsteigerung, ohne die → Preise zu verändern. Durch Verschlechterung der Qualität der → Produkte, ihrer Lebensdauer, ihrer Sicherheit und anderer wichtiger Eigenschaften ist es möglich, die Kosten zu senken. Die Verkürzung der Lebensdauer erhöht auch die → Nachfrage in der Zukunft. Die zunehmende Schwierigkeit, die technische Qualität der Produkte zu beurteilen, verhindert, daß Käufer die Verschlechterung erkennen und die Waren zurückweisen. Durch Markenartikel, Werbung usw. wird den Käufern darüber hinaus Vertrauenswürdigkeit der Produzenten, die häufig nur in beschränktem Umfang der Konkurrenz ausgesetzt sind, und ihrer Produkte einsuggeriert. Die P ist vorwiegend eine Erscheinung des Spätkap, *[aber sie wird auch in den sozialistischen Ländern Osteuropas festgestellt. U. a. zeigt auch dies, daß das in der Lehre von der P angenommene Motiv, die kap Gewinnmaximierung, mindestens ergänzt werden muß um Entwicklungstrends, welche unabhängig davon die P bewirken: der technische Fortschritt und der Gefallen an häufigem Modewandel. Sie würden bei zu langlebigen Konsumgütern einen frühzeitigen → moralischen Verschleiß bewirken.]*

Profit — ist die konkrete Form des → Mehrwerts, die der → Kapitalist als den Ertrag seines → Kapitals ansieht; er entspricht dem Gewinn eines → Kapitalisten, der seinen Betrieb selbst leitet (→ Unternehmerlohn). Die zentrale Zielsetzung der Kapitalisten ist es, die P'e zu erhöhen (Gewinnmaximierung, → Plusmacherei). Für den Kapitalisten erscheint der Einsatz seines Kapitals in Produktionsmitteln und in der Bezahlung von Arbeiterlöhnen gleichwertig, wie es die sogenannte bürgerliche Lehre von den Produktionsfaktoren (→ trinitarische Formel) darstellt, obwohl – wie die → Arbeitswertlehre zeigt – nur das für die Bezahlung von Arbeitern aufgewandte Kapital Mehrwert und damit P schafft. Der Kapitalist mißt den Erfolg seines Kapitaleinsatzes nicht an der absoluten Größe des erzielten P's (**Profitmasse**), sondern an der **Profitrate,** dem Verhältnis des P's zum eingesetzten Gesamtkapital. Dem Begriff der P-Rate entspricht grob der Rentabilitätsbegriff (Reingewinn zu Kapital). Unter der Annahme, daß das für Produktionsmittel und Löhne aufgewandte Kapital (c + v) nur einmal im Jahr umgesetzt wird, beträgt die P-Rate

$$p' = \frac{m}{c + v}$$

wenn man m, wie es üblicherweise geschieht, auch als Zeichen für die konkrete Form des Mehrwerts, also für P, einsetzt.
Die Konkurrenz um die Aneignung des Mehrwerts führt zur Erkundung und Ausnutzung jedmöglicher profitabler Kapitalanlage. Für die in dieser Hinsicht erfolgreichen Kapitalisten entstehen **Extraprofite,** die in der Regel auf → Extramehrwert zurückgehen, für die erfolglosen Verluste. Die → Konkurrenz der Kapitale führt dazu, daß sich die P-Raten infolge des Kapitaleinflusses in die jeweils profitabelsten Zweige langfristig ausgleichen. Es entsteht eine **Durchschnittsprofitrate,** die für jedes in Produktion, Handel, Bankwesen usw. eingesetzte Kapital eine tendenziell gleiche Verzinsung sichert, wenn nicht neue Möglichkeiten für die Aneignung von Extramehrwert aufgespürt werden (technischer Fortschritt, neue Produkte usw.). Auf Grund

der ständig zunehmenden Kapitalakkumulation entwickelt sich im Falle des Gleichbleibens der Mehrwertrate, des Verhältnisses von Mehrwert zu dem für Löhne verausgabten Kapital eine sinkende Tendenz der P-Rate (→ Gesetz des tendenziellen Falls der Profitrate).
[Die Gleichsetzung jeder Form von Gewinn mit Mehrwert und Ausbeutung vermag nicht hinreichend die unterschiedlichen konkreten Ursachen für Profite zu erklären: Wenn Gewinne durch das Aufspüren von Marktlücken, durch → technischen Fortschritt oder durch → Monopolisierung, Wettbewerbsbeschränkung oder → Spekulation gemacht werden, liegen dem sehr unterschiedliche Formen dispositiver Leistung der Unternehmen zugrunde, welche für die Gesamtwirtschaft teils nützlich, teils schädlich sind. Die Entstehung einer Durchschnittsprofitrate ist ein Prozeß, von dessen Existenz als Folge des Strebens nach möglichst hohen Gewinnen auch in der sogenannten bürgerlichen Theorie ausgegangen wird. Aber in der kap Wirklichkeit überwogen bisher die Kräfte, die den Ausgleich verhinderten und – durch technischen Fortschritt in allen Bereichen in unregelmäßiger Folge und ungleicher Intensität – ständig Extramehrwert entstehen ließen.]

Proletariat — ist die Arbeiterklasse, die im Kap kein Eigentum an → Produktionsmitteln besitzt und, um leben zu können, ihre → Arbeitskraft an die → Kapitalisten verkaufen muß. Das P, das in seiner Gesamtheit das Sozialprodukt schafft, dessen Anteil aber nur dem Umfang der eigenen Reproduktionskosten entspricht, wird im Namen des von ihm geschaffenen → Kapitals ausgebeutet und beherrscht. Darin liegt die Grundlage der gesellschaftlichen Widersprüche und des → Klassenkampfes. Aus dem Erleben des kap Systems und durch die dabei gewonnene Einsicht in seine Funktionsweise sowie aus der Praxis des Klassenkampfes wächst die revolutionäre Bewegung des P's unter Führung der kommunistischen Parteien, die sich nach Marx aus der proletarischen Volksbewegung entwikkeln. Eine gewisse Skepsis gegenüber den originären revolutionären Kräften des P's und die Erkenntnis der vorrangigen Ziele des P's (Erhöhung des Lebensstandards durch gewerkschaftliche Aktionen mit der Konsequenz der Anpassung an das kap System) ließen im → Marxismus-Leninismus eine Überbetonung der intellektuellen Führungseliten entstehen, die in eine Theorie der von oben gelenkten Parteiorganisation und des demokratischen Zentralismus einmündete. Auch H. Marcuse erhofft eine revolutionäre Kraft mehr bei intellektuellen Randgruppen (Studenten, Lehrern), welche sie jedoch – anders als bei Lenin – in einen Bewußtwerdungsprozeß der Massen umsetzen sollen. *[Offensichtlich wa-*

ren die Einsichten Lenins realistischer als die Hoffnung in die revolutionären Kräfte des P's, dessen Lebensstandard sich immer mehr konkret verbesserte und das sich weitgehend mit dieser Perspektive abgefunden und angefreundet hat, ohne deshalb jedoch aus marxistischer Sicht von → Ausbeutung und → Verelendung befreit worden zu sein. Bei Marcuse wie bei Lenin liegt eine elitäre Haltung gegenüber den tatsächlichen politischen und ökonomischen Zielen und Entscheidungen des P's, das weitgehend auf revolutionäre Ziele verzichtet, vor.]

Realisierung — ist der Verkauf der produzierten → Waren. Für die Einzelkapitalisten ist die R abgeschlossen, wenn die Ware verkauft ist; gesamtwirtschaftlich ist erst mit dem Kauf durch den Endverbraucher die R erreicht. Bei der R erweist sich, ob die einzelwirtschaftlich, letztendlich isoliert geplante Produktion Absatz findet und die volkswirtschaftliche Nachfrage befriedigen kann. Dadurch entscheidet sich auch, ob und wieviel → Gewinn realisiert werden kann; denn der → Verwertungsprozeß des → Kapitals ist erst beendet, wenn der Verkaufserlös eintrifft. Es fließt dann in der Regel das in Produktionsmitteln und Löhnen vorgeschossene Kapital zurück, und der Mehrwert wird in Geldform vereinnahmt. Je stärker die → Konkurrenz und der Trend zur → Überproduktion, desto größer ist für den Kapitalisten das **Realisierungsproblem,** d. h. die Unsicherheit darüber, ob und zu welchem Preis er seine Produkte absetzen kann. Gelingt das in einer Branche oder in der Gesamtwirtschaft nur in unzureichendem Maße, so entstehen Absatzkrisen (**Realisationskrisen**). Im Spätkap werden durch marktstrategische Maßnahmen (Marktforschung, Kartelle, Werbung usw.) von seiten der Kapitalisten und teilweise durch → Planung über Verbände und staatliche Einrichtungen die kap Realisationsbedingungen für die Kapitalisten verbessert. Eine von vornherein vollkommene Abstimmung der Produktion auf den wirklichen Bedarf der Menschen (im Gegensatz zu den ihnen durch Werbung und durch Suggestion eingeredeten Bedürfnissen) kann unter kap Produktionsverhältnissen nicht gelingen; sie wird auch nicht angestrebt. *[In der marxistischen Darstellung der Absatzprobleme werden die Vorteile für die Verbraucher, die in einem gewissen Überangebot liegen, unterschätzt. Auch die Annahme der sehr weitgehenden Manipulierbarkeit der Konsumenten ist durch zahlreiche Abwehr- und Kompensationserscheinungen bestreitbar.]*

Realkapital → Kapital

Reduktion — Nach der → Arbeitswerttheorie bestimmt sich der → Wert der Waren nach der zu ihrer Herstellung gesellschaftlich notwendigen → Arbeit. Da in der Pro-

duktion von verschiedenen Arbeitsqualitäten (z. B. der Arbeit des Hilfsarbeiters, Facharbeiters, Ingenieurs) Gebrauch gemacht wird, muß eine Methode gefunden werden, sie auf einen Nenner zu bringen. Dies erfolgt in der Weise, daß die komplizierten Arbeiten auf die einfachen Arbeiten reduziert, d. h. mittels eines Koeffizienten umgerechnet und damit vergleichbar gemacht werden. Dieser Koeffizient ist der Reduktionsmaßstab.
Im Kap erfolgt die R der komplizierten Arbeiten auf die einfache Arbeit über den Wert der Arbeitskraft. Um wieviel mehr eine Arbeitsqualität gegenüber einer anderen wert ist, ergibt sich aus dem zu ihrem Unterhalt und zu ihrer Regeneration, zur Ausbildung und Anlernung notwendigen Aufwand. Da sich dieser Reduktionsmaßstab nur über den Marktmechanismus, unabhängig vom Willen der Produzenten, durchsetzt, sind Abweichungen kurz- oder längerfristiger Art möglich. *[Nur wenn ständig mit einem Überangebot an einzelnen oder allen Arbeitskategorien (→ industrielle Reservearmee) gerechnet werden kann, werden sich auf diese Weise die Lohnrelationen bestimmen lassen. Überwiegt die Nachfrage, gibt es ein gewerkschaftliches Monopol, oder erfolgt staatliche Reglementierung, können auch die Lohndifferenzen nicht mehr über den Wert erklärt werden. Keine Berücksichtigung finden bei diesem Reduktionsmaß die individuellen Unterschiede an persönlichem Einsatz und an Begabung.]*

Reformen → Systemüberwindung

Rente — ist im allgemeinen ein ständig fließendes Einkommen a) aus Eigentum und Eigentumsansprüchen - meist ohne Übernahme des Kapitalrisikos -, b) aus meist staatlichen Versicherungen auf Grund vorher geleisteter Beiträge und c) aus staatlichen Mitteln ohne Eigenleistung für sozial schwache Bevölkerungsgruppen.
Die **Grund- oder Bodenrente** ist in der marxistischen Theorie der Teil des → Mehrwerts, der den Bodeneigentümern aus landwirtschaftlicher Produktion nach Abzug des Durchschnittsprofits für das eingesetzte Kapital bezahlt wird. Unter der Voraussetzung, daß aller Boden in Besitz genommen und in dieser oder jener Art einer wirtschaftlichen Verwendung zugeführt wird, wirft jeder Boden in Form der R ein Einkommen (**absolute Rente**) ab. Die Erscheinungsformen der R'n wandeln sich in der historischen Entwicklung und in Abhängigkeit von der Art des Grundeigentums: Im → Feudalismus sind die Rentenleistungen der Bauern an den feudalen Grundbesitz die Hauptform der Ausbeutung; ursprünglich aus Naturalleistungen bestehend (Fron, Produktenabgabe), nahmen sie allmählich Geldform an. Im Kap wird das Bodeneigentum immer mehr wie Kapitaleigentum behandelt, d. h., die R'n als arbeitslose

Einkommen nähern sich dem Kapitalzins an. Der Boden als Quelle natürlicher Bodenschätze, als Standort für Industrie und wirtschaftliche Tätigkeit in den Städten (Mieten, Pachten) gewinnt an Bedeutung, so daß die Grundrente mehr und mehr nicht mehr nur landwirtschaftlichen, sondern städtischen Ursprungs ist.
Unter **Differentialrente** wird das zusätzliche Einkommen verstanden, das auf Unterschiede in der Lage oder Qualität der Böden (sogenannte Differentialrente I) zurückgeht oder durch Kapitalinvestitionen entsteht, die die Erträge der Böden verbessern (Differentialrente II). **Monopolrenten** entstehen dort, wo auf Grund einzigartiger Bodenverhältnisse (Monopolstellung) dem Bodeneigentum ein → Monopolprofit zufällt. Die hohen Bodenpreise sind sowohl das Ergebnis der Spekulation als auch das Ergebnis der Kapitalisierung hoher Differential- und Monopolbodenrenten; Kapitalisierung bedeutet, daß aus dem Ertrag über den landesüblichen Zinssatz ein Kapitalwert errechnet wird, der bei hohen Erträgen entsprechend groß ausfällt.
[In der nichtmarxistischen Theorie werden die Bodenrente wie auch der Zins als Faktorpreise behandelt, deren Höhe von der Marktpreisentwicklung für Boden, indirekt also von der Ertragskraft und Knappheit abhängt. Für Differentialrenten der verschiedensten Art ist eine vorübergehend oder dauernd verbesserte Marktposition die Ursache. Je längerfristig eine Differentialrente gesichert ist, desto weniger ist sie mit wirtschaftlicher Leistung begründet, sondern beruht auf Machtphänomenen.]

Reproduktion — ist die Wiederherstellung des wirtschaftlichen Ausgangszustandes bei der Produktion. Der Arbeiter muß seine bei der Arbeit verbrauchten Kräfte wiedererlangen, indem er Nahrungsmittel, Freizeit, Schlaf aufnimmt. Eine Maschine, eine Fabrik und eine Volkswirtschaft müssen den Verschleiß, die verbrauchten Produktionsmittel ersetzen, wollen sie funktionsfähig bleiben. Jede Produktion ist deshalb gleichzeitig R, da nur so die Bedingungen für die Fortsetzung der Produktion geschaffen werden. Die Gesamtheit der Voraussetzungen, die für eine R notwendig sind, nennt man die **Reproduktionsbedingungen.** Je nach dem Subjekt der R können diese Bedingungen sehr unterschiedlich sein: So ist die R der Arbeitskraft durch natürliche Grenzen (Alter) beschränkt und durch individuelle Umstände (Gesundheit, Zahl der unterhaltspflichtigen Kinder) konkret bestimmt, von denen es abhängt, ob der Lohn für die Sicherung der R des einzelnen Arbeiters ausreicht. Die R der → Arbeiterklasse erfordert unabhängig vom Schicksal des einzelnen die Mittel, welche die Erhaltung der → Klasse gewährleisten. Die R-Bedingungen für eine Volkswirtschaft fordern eine Verwendung des Sozialpro-

dukts in einer solchen Struktur, die die Fortsetzung der Produktion gewährleistet.
Die Unterscheidung zwischen **einfacher** und **erweiterter Reproduktion** ist gleichbedeutend mit einer stationären (gleichbleibenden) und einer dynamischen (wachsenden) Entwicklung. Eine einfache R findet in einer Volkswirtschaft statt, wenn nur die Ausgangslage wiederhergestellt wird, also das Gesamtprodukt allein zum Ersatz durch Verschleiß abgenutzten Volksvermögens und für den Konsum verwendet wird und keine Erweiterung erfolgt (keine Nettoinvestitionen). In einer wachsenden Volkswirtschaft genügt eine einfache R nicht, sondern neben dem Konsum und den Ersatzinvestitionen müssen Neuinvestitionen aus dem Volkseinkommen geschaffen werden. In der kap Wirtschaft gibt es wegen der systemnotwendigen → Akkumulation großer Teile des Mehrwerts durch die Kapitalisten nur eine erweiterte R. Theoretisch denkbar ist auch eine negative R, die gleichbedeutend ist mit einer schrumpfenden Volkswirtschaft.
Die Voraussetzung für eine R der sachlichen Produktionsbedingungen in einer Volkswirtschaft, deren Koordination über die → Ware-Geld-Beziehung, also über Märkte, erfolgt, liegt in der vorherigen Sicherung der R in → Werten. In der Regel müssen daher die Kapitalisten im Preis, die Arbeiter im Lohn den Wert erhalten, der ihre Kosten (Produktionskosten, Lebenshaltungskosten) mindestens deckt. Die erweiterte R wird im wesentlichen aus dem → Mehrwert finanziert.
Einfache und erweiterte R werden in den sogenannten **Reproduktionsschemata** formelmäßig dargestellt (MEW, Bd. 24, S. 391 ff.). Aus ihnen läßt sich ableiten, bei welchen Verhältnissen zwischen Konsumgüter- und Produktionsmittelproduktion unter der Voraussetzung der einfachen oder erweiterten R ein Gleichgewicht besteht. Beträgt der Produktionswert der Produktionsindustrie.

$$w_1 = c_1 + v_1 + m_1 \text{*}$$

und der der Konsumgüterindustrie

$$w_2 = c_2 + v_2 + m_2 ,$$

dann ist das Gesamtsystem bei einfacher R im Gleichgewicht, wenn $c_2 = v_1 + m_1$ ist und der Gesamtwert der Produktionsmittel (w_1) mit dem gesamten Verbrauch von Produktionsmitteln ($c_1 + c_2$) übereinstimmt.
Die R-Theorie bietet nicht nur eine quantitative Analyse der Verwendung des Volkseinkommens und der Entwicklungsprozesse (gleichbleibende, wachsende und schrumpfende Wirtschaft), sondern sie bezieht die qualitative Seite der R mit ein. Es werden nicht nur die sachlichen ökonomischen Produktionsbedingungen reproduziert, sondern mit ihnen auch die gesellschaftlichen Ver-

* Siehe zur Erklärung der Symbole → Kapital und → organische Zusammensetzung des Kapitals.

hältnisse, unter denen die Produktion abläuft. Die kap R der Wirtschaft reproduziert ständig die kap → Gesellschaft. Erweiterte R bedeutet deshalb nicht nur, daß mehr produziert wird, sondern daß sich durch technischen Fortschritt und durch neue Arbeits- und Verbrauchsqualitäten der stoffliche Inhalt der Kreislaufprozesse wandelt und die gesellschaftlichen Verhältnisse sich innerhalb der jeweiligen → ökonomischen Gesellschaftsformationen systemspezifisch steigern. Damit treten gewisse Veränderungen ein, wie der Wandel des Konkurrenzkap zum Monopolkap.
[Die marxistischen R-Vorstellungen haben in der nichtmarxistischen Theorie ihr Pendant in der Kreislauftheorie, die nicht so sehr die Wiederherstellung auf dem gleichen Niveau oder auf erweiterter Stufenleiter im Auge hat, sondern den vielgliedrigen, durch Preise verschiedener Art (Güterpreise, Faktorenpreise) gesteuerten Wirtschaftsprozeß, der niemals die gleiche Ausgangslage erreicht, sondern einen ständigen Wandel der Nachfrage-, Produktions- und Wirtschaftsstruktur widerspiegelt. In der Konjunktur und Wachstumstheorie werden die Bedingungen einer dynamischen Entwicklung untersucht, die über die einfache Struktur der Reproduktionsschemata hinausreichen. Sie können nur bestimmte Probleme der Störung und des Wachstums aufzeigen, andere dagegen nicht (z. B. Einflüsse der Geldversorgung und des Kapitalmarktes).]

Reservearmee → Industrielle Reservearmee

Revenue — ist 1) Einkommen aus Kapitalanlage, unabhängig von der Form dieser Anlage (z. B. Dividende als Ertrag der Aktie oder Kapitalzins als Ertrag eines Leihkapitals), 2) der Teil des Mehrwerts, den der Kapitalist aus seinen Kapitaleinkünften für Konsum verwendet. Demnach teilt sich der Mehrwert und Profit in R und → Akkumulation.

Revisionismus — ist erstens eine Strömung im Einzugsbereich des Marxismus, insbesondere in der marxistischen Politischen Ökonomie, die von der Marxschen Theorie ausging, häufig unter Aufnahme anderer geistiger Strömungen in die Aufgabe der Marxschen Grundpositionen einmündete und theoretisch sowie politisch eine Rückkehr zu kapitalismusfreundlichen Positionen bedeutet. R wird -amit zu einer abwertenden Bezeichnung für die marxistischen oder nicht mehr marxistischen Gruppen durch Marxisten, die rechts vom eigenen Standpunkt stehen (Rechtsabweichler). Zweitens wird von manchen Neomarxisten, die eine wissenschaftlich kritische Einstellung zu den Marxschen Lehren als legitim ansehen, den Marxismus nicht dogmatisch, sondern als kritische Methode verstehen und die ständige Über-

prüfung der Annahmen fordern, als R die Position bezeichnet, die aus praktisch-politischen, letztlich opportunistischen Gründen – oft zur Rechtfertigung gewisser Entwicklungen – eine Theoriemodifikation vornehmen.
Anlaß für revisionistische Strömungen waren die Versuche der theoretischen Widerlegung einzelner Theorieelemente, die Nichtübereinstimmung zwischen Theorien des → Marxismus und der tatsächlichen Entwicklung, die von den Revisionisten festgestellt wurden. Auch praktisch-politische und weltanschauliche Gegenpositionen spielten eine wichtige Rolle, wie sie vor allem in der Ablehnung von Klassenkämpfen und → Revolutionen unter Zuhilfenahme von Gewalt und in der Hinwendung zu konkreter Sozialpolitik innerhalb des kap Systems zutage traten. Vom marxistisch-leninistischen Standpunkt aus war und ist die deutsche Sozialdemokratie revisionistisch, vom maoistischen Standpunkt aus ist es die heutige sowjetische Richtung (u. a., weil das Prinzip der materiellen Interessiertheit ein wesentlicher Bestandteil des sowjetischen Soz ist). Der R wird als Verrat am Marxismus bezeichnet. Als sein erster prominenter Vertreter gilt Eduard Bernstein (→ LV).
[Das Weltverständnis, aus dem der Vorwurf des R nur entstehen kann, setzt 1. eine unzweifelhaft richtige Position voraus und anerkennt 2. eine Weiterentwicklung nur in eine Richtung, diejenige, die man selbst vertritt. Beide Vorstellungen, die R mit Ketzern und Abtrünnigen gleichsetzen, haben pararehgiösen Charakter.]

Revolution — ist 1) der politische Umsturz, bei dem die Macht der bisher herrschenden → Klasse entzogen und von der fortschrittlichen, revolutionären Klasse übernommen wird, um eine neue → ökonomische Gesellschaftsformation aufzubauen. Unter R wird 2) eine relativ kurze Epoche sozialer Umwälzungen verstanden, in der die → Gesellschaft durch eine Häufung von sozialen Veränderungen verwandelt wird, welche das bestehende System aufheben und sich an dem Modell einer neuen Gesellschaftsordnung orientieren. Die Frage der politischen Macht gilt dabei entweder als bereits gelöst, oder sie wird über eine demokratische Willensbildung entschieden. R in diesem Sinne ist die Gesamtheit der systemüberwindenden Reformen. 3) Unter **permanenter Revolution** wird demgegenüber ein langer (womöglich mehrere Generationen umfassender) gesellschaftlicher Wandlungsprozeß verstanden (→ Übergangsperiode), in dem nicht nur die politische Macht und die gesellschaftlichen Institutionen, sondern auch das gesellschaftliche Wertsystem („Kulturrevolution") und damit die Verhaltensweisen und Ziele der Menschen verändert werden.
Bei Marx sind alle drei Revolutionsbegriffe angelegt, aber es

überwiegt die Vorstellung der R im erstgenannten Sinne. Sie wird durch evolutionäre Entwicklung der → Produktivkräfte und durch eine Zunahme der Klassenkämpfe vorbereitet, deren krönender Abschluß die R ist. Der wachsende Widerspruch zwischen der relativ gleichbleibenden Gesellschaftsordnung und der Dynamik der Produktivkräfte wird durch die R gelöst, die vor allem mit der Änderung der Eigentumsordnung die Grundlagen der neuen Gesellschaft schafft. Die vollständige soziale Umwandlung benötigt aber weit mehr als nur eine Änderung der Eigentumsverhältnisse, wie wichtig diese als dominierendes einzelnes Produktionsverhältnis auch ist. In der → Übergangsperiode bereitet sich die eigentliche gesellschaftliche Umgestaltung vor.

Die Anwendung von Gewalt wird in der R nicht ausgeschlossen, obwohl ihre Vermeidung wünschenswert (MEW, Bd. 4, S. 372) und der Verzicht bei starken demokratischen Institutionen sogar möglich ist (MEW, Bd. 18, S. 160). Aber die herrschenden Kräfte werden – wie die Geschichte zeigt – sich gegen jede solche Umgestaltung mit allen legalen und illegalen, d. h. auch gewaltsamen Mitteln wehren, so daß Gewalt als Gegengewalt in Form eines vom Proletariat oder seinen Vertretern planmäßig organisierten Klassenkampfes – nicht als *subjektivistischer* (individueller) Einzelterror – notwendig sein wird. Im sogenannten demokratischen Soz wird auf Gewaltanwendung verzichtet und der Weg über systemüberwindende Reformen für möglich gehalten. *[Die marxistische Revolutionstheorie ist in vielen Teilbereichen des Marxismus verankert (z. B. im dialektischen Materialismus als Sprung in eine neue Qualität, in der Lehre der ökonomischen Gesellschaftsformationen, der Widersprüche und des Klassenkampfes). Eine entscheidende politökonomische Frage ist dabei, ob eine Entwicklung des marktwirtschaftlichen oder kap Systems über Oberflächenerscheinungen hinaus – wobei es problematisch ist, was als Oberflächenerscheinung anzusehen ist – nur revolutionär oder auch evolutionär (d. h. durch allmähliche Änderungen) möglich ist. Für die letztere Alternative werden die in der Geschichte des Kap erfolgten sozialökonomischen Wandlungen angeführt, die noch nicht zu Ende gekommen sind. Offene Reformen, die nicht systemlos zu sein brauchen, werden als weniger gefährlich angesehen, weil die Folgen überschaubarer sind, als eine „multivariable" Systemänderung durch R, die an Modellen orientiert ist, deren unmittelbarer humaner Realitätswert nicht von vornherein voll gesichert ist (→ Kommunismus), und ihre Verwirklichung oft nur unter Verzicht auf die humanen Langzeitwerte möglich ist. Dies lehren alle historischen Erfahrungen mit sozialistischen R'en.]* Der Begriff der

R wird auch auf die Häufung der wissenschaftlichen und technischen Erfindungen in den letzten Jahrzehnten und ihre Einführung in die Produktion angewandt (wissenschaftlich-technische Revolution). Dieser R-Begriff gehört im Gegensatz zu den oben genannten Begriffsinhalten, die Aktionen im Bereich der → Produktionsverhältnisse betreffen, in den Bereich der → Produktivkräfte und hat gesellschaftliche Veränderung erst zur Folge. *[Ähnlich wird der Begriff in der industriellen Revolution mit verschiedenen Wellen in der nichtmarxistischen Sozialgeschichte verwendet.]*

Rüstung – Die R-Wirtschaft ist für das Spätstadium des Kap ein wichtiges Funktionselement. Da R-Güter fast ausschließlich vom → Staat nachgefragt und der hochspezialisierten und kapitalintensiven Produktion wegen in der Regel von → Monopolen angeboten werden, ist die R-Wirtschaft ein typisches Beispiel für die Verschmelzung von Monopolen und Staat (→ staatsmonopolistischer Kap). Die hier stattfindende enge Verflechtung von Profitinteressen der Großindustrie und der militärischen Interessen des Staates oder der Militärs führt nicht nur zu einer überdurchschnittlichen Entwicklung der R-Wirtschaft, sondern drängt auch zu einer Anwendung der Produktion im Krieg, welche den Verwertungsprozeß des in der R eingesetzten Kapitals fördert und vor der Öffentlichkeit die R-Produktion rechtfertigt. Die Kriegsinteressen der Militärs, die auf Ausübung ihres Berufes drängen, werden potenziert durch das gleichgerichtete Verwertungsinteresse der R-Industrie; so entstehen kriegstreibende Kräfte, welche den Interessen der Völker in allen Ländern widersprechen. Sie kommen insbesondere im Faschismus zur vollen Entfaltung. Von dem Einfluß des Militärs auf die Wirtschaft geht vor allem in Kriegs- und Krisenzeiten auch ein Einfluß auf die innere Organisation der Wirtschaft aus, der neben einer Erhöhung der Steuerlast eine Verstärkung der kap Arbeitsdisziplin, Effizienzsteigerung im Interesse des Kapitals zur Folge hat (Militarisierung der Wirtschaft).

Die R-Industrie gilt als unproduktiv, weil keine Gebrauchswerte, die den unmittelbaren Bedürfnissen der Menschen dienen, geschaffen werden, sondern nur Mittel zu deren Zerstörung. Der Einfluß der R-Industrie auf die Volkswirtschaft wird jedoch durch folgende Zusammenhänge noch verstärkt: Weil die modernen R-Güter ihren Zweck, die waffenmäßige Überlegenheit einzelner Staaten zu sichern, nur erfüllen können, wenn ihr technischer Stand dem aller anderen nationalen R-Industrien überlegen ist, sind technische „Verbesserungen" und Neuentwicklungen in diesem Bereich noch wichtiger als in der nur durch Marktkonkurrenz vorangetriebenen zivilen Industrie (Wettrüsten).

Die deshalb großzügig vom Staat finanzierte R-Forschung macht diesen Wirtschaftszweig und die davon abhängigen Zweige zu einem Vorreiter des technischen Fortschritts, von dem später auch die zivilen Investitions- und Konsumgüterindustrien Vorteile ziehen. Dadurch erlangt die R-Industrie auch auf andere Zweige Einfluß, und die Grenzen zur zivilen Industrie werden fließender. Da der Absatz von R-Gütern nur in geringem Grade von Marktkonjunkturen abhängig ist und da die Finanzierung aus öffentlichen Haushalten erfolgt, ist die R-Wirtschaft besonders geeignet, die gesamtwirtschaftlich stagnierende oder sogar rückläufige Marktnachfrage (Unterkonsumtion) zu kompensieren und zu einem zeitweiligen Stabilisierungs-, ja sogar Wachstumsfaktor zu werden, wenn es nur gelingt, die allen friedlichen Interessen zuwiderlaufende Verwertung (→ Kriege oder öffentlich finanzierte Verschrottung, Verkauf an Entwicklungsländer) sicherzustellen. Aus diesen Zusammenhängen wird häufig ein allgemein aggressiver Charakter spätkapitalistischer Industriegesellschaften abgeleitet. Die Belastung der öffentlichen Haushalte durch R-Ausgaben ist eine der Ursachen für verhältnismäßig geringe Aufwendungen für soziale und sonstige im öffentlichen Interesse liegende Zwecke und eine Ursache für die fortschreitende Inflationierung. Die R-Industrie fördert die Widersprüche des Kap. *[Die aufgezeigten Zusammenhänge zwischen R-Interessen und Kriegen vereinfachen in ihrer Absolutheit sehr komplizierte politische und ökonomische Willensbildungsprozesse, indem alle demokratischen Entscheidungs- und Kontrollinstanzen als durch das Kapital korrumpiert oder wirkungslos und alle anderen entgegenlaufenden, ebenfalls organisierten Interessen einer Gesellschaft, darunter auch andere Kapitalinteressen, als ausgeschaltet oder gleichgeschaltet gelten. Der Friedenswille der Völker schließt in der Realität begründetes oder eingebildetes (auch eingeredetes) Sicherheitsbedürfnis sowie nationale, chauvinistische Aggressionshaltungen nicht aus.]*

Die **Sklavenhalterordnung** — ist gekennzeichnet durch → Privateigentum an Menschen und Produktionsmitteln. Nachdem am Ausgang des → Urkommunismus mit der Steigerung der Arbeitsproduktivität ein Mehrprodukt (→ Produkt) und dann auch das Privateigentum an den Produktionsmitteln und den Produkten der → Arbeit entstanden war, mußte mit einer gewissen Zwangsläufigkeit das → Eigentum auch auf Menschen (Kriegsgefangene, Schuldner) ausgedehnt werden, da fremde Aneignung des Mehrprodukts nur möglich war, wenn die Arbeitsleistung aufs äußerste gesteigert und der Konsum auf ein → Existenzminimum reduziert wurde. Die absolute Herrschaft des Men-

schen über den Menschen in Form der körperlichen Inbesitznahme als Sklaven war die dafür geeignete gesellschaftliche Institution, die die erste → Klassenteilung in Herren und Sklaven hervorbrachte. Zur Sicherung dieser Einrichtung war es notwendig, dieses System zu legitimieren und durch einen staatlichen Zwangsapparat im Interesse der herrschenden Klasse zu bewahren. Gegenüber dem Urkommunismus war die S trotz der in der Versklavung von Menschen liegenden Inhumanität ein Fortschritt, da die erhöhte Arbeitsproduktivität nicht nur ein höheres Lebensniveau - auch der Sklaven - zuließ, sondern bedeutende kulturelle und zivilisatorische Leistungen hervorbrachte. Die Widersprüche dieser → Gesellschaft lagen vor allem darin, daß die Sklavenhalter, die nur an billiger Arbeitskraft interessiert waren, ebensowenig wie die Sklaven, die keinerlei Interesse an Arbeit hatten, die → Produktivkräfte nicht fortentwickelten, sondern sich zunehmend in Klassenkämpfen (Sklavenaufständen und Strafaktionen) zu reiben begannen. Damit wurden die Produktionsverhältnisse der S zur Fessel für ihre weitere Entwicklung.
[Fraglich ist, ob die Einrichtung der Sklaverei tatsächlich als eine allgemeine Einrichtung besonders des Altertums, die nicht nur auf die Metropolen beschränkt war, gelten kann. Problematisch ist auch, wie das Ende dieser Epoche entsprechend dem historischen → Materialismus aus der Weiterentwicklung der Produktivkräfte gegenüber den relativ stabilen Produktionsverhältnissen und der daraus erwachsenden Steigerung der gesellschaftlichen Widersprüche erklärt werden kann.]

Sozialimperialismus — maoistische Bezeichnung für die außenpolitische und außenwirtschaftliche Politik der Sowjetunion, die damit dem → Imperialismus der kap Industriestaaten gleichgesetzt wird. Der Vorwurf gründet sich neben den außenpolitischen Aktivitäten der Sowjetunion auf ihre Hegemonialstellung im RGW (Comecon), ihr staatsmonopolistisches Auftreten auf den Weltmärkten und insbesondere gegenüber den Entwicklungsländern. Dabei wird dem S eine besondere Gefährlichkeit zugeschrieben, weil er - anders als der Imperialismus - seine Ziele als sozialistisch ausgibt.

Sozialismus — ist die erste Phase der kommunistischen Gesellschaftsformation; sie ist aus der sozialistischen → Revolution hervorgegangen. Der Einschätzung des Soz als → Übergangsperiode vom Kap zum Vollkommunismus steht die stärkere Ausformung des Soz als selbständige Entwicklungsstufe gegenüber, wie sie insbesondere in Osteuropa in der Praxis vertreten wird. Der Unterschied ist graduell, da auch hier das Hinüberwachsen in den → Kommunismus behauptet wird.

Sozialismus

Nach Marx und Engels ist der Soz durch folgende Elemente vom Kap unterschieden: 1) An Stelle des → Privateigentums tritt ein gesellschaftliches Eigentum. 2) Aus dem nur mittelbar gesellschaftlichen Charakter der → Arbeit wird unmittelbare gesellschaftliche Arbeit. Dieser Wandel drückt aus, daß Arbeit nicht mehr in einem privatwirtschaftlich geleiteten Betrieb geleistet wird und daß sich das Produkt nicht erst nachträglich auf dem Markt als gesellschaftlich notwendig erweisen muß, sondern daß die unmittelbare gesellschaftliche Lenkung der Produktion die Arbeit von vornherein für die richtige Produktion einsetzt. 3) Eng mit dem veränderten Charakter der Arbeit ist das Absterben der → Ware-Geld-Beziehung verbunden, das bewirkt, daß der Markt-Preis-Mechanismus aufhört, der Koordinationsmechanismus der Wirtschaft zu sein; an seine Stelle tritt eine gesellschaftliche → Planung. 4) Mit einem hohen Stand der Produktivkräfte ist verbunden, daß die Unterschiede zwischen Stadt und Land, zwischen geistiger und körperlicher Arbeit eingeebnet werden und die Arbeit immer mehr ihren knechtenden Charakter verliert. So werden 5) die → Arbeiter nicht mehr von Privatkapitalisten ausgebeutet, sondern jeder arbeitet nach seinen Fähigkeiten und wird entsprechend seiner Arbeitsleistung entlohnt. Insoweit bleibt auch das Äquivalenzprinzip des bürgerlichen Rechts erhalten. 6) Mit dem Privateigentum verschwinden auch die Klassen, die widersprüchliche Interessen besitzen; bestehen bleibt die Arbeiterklasse. Schließlich wird 7) der Staat als Herrschaftsinstrument der herrschenden Klasse zunehmend überflüssig, er stirbt ab. Diese Wandlungen vollziehen sich nicht automatisch und gleichzeitig mit der sozialistischen Revolution, sondern unter der → Diktatur des Proletariats in einer → Übergangsperiode.

In der Sowjetunion und im übrigen Osteuropa ist ein Wirtschafts- und Gesellschaftssystem aufgebaut worden, das im eigenen Selbstverständnis nach den Lehren des → Marxismus-Leninismus als Soz bezeichnet wird und eine Reihe der Marxschen Kennzeichen des Soz enthält (Abschaffung des Privateigentums an Produktionsmitteln, Leistungsentlohnung u. a.). Da dieses System einerseits einige Elemente der Marxschen Soz-Bestimmung nicht erfüllt (kein Absterben des Staates und der Ware-Geld-Beziehung, materielle Interessiertheit, Zentralismus), andererseits viele Bestandteile dieses spezifischen Soz durch Theorie und Praxis erst entwickelt werden mußten (z. B. Planungsmethode, sozialistische Eigentumsformen), kann man von einem **sowjetischen Sozialismus** sprechen. Dem sowjetischen Sozialismusmodell können andere Sozialismen (chinesischer, jugoslawischer, kubanischer Art) gegenübergestellt werden, die nicht geographisch, sondern durch Variationen der oben ausgeführten Charakteristika bestimmt sind. So wird in der Theorie des jugoslawischen Soz die Rolle des Staates zurückgedrängt und in der Arbeiterselbstverwaltung eine Auflösung des Privateigentums durch seine Verallgemeinerung gesehen, während die Ware-Geld-Beziehung nach der Theorie des Marktsozialismus als Koordinationssystem bestehen bleibt. Theoretisch wird damit die Entwicklung zum Kommunismus nur als eine Möglichkeit der sozialistischen Bewegung dargestellt. Der Begriff des **schwedischen Sozialismus** nimmt dagegen nicht mehr auf die Marxsche Lehre Bezug, sondern wird gerechtfertigt aus dem hohen Wohlstands- und Sozialstaatsniveau.

Unter **demokratischem Sozialismus** wird die Verbindung der sozialistischen Prinzipien mit demokratischen Grundsätzen (Pluralismus, Gewaltenteilung, rechtsstaatliche Sicherung der Grundrechte u. a.) verstanden. Hier sind wichtige Teile des marxistischen und des sowjetischen Sozialismusmodells (Diktatur des Proletariats, Abschaffung der Parteien und der Opposition, Abschaffung des Geldes und des Staats) aufgegeben, aber hinsichtlich der Steuerung der Wirtschaft besteht theoretisch und politisch Uneinigkeit, wie weit staatliche Planung und wie weit Marktregulierung gelten soll. Auch die damit eng verbundene Frage des Privateigentums an den Produktionsmitteln ist nicht ausdiskutiert. Im Modell des **Marktsozialismus** wird eine → Vergesellschaftung der Produktionsmittel mit dem Wirken des Marktmechanismus verbunden. Die staatliche Wirtschaftspolitik wird dabei auf eine globale Planung (und eventuell interventionalistische Wirtschaftspolitik) beschränkt. Die weitgehend selbständigen Wirtschaftsfunktionäre unterstehen jedoch einer zusätzlichen Kontrolle durch die kommunistische Partei. Dem Modell kommt Jugoslawien am nächsten.

Der Marxismus jeglicher Richtung versteht sich selbst als **wissenschaftlicher Sozialismus,** weil der Kampf und das Eintreten für den Soz im Einklang steht mit objektiven Gesetzen der Geschichte, die im → Marxismus wissenschaftlich-methodisch entwickelt werden und sich allen anderen Entwicklungslehren als überlegen erwiesen haben. Als **utopischer Sozialismus** werden dagegen die Richtungen bezeichnet, die nicht auf der Basis des historischen Materialismus stehen und denen der Bau von sozialistischen Luftschlössern vorgeworfen wird (J. P. Proudhon, Saint Simon).

[Eine Kritik der marxistischen S-Theorie entspricht weitgehend der Auseinandersetzung mit dem → Kommunismus. Eine Kritik des konkreten sowjetischen S in Osteuropa und der DDR kann erstens immanent erfolgen, indem die Realität an der Marxschen Theorie

gemessen wird. Oder es kann zweitens eine Gegenüberstellung mit konkreten „westlichen" Systemen vollzogen werden, wobei jedoch der wirtschaftliche Entwicklungsstand berücksichtigt werden muß. Demgegenüber ist die Auseinandersetzung mit den nicht oder nicht allein sich auf Marx beziehenden Sozialismusvorstellungen ein Diskussionsfeld, auf dem es um die Grundwerte einer Gesellschaft, die Entwicklungsmöglichkeiten und ökonomisch vor allem um die Erhaltung eines funktionsfähigen Wirtschaftssystems auf hohem industriellem Entwicklungsniveau geht.]

Sozialstaatsillusion — ist die Zusammenfassung der neomarxistischen Kritik an den Vorstellungen, daß der Kap unter Einwirkung eines sozial verpflichteten Staates und der Gewerkschaften sich zu einem Sozial- und Wohlfahrtsstaat entwickelt habe und die Marktwirtschaft heute eine soziale Marktwirtschaft sei. Grundlage der Kritik sind folgende Faktoren: 1) Die Umverteilung der Einkommen durch den Staat ist eng begrenzt, da die → Produktion und die Investitionen kapitalistisch hinreichend nur über hohe Profite gesteuert werden können. Die Sphäre der → Distribution der Einkommen kann nicht von der Produktionssphäre gelöst werden. Erhält der Arbeiter zuviel, bleibt zuwenig Mehrprodukt als Anreiz für die Kapitalisten, zu produzieren und zu investieren. 2) Die Konjunktur- und Wachstumspolitik, die meistenteils ohnehin das Kapital begünstigt, ist eine notwendige Voraussetzung für eine sozialstaatliche Politik und hat Vorrang gegenüber der Sozialpolitik. 3) Der Sozialstaat setzt in der Gesellschaft eine Trennung voraus zwischen verteilenden Eliten und der Masse der sozial Bedachten, die unmündig sind. Er ist zutiefst obrigkeitsstaatlich und verzichtet auf die Beteiligung der Arbeiter an den Entscheidungen sowie auf ihre Emanzipation in der Produktion. 4) Der Staat wird im Interesse des Gesamtkapitals tätig. Er sichert z. B. bei der Vermittlung im Arbeitskonflikt eine solche Lohnhöhe und solche Arbeitsbedingungen, die (entgegen dem unbeschränkten Profitstreben der Einzelkapitalisten) die → Reproduktionsbedingungen der Arbeiterklasse (Arbeitsschutz, Arbeitszeitbegrenzung) sichern. Dem Schein und der Illusion nach kommt es zu einer Umverteilung, tatsächlich werden nur die Verwertungsbedingungen des → Kapitals durch die Sicherung der Wertschöpfungskraft der Arbeit gewährleistet. Im Ergebnis geschieht nichts gegen das Kapitalinteresse; die Einkommensumverteilung ist zwischen einer Mindestentlohnung, die durch die Reproduktionskosten der Arbeit und durch die Vermeidung gefährlicher Klassenkampfsituationen bestimmt wird, und zwischen der staatlichen Konjunktur-, Wachstums- und Stabilitätspolitik so eng, daß eine

Umverteilung letztlich nur innerhalb, nicht zwischen den → Klassen möglich ist. Proletarier können soziale Verbesserungen nur in Teilbereichen erkämpfen, z. B. Rentenerhöhungen, die sie selbst bezahlen müssen. Eine allgemeine Besserstellung über die notwendigen Reproduktionsbedingungen hinaus ergibt sich für das → Proletariat kaum. Aber der Klassenkampf ist notwendig, um selbst dieses Ziel zu verwirklichen. Mehr kann nur im → Soz erreicht werden (W. Müller, C. Neusüß, → LV).
[Die Lehre von der S basiert auf der Erklärung der wirtschaftlichen Tätigkeit der Kapitalisten allein aus dem Gewinnmaximierungsmotiv. Diese Annahme ist in ihrer Ausschließlichkeit zu einseitig und mit der Entwicklung zur Großindustrie selbst als vorherrschende Motivation bestritten worden (J. Galbraith, → LV). Je größer ferner das Volkseinkommen wird, desto weiter wird der Spielraum für eine Verteilung, zumal das Niveau der → Reproduktionskosten theoretisch nicht fixierbar ist. Jedes Lebensstandardniveau kann so dargestellt werden, als würde es nur die Reproduktionskosten sichern. Die Leugnung der emanzipatorischen Wirkungen der Sozialstaatstätigkeit geht von einer wissenschaftlich bestrittenen Trennung zwischen Staat und Gesellschaft aus. Es wird übersehen, daß demokratische, staatsbürgerliche Emanzipation Wohlstand und soziale Sicherung voraussetzen.]

Spätkapitalismus – ist das Endstadium des Kap, das durch eine allgemeine Krise der Produktionsverhältnisse (E. Mandel, → LV) gekennzeichnet ist. Die Vertreter dieser Richtung lehnen die leninistische imperialistische und staatsmonopolistische Theorie nicht in vielen ihrer Einzelelemente, aber als zusammenfassende und ausreichende Erklärung für den S und seine Etappen (→ Imperialismus) ab, weil sie sich zu weit von der Marxschen Analyse des Kap entfernt. Dagegen wird wieder der Grundwiderspruch zwischen der Entwicklung der → Produktivkräfte und dem zurückbleibenden Stand der → Produktionsverhältnisse in den Mittelpunkt der Analyse gestellt, wobei seine spezifischen Formen im S aufgezeigt werden. Im S erreicht der Kap sein letztes Stadium und tritt in die allgemeine → Krise ein; außerdem wächst der Soz durch fortschreitende Vergesellschaftung der Produktion heran. *[Mit den Theorien des S in ihren verschiedenartigen Ausprägungen hat der Marxismus der Weiterentwicklung des Kap Rechnung getragen und ist nicht, wie manche Kritiker behaupten, bei der Kapitalismuskritik von Marx stehengeblieben. Die Schwierigkeit liegt darin, daß einerseits versucht wird, die methodischen Grundlagen und inhaltlichen Aussagen der Klassiker aufrechtzuerhalten, andererseits aber Veränderungen und Abweichungen (z. B. das Fehlen von Revolutionen oder erfolg-*

reichen Revolutionen in Westeuropa und Nordamerika) zu erklären. Bei der Lösung dieser Probleme sind die Unterscheidung zwischen dem sich ändernden Erscheinungsbild des Kap und seinem gleichbleibenden Wesensgehalt sowie die Erklärung von neuen Entwicklungen aus übergeordneten Gesetzen (z. B. kann der → Imperialismus durch Anwendung des Mehrwertgesetzes auf internationale Beziehungen erklärt werden) hilfreich. Auch eine Kombination von Gesetzen (z. B. Konzentration und Wertgesetz ergeben → Monopolkap) ist möglich. Die Vorstellung, die in manchen nichtmarxistischen Lehren des S enthalten ist, daß nämlich der Kap sich grundlegend ändert und in ein neues Wirtschaftssystem hinüberwächst, wird im Marxismus entschieden abgelehnt.]

Spekulation — ist der Einsatz von Kapital zum Kauf von Waren oder Wertpapieren, um sie zu günstigeren Preisen mit Profit (Spekulationsgewinn) wieder zu verkaufen. Ebenso häufig wie die Preiserwartungen erfüllt werden, werden sie auch enttäuscht; dann entstehen entsprechende Verluste. Die Sp schafft keine Werte wie die Produktion, sondern der Mehrwert wird nur zwischen den Kapitalisten umverteilt. Aber von der Sp können auf die Gesamtwirtschaft gefährliche Konjunkturimpulse ausgehen: So wurde die Weltwirtschaftskrise 1929 von einem Kurssturz eingeleitet.

[Unabhängig von einer moralischen Beurteilung der Sp erfüllt sie auf den Börsen die wichtige Funktion, für Marktausgleich zu sorgen und dadurch extreme Preisschwankungen zu vermeiden. Nur wenn einseitige Spekulationserwartungen weite Kreise erfassen, kann die allgemeine Wirtschaftsentwicklung stimuliert oder in die Stagnation gedrückt werden.]

Spontaneität — ist in der → Politischen Ökonomie der Selbstlauf der wirtschaftlichen und gesellschaftlichen Prozesse. Spontane Abläufe sind nicht geplant und nicht von vornherein koordiniert. Im Kap vollzieht sich vor allem die Wertbildung spontan „hinter dem Rücken" der Produzenten, da eine Koordination der Produktion von vornherein nicht existiert (→ Anarchie der Produktion) und erst über die Marktpreise nachträglich einzelne individuelle Produktionsanstrengungen als volkswirtschaftlich notwendig, andere als überflüssig erkannt werden. Im Kap erfolgt die Steuerung aller wirtschaftlichen Prozesse, insbesondere die Lenkung der Arbeitskräfte, der Rohstoffe, der Bodenverwendung und des Kapitaleinsatzes über die vom → Wertgesetz beherrschten Marktvorgänge. Wenn mit der Entwicklung zum Spätkap die Märkte eingeschränkt werden und der gesamte Reproduktionsprozeß der Wirtschaft durch wenige Monopole und schließlich durch eine → Finanzoligarchie beherrscht wird, wird doch die S des kap Reproduktionsprozesses nicht aufgehoben, sondern sie setzt sich auf höherer Ebene - in den Kämpfen der Monopolgruppen - fort. Die S erreicht in den meistens gleichgewichtslosen Kämpfen der einzelnen Kapitalgruppen des In- und Auslandes sogar ein neues Niveau, das durch Versuche von → Planungen in Teilbereichen nicht aufgehoben werden kann.

[Die fehlende Vorauskoordination der Marktprozesse hat nicht nur die in der marxistischen Kritik gerügten Mängel, sondern auch den Vorzug, daß sie ohne zentrale Zielsetzung und Steuerung funktioniert, die bei Fehleinschätzungen weit größere Verluste verursacht. In beschränktem Umfang sind auf Grund von Erfahrungen, Marktforschung und Prognosen sowie in bestimmten Marktformen durch gezielte Einflußnahme Marktprozesse auch kalkulierbar. Marktkoordination ist zwar teilweise mit einzelwirtschaftlichen Verlusten und mit Konjunkturschwankungen verknüpft, aber sie berücksichtigt den Einfluß aller Marktteilnehmer.]

Staat — ist „weiter nichts als die Form der Organisation, welche sich die Bourgeois sowohl nach außen als nach innen hin zur gegenseitigen Garantie ihres Eigentumes und ihrer Interessen notwendig geben" (MEW, Bd. 3, S. 62). Er ist damit das Machtinstrument der herrschenden Klasse. Diese Auffassung steht im strikten Gegensatz zu den Vorstellungen, die den S als eine gesellschaftliche Organisation unter anderen mit spezifischen Aufgaben oder als neutralen Schiedsrichter über den Klassen sehen. Der S entsteht mit dem Aufkommen des → Privateigentums und der Aneignung des → Mehrprodukts zur Sicherung der Position der herrschenden → Klasse, die als Minderheit in der Geschichte nach dem → Urkommunismus bis zum Soz auftritt. Der kap S verteidigt in all seinen Funktionen zunächst direkt die Interessen der Herrschenden - in der Gesetzgebung, durch die Recht zum Nutzen der Kapitalisten erlassen wird, in der Rechtsprechung, die Klassenjustiz übt, und in der Verwaltung, die sich an den Interessen der Bourgeoisie orientiert. Dabei wird vor allem das Ziel verfolgt, die Arbeiterklasse niederzuhalten, sie zum willfährigen Opfer der Ausbeutung zu machen, sie in dieser Lage unter sich wandelnden Umständen zu halten und die Entfaltung von Gegenmacht in Form des legalen oder illegalen Klassenkampfes zu unterdrücken (repressive Funktion des S'es). Von diesem Standpunkt aus sind auch der illegale Klassenkampf und die Gewaltanwendung eine Möglichkeit, die Aufhebung des ungleichen Klassenrechtes zu erreichen und der Gewalt des Klassenstaates, die durch Legalisierung in ein Herrschaftssystem verwandelt wurde, durch Gegengewalt zu begegnen. Mit Zunahme der inneren Widersprüche des Kap reicht die repressive Gewalt des S'es nicht mehr aus; er wird im Sinne der Systemerhaltung tätig. Um die Widersprüche zu überwinden, versucht der S, die Klassenkämpfe zu mäßigen und in rationale Formen im Sinne des Kapitals zu lenken. Er trifft Anstalten, die Unzuträglichkeiten des Kap (→ Krisen, → Arbeitslosigkeit, Auswüchse der Verteilungsungerechtigkeit u. a.) zu mildern; jedoch soll die Herrschaft des Kapitals nicht aufgehoben, sondern erhalten und gesichert werden. Auch Anpassungen der Gesellschaft an die Entwicklung der Produktivkräfte, Reformen, Verbesserungen und neue Ideologien tragen letztlich zur Erhaltung des Systems durch Systementwicklung, nicht zur Systemänderung (integrative Funktion des S) bei. Schließlich wird der S auch tätig, um Voraussetzungen des Wirtschaftens zu schaffen (Infrastruktur, Verkehr, Forschung) und die unerträglichen Folgen kap Wirtschaftens (z. B. Umweltverschmutzung) abzuwenden (technische Funktion des Staates). Im → staatsmonopolistischen Kap erweitern sich die Aufgaben noch: Der S wird aktiv, um innen- und außenpolitisch die Monopolpolitik zu sichern und nach Möglichkeit das Einzugsgebiet der Monopole zu erweitern. Der S fördert durch Kredit- und Steuerpolitik die Aktionen der Industrie, er verteilt Subsidien und betreibt verschleierte Einkommensumverteilung durch Inflation zugunsten der Besitzer von Realvermögen. Sozialpolitik ist letztlich nur eine Illusion (→ Sozialstaatsillusion).

Die Rolle des kap Klassenstaates schließt nicht aus, daß er im Soz bei Auswechselung von Zielen und Trägern erhalten bleibt. Der kap S wird in einigen neomarxistischen Richtungen als Instrument der Durchsetzung revolutionärer Ziele angesehen, wenn er durch Unterwanderung („Marsch durch die Institutionen", R. Dutschke) oder durch demokratische Mehrheiten (→ Eurokommunismus) in die Hand sozialistischer Kräfte kommt.

[Die Theorie vom S als Klassenstaat widerspricht den Grundsätzen des Parlamentarismus, die im politischen Alltag zwar praktiziert, die aber auch von Nicht-Marxisten kritisch diskutiert werden. Außerhalb des parlamentarischen Mechanismus und durch informelle Einflüsse des Kapitals (Lobby, Wahlgelder, Bestechung, Personalunion usw.) zeigt sich eine Wirklichkeit, die den marxistischen Vorstellungen vom korrumpierten S entspricht. Ähnliche Einwirkungen anderer Gruppen (Kirchen, Gewerkschaften, Kammern) gehören jedoch neben dem demokratischen Eigengewicht des S'es und seiner Bürokratie auch ins Bild. Es zeigt sich, daß die Vorstellung des über der Gesellschaft stehenden, für gerechten Ausgleich sorgenden Staates („Vater Staat") z. T. eine Illusion ist, daß

der Staat, d. h. die verschiedenen staatlichen Bereiche, dagegen eher als wichtige Organisationen mit besonderen Gemeinschaftsaufgaben verstanden werden müssen, die im Kräftefeld einer Reihe anderer Gruppen und Organisationen stehen.]

Staatskapitalismus — entsteht 1) innerhalb eines kap Systems durch → Verstaatlichung privater Unternehmungen und durch Gründung staatlicher Betriebe. Die Gründe dafür sind unterschiedlich: notleidende Privatbetriebe, Rüstungsvorhaben, Infrastrukturaufgaben und Profitsicherung der Monopole. Ergänzt wird der S durch traditionelle Staatsbetriebe vor allem im Bank-, Transport- und Energiebereich. Häufig findet nach Erreichung der Rentabilität der Staatsbetriebe eine Privatisierung statt. S schafft nicht das kap Wirtschaftssystem (z. B. Privateigentum und Märkte) ab, sondern setzt es voraus. Der S stellt eine Entwicklungsstufe zur Verschmelzung von → Staat und → Monopolen zum → staatsmonopolistischen Kap dar. 2) Als S wird in der → Übergangsperiode vom Kap zum Soz, also nach der → Revolution, auch staatliches Eigentum an Wirtschaftsvermögen bezeichnet. Es dient zur Entwicklung des Landes (z. B. auch durch Lizenzvergabe an ausländische Firmen) und wird zum Kampf gegen privatkap Unternehmungen eingesetzt. S ist ein Mittel der → Diktatur des Proletariats zum Aufbau des Soz.

[Daß S – begründet auf staatlichem Eigentum in der Wirtschaft – sowohl auf kap als auch auf sozialistische Weise bestehen kann, zeigt, welche Bedeutung staatliches Eigentum in der Wirtschaft hat. Überschreitet es eine bestimmte Grenze, ist eine starke Tendenz zu zentraler staatlicher Planung und damit zur Veränderung des Wirtschaftssystems gegeben.]

Staatsmonopolistischer Kapitalismus (im Westen neuerdings abgekürzt **Stamokap**) – ist das Spätstadium des Kap, zu dessen Erklärung vorwiegend die inneren Verhältnisse der kap Staaten dienen, ähnlich wie der → Imperialismus vorwiegend die weltpolitischen Beziehungen der kap Länder kennzeichnet. Die Lehre des s K behauptet die gesetzmäßige Entwicklung des Zusammenwachsens von → Monopolen und → Staat im Kap. Die ungelösten Probleme und Widersprüche (→ Krisen, → Klassenkämpfe, → Kapitalverwertung) lassen die Verschmelzung der Monopolmächte mit der Staatsgewalt als den objektiv einzig möglichen Ausweg erscheinen. Gleichzeitig findet eine gewisse Teilung der Kapitalisten statt: Das Monopolkapital kann die Vorteile der Verschmelzung mit dem Staat voll nützen, davon ausgeschlossen sind aber die nichtmonopolisierten Kapitalisten. Dabei ist unter Marxisten strittig, wie weit die Verschmelzung geht, wie weit Staat und Monopole als selbständige Einheiten erhalten bleiben und ob das Übergewicht beim Staat oder den Monopolen liegt. Je nach Blickrichtung kommt man in der revolutionären Strategie zu unterschiedlichen Ergebnissen (z. B. in der Bündnispolitik) und formuliert unterschiedliche Ziele (z. B. die Verstaatlichung der Monopole oder ihre innere revolutionäre Umgestaltung). In jedem Falle ist der s K das kap Entwicklungsstadium, von dem aus durch Revolution ein Hinüberwachsen in den Soz vonstatten geht.

Die Verschmelzung von Staat und Monopolen ist mit einer Ausdehnung der ökonomischen Tätigkeit des Staates in Form von Wirtschaftspolitik, Planung und direkter wirtschaftlicher Betätigung verknüpft. Der Staat wird in die Monopolkonkurrenz einbezogen, und Außenpolitik wird zum Instrument der Kapitalinteressen. Auch → Rüstung und → Kriege dienen der Profiterzielung und der Verbesserung der Position der Monopole. Ein wichtiges Instrument des Staates in dieser Phase sind die öffentlichen Haushalte, auf deren Ein- und Ausgabenseite, indirekt über Steuergesetze, direkt über Subsidien und Ausgabenpolitik die verquickten Interessen von Kapital und Staat verfolgt werden können. Widersprüche sind dabei keineswegs ausgeschlossen, da es nicht zu einer völligen Verschmelzung kommen kann. Wie das Kapital auf die Politik und die innere Struktur des Staates Einfluß gewinnt, so wird auch der Staat zur Ordnung der Monopolmächte in ihrem eigenen langfristigen Interesse tätig, was im Einzelfall sowohl in der Förderung der Monopoltendenzen wie in ihrer Behinderung liegen kann (Kartellgesetze).

Geschichtlich gesehen hat sich der s K aus dem Monopolkap entwickelt; er konnte sich vor allem in Zeiten der Kriege und der Wirtschaftskrisen entfalten, in denen die Interessen von Staat und Kapital aufeinander zuliefen. Eine enge Verbindung besteht auch zum Faschismus: Sie äußert sich sowohl in der Unterdrückung aller Gegenkräfte wie in der allgemeinen Militarisierung. Mit der Entwicklung des Kap zu übernationalen Wirtschaftsvereinigungen (z. B. EWG) beginnt der s K über seine nationalen Grenzen hinauszuwachsen und erreicht in der Wirtschaftsbürokratie der übernationalen Organisationen eine neue Form.

Die Theorie des s K ist in der UdSSR und DDR entstanden und hat unterschiedliche Ausformungen und Kritik von marxistischer Seite aus erfahren (→ LV). *[Entscheidend ist die Frage, ob die Verschmelzung zwischen Monopolen und Staat, wofür es Beispiele gibt, nicht begrenzter ist, als selbst von denen angenommen wird, die Interessenunterschiede feststellen. Schranken zeigen sich vor allem in den spezifischen gesellschaftlichen Strukturen und Zielen des Staates und der Wirtschaft. Sie sind teils widersprüch-*

lich und werden durch die Existenz anderer gesellschaftlich wichtiger Gruppen begrenzt. Ob das, was von der Verquickung wirklich existiert, schlechthin für das Spätstadium des Kap charakteristisch ist und zu seiner Erklärung ausreicht, muß angesichts auch anderer Tendenzen (z. B. Verhältnis Staat und Gewerkschaften und Sozialdemokratie) in Frage gestellt werden. Die Theorie des s K neigt in gewissem Maße dazu, in eine Eliten- oder Verschwörertheorie einzumünden. Die Beteiligung breiterer → Mittelschichten an den Entscheidungsprozessen der Wirtschaft und des Staates steht dem entgegen.]

Stamokap → staatsmonopolistischer Kap

Streik → Klassenkampf

Surplusprofit → Extramehrwert

Systemüberwindung — ist im Gegensatz zur politischen → Revolution eine gesellschaftspolitische Strategie der Aufhebung des Kap, die auf eine groß angelegte, revolutionäre Aktion, die die Gewaltanwendung planmäßig einbezieht (→ Revolution), verzichtet, statt dessen durch Reformen über einen längeren Zeitraum das gleiche Ziel, den Aufbau des Sozialismus-Kommunismus oder doch wenigstens ein besseres Wirtschafts- und Gesellschaftssystem als den Kap, erreichen will. Die Reformen bezwecken - soweit sie mit marxistischer Theorie begründet werden - nicht die Verbesserung des bestehenden Systems unter Beibehaltung seiner bewährten Systemelemente, sie sind auch nicht nach vorne offen oder gar nur Ausdruck eines untheoretischen Pragmatismus, sondern sie sind am sozialistischen Gesellschaftsmodell (→ Soz) orientiert. Der Begriff der Revolution gewinnt dabei mehr die Bedeutung einer längerfristigen sozialen Umgestaltungsbewegung, die im Rahmen der bestehenden Rechts-, Wirtschafts- und Gesellschaftsordnung durch Einzelveränderungen ihre Überwindung anstrebt. *[Jede S, die eine bestimmte Wirtschafts- und Gesellschaftsutopie zu verwirklichen strebt, muß sich mit den historischen Erfahrungen, welche die Menschheit mit diesem Modell gemacht hat, mit den Leistungen, die von den Menschen auf dem Wege dorthin erbracht werden müssen und nicht zuletzt mit der kritischen Analyse des Modells, der auch andere gesellschaftliche Wertvorstellungen zugrunde gelegt werden können, konfrontieren lassen.]*

Tauschwert — ist das Verhältnis, zu dem sich eine → Ware gegen andere Waren tauscht. Es bemißt sich, wie die → Arbeitswertlehre nachweist, nach der Wertgröße. In der naturalen Tauschwirtschaft drücken die gegen 20 Ellen Leinwand getauschten Mengen verschiedener anderer Waren (z. B. 1 Rock, 10 Pfd. Tee, 40 Pfd. Kaffee, 2

Unzen Gold usw.) den T der erstgenannten Ware aus. Hat sich aus der Naturaltauschwirtschaft eine Geldwirtschaft entwickelt, ist der → Preis der Ware ihr in Geld ausgedrückter T. Der Preis ist die höchstentwickelte Tauschwertform (→ Wertform).
Der T und damit auch der Preis sind ökonomische Kategorien, die an eine Tauschwirtschaft geknüpft sind; sie sind deshalb keine logischen Kategorien der Ökonomie, sondern historische. Mit dieser Feststellung hat Marx die Vorstellungen der klassischen Nationalökonomie zurückgewiesen, welche in der auf dem Prinzip des Tauschens beruhenden Marktwirtschaft eine quasi naturgesetzliche Einrichtung der → Gesellschaft gesehen hatte. Im T und seinen verschiedenen historischen Erscheinungsformen wird der → Wert der Waren und das in ihm verkörperte gesellschaftliche Verhältnis sichtbar. Die Frage nach dem Zustandekommen und nach der Größe des T's ist ein Schlüsselproblem der Politischen Ökonomie des Kap, während der → Gebrauchswert nur die notwendige Voraussetzung dafür darstellt und in der Warenkunde behandelt wird (→ Doppelcharakter). *[Zwar ist der Tauschwert (in Form des Preises) in einer Marktwirtschaft die zentrale ökonomische Kategorie, aber moderne Marktwirtschaften werden auch durch staatliche Wirtschaftspolitik, zu deren Instrumenten die Transferzahlungen (Zahlungen ohne Gegenleistungen) gehören, gesteuert.]*

Technischer Fortschritt — ist in der Wirtschaft die Verbesserung der Produktionsmittel, welche die Arbeitsproduktivität erhöht, und der Konsumgüter, welche die Bedürfnisbefriedigung steigert. Durch t F sinken entweder die Kosten (z. B. Verringerung der Arbeitszeit) oder das Sozialprodukt wird erhöht, dadurch wird quantitativ und qualitativ die Lage der Menschen verbessert. - Im Kap wird durch das Profitinteresse der Kapitalisten der t F in besonderer Weise vorangetrieben: Durch verbesserte Produktionstechniken und immer neue Produkte suchen die Kapitalisten die Arbeitsproduktivität zu steigern, um dadurch den Mehrwert und die → Mehrwertrate zu erhöhen. Derjenige Kapitalist, der zuerst auf diese Weise den Mehrwert erhöht, erzielt → Extramehrwert, aber die kap Konkurrenz sorgt für schnellstmögliche Verallgemeinerung des t F (soweit nicht Patente, die zu Monopolen führen, im Wege stehen). Die Arbeiter, welche mit der verbesserten Technik den Mehrwert produzieren, sind von der Verteilung des Mehrwerts weitgehend ausgeschlossen, weil im Regelfall eine Verbilligung der Produkte die Reproduktionskosten der Arbeit und dadurch den Lohn verringert. Nur soweit das kulturell bedingte → Existenzminimum steigt, und durch kurzfristige Lohnsteigerung ist der Arbeiter daran beteiligt. Soweit t F mit Rationalisierung der Produktion verbunden ist, führt er zu Entlassungen und Arbeitslosigkeit, die infolge der Konkurrenz der Arbeiter gerade die Bedingung für niedrige Löhne sind. Gleichzeitig ist das durch t F vergrößerte (und verbesserte) Warenangebot die Ursache dafür, daß beim Zurückbleiben der Massenkaufkraft Absatzkrisen entstehen, die sich zu allgemeinen Konjunktur- → Krisen entwickeln können. Wenn infolge der ständigen Kapitalakkumulation die Profitrate sinkt, weil das eingesetzte Kapital im Verhältnis zum Mehrwert steigt, wird nur durch neuen t F und die damit verbundene Steigerung der Mehrwertrate die Akkumulation fortgesetzt. Langfristig wird aber, wie es das → Gesetz vom tendenziellen Fall der Profitrate formuliert, das Sinken der Profitrate nicht aufgehalten werden können.

[Unstrittig ist, daß das kap System den t F und seine Umsetzung in die Wirtschaft in historisch einmaliger Weise gefördert hat. Darin und in der damit verbundenen Beseitigung des Massenelendes in den industrialisierten Ländern liegt eine der Leistungen des marktwirtschaftlichen Systems. Mit der Aussage, daß der t F im wesentlichen nur dem Konsum der Kapitalisten und der Kapitalakkumulation zugute komme, sind Marxisten um so mehr in Bedrängnis geraten, je höher der allgemeine Lebensstandard der Arbeiter gestiegen ist. Aber das Marxsche System und die Probleme der Wirklichkeit gestatten eine Uminterpretation (→ Verelendung). Ein Zusammenhang zwischen t F in Form von Rationalisierung von Produktionsprozessen und Arbeitslosigkeit besteht nur insoweit, als nicht der t F und seine industrielle Verwertung sowie die eingesparte Kaufkraft an anderer Stelle → Nachfrage und damit neue Arbeitsplätze schaffen können. Die Voraussetzungen dafür sind in einer wachsenden Wirtschaft am günstigsten. Der rationale Kern eines Zusammenhanges zwischen dem t F und Wirtschaftskrisen liegt nicht so sehr in der fehlenden Massenkaufkraft – sie kann heute wirtschaftspolitisch beeinflußt werden –, sondern in einem Nachlassen des t F und damit einer wichtigen Ursache für Investitionen.]

Transformation — ist Umformung. Der Terminus wird für verschiedene Prozesse dieser Art verwendet: 1) Transformation der → Wertgröße in den → Produktionspreis unter der Voraussetzung einer unterschiedlichen → organischen Zusammensetzung des Kapitals in verschiedenen Wirtschaftszweigen. Dieses T-Problem ist von Marx unter vereinfachten Bedingungen gelöst worden und ist bis heute noch nicht endgültig geklärt. Es geht dabei letztlich um die Frage, ob und wie man aus den abstrakten Wertgrößen Preise ableiten kann, die (im Verfahren der absteigenden Ab-

straktion) näher an den Marktpreisen liegen als die Wertgröße. *[Nur insoweit die Lösung dieses Problems gelingt, kann der Wertlehre preistheoretische Bedeutung zukommen, die ohnehin auch von Marxisten in Frage gestellt wird (z. B. von W. Hoffmann, in: „Kritik der politischen Ökonomie heute", → LV.)]*
2) Transformation kann auch die Umformung einer Gesellschaft vom Kap zum Soz bedeuten (→ Übergangsperiode). 3) Als Transformationstheorien gelten auch die nichtmarxistischen Theorien, welche eine Überwindung des Kap aus eigener Kraft annehmen, die durch technischen Fortschritt und andere spontane Prozesse einerseits und durch wirtschafts- sowie gesellschaftspolitische Einwirkung des Staates und einzelner Gruppen andererseits zustande kommt. Hierzu werden die Konzeptionen des Volkskap, der Wohlstands- und Konsumgesellschaft, der Nivellierung der Klassenunterschiede u. a. gezählt.

Trinitarische Formel — ist der ironische Ausdruck von Marx für die sogenannte bürgerliche Lehre von den drei Produktionsfaktoren Arbeit, Boden und Kapital. Mit der Verwendung religiöser Begriffe (Dreieinigkeit) für realwirtschaftliche Sachverhalte soll der pseudowissenschaftliche Charakter der Lehre von den drei Produktionsfaktoren verdeutlicht werden, die jene drei Faktoren als gleichberechtigte Inputs bei der Produktion behandelt und ihnen beispielsweise in der Grenzproduktivitätslehre eigene Erträge und Einkommen zurechnet, die nach der → Arbeitswertlehre allein auf die Arbeit zurückgehen.
[Die Begründung der Lehre der Produktionsfaktoren ist in der Entscheidung über effizienten Mitteleinsatz und in der betrieblichen Kostenrechnung gegeben.]

Überakkumulation → Akkumulation

Den **Überbau** - bilden einerseits die politischen und juristischen Ideen einer Zeit sowie die ihnen entsprechenden gesellschaftlichen Einrichtungen und andererseits die weltanschaulichen, moralischen, ästhetischen, philosophischen, künstlerischen, religiösen Vorstellungen und deren Institutionen. Der Ü wird direkt und indirekt durch die ökonomische → Basis, die → Produktionsweise, bestimmt und wirkt seinerseits auf sie zurück. Der Ü wirkt auf die Gesellschaft ein und ist häufig für die Form der geschichtlichen Kämpfe maßgebend, die oft als geistige Auseinandersetzungen auftreten, während sie im Grunde - indirekt und vermittelt - die ökonomischen Klassengegensätze ausdrücken. Der Ü ist auch für die Entwicklung der Produktivkräfte (aktive Rolle des Ü's) verantwortlich. Man kann das Verhältnis von Basis und Ü nicht kompliziert genug sehen, will man die materialistische Geschichtsauffassung (→ Materi-

alismus) nicht zu sehr simplifizieren. Die Widersprüche, die in der ökonomischen Basis auftreten (z. B. gleichzeitige Existenz von privaten, kap, bäuerlichen, kleinbürgerlichen, staatlichen, feudalen und anderen konkreten Eigentumsformen und den damit verbundenen Interessen), wirken auf den Ü in Gestalt starker Differenzierung. Auch die Existenz der Arbeiterklasse und der Intelligenz mit ihren spezifischen Interessen spiegelt sich im Ü des Kap wider und verstärkt sich mit den zunehmenden Widersprüchen dieser Gesellschaft.
[Der entscheidende Unterschied zu einem nichtmaterialistischen Geschichtsverständnis liegt darin, daß in der ökonomischen Basis jenseits aller anderen geschichtsbedingten Faktoren ein letztlicher Erklärungsgrund gefunden wird, während ein pluralistischer Standpunkt angesichts der Vielfalt möglicher Erklärungsursachen eine solche generelle Hervorhebung nicht vollziehen kann.]

Übergangsperiode (auch Transformationsperiode genannt) - ist die Zeit zwischen Kap und → Kommunismus. Da der → Soz als die erste Phase des Kommunismus verstanden wird, wird er manchmal in die Ü einbezogen, je nachdem, ob ihm größeres oder geringeres Eigengewicht und Dauer zuerkannt wird. Manchmal wird als Ü auch nur die Zeit zwischen Kap und dem vollendeten Aufbau des Soz bezeichnet. Die Probleme der Ü sind dadurch gekennzeichnet, daß allein mit der → Revolution als der politischen Aktion, durch die das Proletariat die Gewalt im → Staat erringt, und durch Abschaffung des → Privateigentums an Produktionsmitteln in gesellschaftlicher Hinsicht die neue Gesellschaft, die neuen → Produktionsverhältnisse, noch nicht geschaffen sind. In der Ü, in der die → Diktatur des Proletariats wirksam ist, geht es darum, die Gesellschaft und ihre Bewußtseinsinhalte nach den Grundsätzen des Soz und Kommunismus umzugestalten.
[Die Vorstellung einer Ü hat nur einen Sinn, wenn man vorher und danach relativ stabile und dauerhafte Zustände annimmt, sie verliert ihre Bedeutung, wenn man die Geschichte als permanenten Wandel - von vielleicht schwankender Intensität - betrachtet.]

Überproduktion — infolge der ständigen Kapitalakkumulation wird die → Produktion stärker ausgedehnt, als kaufkräftige → Nachfrage bei der Masse der Bevölkerung vorhanden ist. Es entstehen unabsetzbare Bestände, welche zu Einnahmeausfall und Gewinnrückgang, sodann zu Produktions- und Investitionseinschränkungen führen. In der Ü liegt eine Ursache für allgemeine → Krisen der kap Wirtschaft, die sogenannten **Überproduktionskrisen**. Ü besteht jedoch nur im Verhältnis zur tatsächlichen Marktnachfrage, nicht im Verhältnis zu den Bedürfnissen der arbeitenden Menschen, die in Wirklichkeit unbefriedigt sind. Die Ausbeutung verhindert ein angemessenes Wachstum der Massenkaufkraft, so daß die Ursache der Krise auch in der **Unterkonsumtion** der Arbeiter gefunden werden kann. In der Ü- bzw. Unterkonsumtionskrise müssen die Arbeitslosen auf die wichtigsten Güter verzichten, weil sie zuviel davon hergestellt haben und nicht ein ausreichendes Einkommen erhalten, um sie kaufen zu können. Darin liegt einer der Widersprüche der kap Produktionsweise. Wenn im Spätkap durch seine staatliche Wirtschaftspolitik die Massenkaufkraft erhöht wird, so wird durch Inflation und Bedarfsmanipulation nach dem Profitinteresse doch nur die Erscheinungsform, nicht das Wesen kap Ü verändert. Eine vom Profitinteresse gesteuerte Wirtschaft vermag nicht die wirklichen Bedürfnisse der Menschen zu befriedigen. *[Ü-Krisen dieser Art hat es gegeben, sie sind jedoch kein Dauerzustand, wenn sie auch vielleicht eine ständige Gefahr darstellen. Gegen sie wurden aber wirtschaftspolitische Instrumente entwickelt (→ Krise). Außerdem wird die Ü als eine der Bedingungen angesehen, unter denen sich ein allgemein hohes und vielfältiges Versorgungsniveau realisiert.]*

Unterkonsumtion → Überproduktion

Unternehmerlohn — ist der Teil des Gesamtprofits (→ Gewinns) eines kap Unternehmens, der nach Abzug des Durchschnittsprofits und der an andere Kapitalisten fließenden Mehrwertteile (→ Zinsen, Mieten usw.) als Extraprofit verbleibt. Der U ist nicht identisch mit den Gehältern der Manager, obwohl ein Teil dieser Gehälter aus dem U fließt. Der U ist ein Teil des vom Arbeiter geschaffenen → Mehrwerts; er ist nur insofern dem Kapitalisten zuzuschreiben, als er durch geeignete Kapitalverfügung es verstanden hat, → Extramehrwert durch seine Arbeiter schaffen zu lassen oder ihn anderen Kapitalisten durch gute Geschäfte wegzunehmen. Gegenüber dem normalen verleihenden Kapitalisten, der in Form des Zinses nur Profit nach der Lage des Marktes für Leihkapital erhält, vermag der fungierende → Kapitalist noch Extraprofite aus der Verfügung über Kapital in der Produktion oder in anderen Bereichen an sich zu ziehen. Die in der bürgerlichen Ökonomie vollzogene Gleichsetzung dieses Extraprofits als Lohn für dispositive Arbeit, wie es der Begriff des U's andeutet, verschleiert die → Ausbeutungsverhältnisse. Als Beweis wird angeführt, daß durch Übernahme von Leitungsbefugnissen durch die Manager die Profitrate des der Leitungsbefugnis verlustig gegangenen Aktienkapitals nicht gesunken ist.
[Die Einordnung des U's als Ausbeutereinkommen folgt konsequent aus der → Arbeitswertlehre;

daß dem U aber keine eigene Leistung zugrunde liegt, widerspricht den Annahmen; denn wenn U Extraprofit darstellt, liegt wenigstens eine überdurchschnittliche Tätigkeit des fungierenden Kapitalisten gegenüber anderen fungierenden Kapitalisten vor, die diesen Erfolg nicht hatten.]

Urkommunismus (Urgemeinschaft) — ist die erste → ökonomische Gesellschaftsformation, die, wie der → Kommunismus als letzte, eine klassenlose Gesellschaft bildete. Da die Gemeinschaft das Eigentum an den meist naturgegebenen Arbeitsgegenständen und den primitiven Arbeitsmitteln besaß und diese noch gemeinschaftlich erarbeitet wurden, gehörten auch die Produkte der Gemeinschaft als Gesamtheit. Bei niedrigem Stand der → Produktivkräfte konnte noch kein → Mehrprodukt erzeugt werden, so daß es keine → Ausbeutung und entsprechend keine → Klassen gab. Der einzelne konnte angesichts der Naturgewalten nicht isoliert leben, er konnte auch nicht Herr oder Knecht sein, weil kein zur Aneignung verfügbares Mehrprodukt existierte. Jeder war in gleicher Weise auf die gemeinschaftliche Arbeit aller Stammesangehörigen angewiesen. Es gab daher auch keinen politischen Zwangsapparat in Form des → Staates. Aus allen diesen Gründen waren die Menschen gesellschaftlich weitgehend gleich. Gleichwohl glich das Leben im U nicht dem Paradies, sondern der Kampf mit der Natur und mit anderen Stämmen um den Lebensunterhalt war unerbittlich. Die Menschen schufen sich einen ihrer Lebenssituation entsprechenden geistigen, religiösen → Überbau, der ihr Ausgeliefertsein der Natur gegenüber ausdrückte und gewisse Lebensnotwendigkeiten (z. B. Töten von Gefangenen, um zusätzliche Esser loszuwerden) religiös motivierte. Mit der → Arbeitsteilung wuchs die → Arbeitsproduktivität; aus ihr wiederum ergab sich ein → Mehrprodukt, das privat angeeignet werden konnte. So entwickelte sich das → Privateigentum, das den Zerfall der Stammesverfassungen und den Übergang zur → Sklavenhalterordnung einleitete.

Da die Zeit des U die gesamte Menschheitsgeschichte vor der Sklavenhaltergesellschaft umfaßte, mußte sie entsprechend den Ergebnissen der Ethnologie eine weitere Unterteilung erfahren (Etappe der Wildheit, Etappe der Barbarei usw.). *[Gleichwohl müssen die oben aufgeführten Merkmale und Zusammenhänge fragwürdig erscheinen, da sie als gemeinsames Kennzeichen für die längste Epoche der Geschichte der Menschheit in ihren unterschiedlichsten kulturellen, sozialen und zivilisatorischen Kreisen und Phasen gültig sein sollen. Aus dem Nichtvorhandensein von Macht, die durch Eigentum begründet ist, darf nicht auf Herrschaftslosigkeit geschlossen wer-*

den, da auch die Organisation an sich (z. B. bei der Jagd) gesellschaftliche Machtpositionen (z. B. dem Organisator der Jagd) schafft. Daß in dieser Zeit ein Mehrprodukt nicht entstanden sein soll, kann durch Hinweise auf z. T. beachtliche künstlerische Tätigkeiten in Frage gestellt werden.]

Verbrauch → Konsumenten

Verelendung — drückt die soziale Entwicklung des → Proletariats im Kap aus. Ökonomisch betrachtet ist dies eine Frage der Lohn- und Lebensstandardentwicklung. Vom Worte her bringt V einen Prozeß zum Ausdruck, der in einer ständigen Verschlechterung der Lebenslage der Arbeiter besteht. Dieser Vorgang wird als **absolute Verelendung** bezeichnet. Mag im → Früh- und → Konkurrenzkap (im Gegensatz zu einem verhältnismäßig blühenden Handwerker- und Bauernstand zuvor) eine solche tatsächliche Verschlechterung der Lebensbedingungen eingetreten sein, so hat im Kap der industriell entwickelten Länder Europas und Nordamerikas eine solche Entwicklung nicht stattgefunden. Der Lebensstandard ist infolge wachsender Reallöhne gestiegen. Nach der Marxschen Darstellung, in der die Lehre von der absoluten V enthalten ist, finden sich jedoch auch Tendenzen und Zusammenhänge, die, ohne widersprüchlich zu sein, eine entgegengesetzte Entwicklung wenigstens teilweise erklären können: 1) Die V findet im → Existenzminimum der Arbeiterklasse ein Ende (es kann nur kurzfristig unterschritten werden), da nur so die Reproduktion der Arbeiterklasse gewährleistet ist. Existenzminimum darf nicht physisch, sondern muß kulturell und historisch verstanden werden, d. h., es ist nicht auf absolut minimale Lebensbedingungen, sondern auf minimale Lebensbedingungen einer konkreten historischen Epoche mit einem bestimmten Lebenshaltungsniveau bezogen. 2) Die Reproduktionskosten der Arbeiter können im Sinne der erweiterten → Reproduktion steigen, wenn die → Arbeit komplizierter, die Ausbildung und die notwendigen Erholungszeiten länger werden. 3) Die Löhne können sich bei Arbeitskräfteknappheit und im → Konjunkturaufschwung verbessern. 4) Die Frage der V müßte im Maßstab der gesamten kap Welt, also im Weltmaßstab, und nicht isoliert für einige hochentwickelte Industriestaaten behandelt und der Lebensstandard der Arbeiter in Entwicklungsländern einbezogen werden.

V wird im Anschluß an andere Marx-Zitate auch im Sinne einer **relativen Verelendung** interpretiert. Der am weitesten verbreitete Begriffsgehalt der relativen V ist, daß der Anteil, den das → Proletariat vom Volkseinkommen erhält, zurückgeht. Wenn das Volkseinkommen wächst, können selbst bei zahlenmäßig zunehmendem Proletariat der Lohn und der Lebensstandard steigen. Relative V hat nichts mit Elend zu tun, sondern ist eine statistische Verhältniszahl, welche die relative Veränderung der Anteile der beiden Klassen am Volkseinkommen darstellt. Ob in diesem Sinne eine V stattgefunden hat, ist mangels hinreichender Begriffsabgrenzungen und Statistiken strittig. Die Lohnquote (d. h. das Verhältnis von Löhnen und Gehältern zum Volkseinkommen), die für die Bundesrepublik Deutschland in den letzten zwanzig Jahren gestiegen ist, ist allein kein hinreichender Beweis dafür, daß eine relative V nicht eingetreten ist. Weitere Begriffsgehalte der relativen V sind das Verhältnis von Löhnen und Gehältern zum Gesamtprodukt (Gewinne, Löhne und Gehälter, Abschreibungen und Vorleistungen) und das Verhältnis von Löhnen und Gehältern zum gesamten Mehrwerteinkommen einer Gesellschaft.

V rein ökonomisch zu interpretieren ist unzureichend. Die Verkürzung der menschlichen Beziehungen in der kap → Warenproduktion, die nach Sachwerten bemessen wird, führt zu sozialen und geistigen Verelendungserscheinungen (→ Fetischismus). Dazu zählen viele Erscheinungen der sogenannten Wohlstandsgesellschaft, in der Profitstreben und materieller Genuß die Verwirklichung humaner Ziele verhindern. Der letztlich am Gewinn orientierte kap Marktmechanismus ist die Ursache für die → Entfremdung, für Erscheinungen wie Entnervung menschlicher Arbeit durch Eintönigkeit, Ersatz von eigener Betätigung durch manipulierte Passivität, Bildungsnotstand, Vereinzelung, Wohlstandskriminalität und andere soziale Fehlentwicklungen. *[Nicht diese Erscheinungen an sich sind in Frage zu stellen, sondern eine Erklärung allein aus dem kap System. Technische Zwänge, soziale und politische Fehlentscheidungen von Menschen und Gruppen, soziales Kräfteungleichgewicht u. ä. können Ursachen solcher Entwicklungen sein. Während Marxisten meist dafür das System schlechthin verantwortlich machen und es deshalb abschaffen wollen, enthält der sehr viel engere Erklärungszusammenhang der nichtmarxistischen Lehren - so unterschiedlich er im einzelnen sein mag - die Möglichkeit, systemimmanent und systementwickelnd jene Fehlentwicklungen im einzelnen zu korrigieren und zu kompensieren.]*

Vergesellschaftung — hat eine doppelte Bedeutung: 1) Mit V wird der Prozeß der zunehmenden wechselseitigen Abhängigkeit der Wirtschaftenden, insbesondere der Produzenten bezeichnet, der aus der fortschreitenden → Arbeitsteilung folgt. In der geschlossenen Hauswirtschaft gab es nach außen überhaupt keine wirtschaftlichen Beziehungen, im Innern bestand zwischen wenigen Personen eines Familienverbandes eine einfache Arbeitsteilung, welche die Familie zur Urform der

V machte. Mit Entstehen des Warenaustausches trat die Familie in wirtschaftliche Beziehung zu anderen Hauswirtschaften; daraus ergaben sich erste Formen einer V, die über die Hauswirtschaft hinausreichten und in ihr die Ziele und Formen der → Arbeit veränderten. Die Güter des Bedarfs wurden nicht mehr alle selbst hergestellt, sondern eingetauscht für die Waren, auf deren Fertigung man sich spezialisiert hatte. So wird die Ausdehnung der Arbeitsteilung von einer zunehmenden sozialen Verflechtung und Abhängigkeit begleitet.
Im Kap hat die V schon ein bestimmtes hohes Ausmaß erreicht. Außer in der Landwirtschaft und im Kleinhandwerk gibt es keine produzierenden Hauswirtschaften mehr. Jeder Haushalt ist auf Einkommen und Güterkäufe von außen angewiesen, jedes Unternehmen steht über Lieferanten- und Absatzbeziehung, über Kredit- und Arbeitsvertragsbeziehungen inmitten eines gesellschaftlichen Geflechts, dessen Verknüpfungspunkte die Märkte sind. Diese Beziehungen bestehen nicht in direkter Kommunikation zwischen den Menschen, sondern sind → Ware-Geld-Beziehungen; sie sind nur mittelbar gesellschaftlich, nämlich vermittelt durch die Waren (→ Fetischismus). Nur innerhalb der Betriebe ist die Zusammenarbeit der Menschen unmittelbar gesellschaftlich. Mit der → Konzentration und → Zentralisation nimmt die unmittelbare Form der Vergesellschaftung ständig zu, weil die Unternehmungen immer größer werden und die überbetriebliche Steuerung durch den → Staat und andere Organisationen bis hin zur volkswirtschaftlichen → Planung sich ausdehnt. Im → Spätkap hat die V ein so hohes Maß erreicht, daß das privatkap Eigentum nur noch eine äußere Form darstellt, hinter der die sozialistischen Produktionsverhältnisse schon herangewachsen sind.
[In der Vorstellung von Vergesellschaftung werden die Aufnahme des einzelnen in eine Gesamtheit und die wechselseitige Verflechtung der einzelnen hervorgehoben. Tatsächlich kommt es auf die innere Organisation an, welche die Rechte der einzelnen, die Herrschaftsstruktur, die Möglichkeit von Positionswechsel des einzelnen u. a. betrifft. So ist V nicht notwendig eine Entwicklung zum Soz, sondern kann ebenso zu industriegesellschaftlichen, pluralistischen Strukturen führen.]
2) V ist der Vorgang der Überführung des Privateigentums an Produktionsmitteln in sein Gegenteil: in gesellschaftliches Eigentum, in Form des gesamtgesellschaftlichen oder des Gruppeneigentums. Eine solche Änderung der Eigentumsverhältnisse kann auch im Kap meist in Teilbereichen in Form der → Verstaatlichung oder der Überführung in andere Formen des → Gemeineigentums stattfinden. Wenn jedoch eine materielle Entschädigung gewährt

werden muß, kann eine grundlegende Änderung der Vermögensverhältnisse kaum zustande kommen. Durch die erwähnten Vorgänge der Kapitalkonzentration wandeln sich auch innerhalb der kap Eigentumsordnung die Formen des Privateigentums (Einzeleigentum zur Aktiengesellschaft usw.), so daß eine gewisse Anpassung an den höheren Grad von V einsetzt.
Bleibt im Kap trotz gewisser Eigentumsveränderungen die private Eigentumsordnung bestehen, so wird sie in der → Revolution aufgehoben. V bedeutet hier prinzipiell Abschaffung des Privateigentums an Produktionsmitteln und Schaffung eines gesellschaftlichen Eigentums – ein Wandlungsprozeß, der sich über Jahre hinziehen kann. Nach den Vorstellungen von Marx sollte die Gesellschaft unmittelbar Träger des Eigentums sein; wie dieses gesellschaftliche Eigentum konkret ausgestattet sein soll, ist jedoch nicht gezeigt. Angedeutet wird nur die Räte- und unmittelbare Demokratie (MEW, Bd. 17, S. 342). Im sowjetischen Soz repräsentiert sich die V in zwei Hauptformen: im Staatseigentum, auch Volkseigentum genannt (z. B. VEB in der DDR) und im kollektivwirtschaftlichen, genossenschaftlichen Eigentum (z. B. Kolchos, LPG in der DDR), deren Verschmelzung auf dem Wege zum → Kommunismus erfolgen soll (→ Expropriation, → Verstaatlichung). *[Die Änderung der formalen Eigentumsordnung ist, wie alle V'n dieser Art gezeigt haben, nicht mit einer Beteiligung aller an den Eigentumsrechten zwingend verbunden.]*

Verschwendung, auch **parasitärer Verbrauch** – ist im Kap eine Verwendung des Sozialprodukts im Interesse der immer kleiner werdenden Schicht der Kapitalisten, vor allem der → Finanzoligarchie, für Zwecke der Kapitalverwertung, der Machtausübung und des extremen → Luxuskonsums. Dieser Verbrauch widerspricht fundamentalen Interessen der Arbeiterklasse. Insbesondere zählen zum parasitären Verbrauch die Aufrüstung und die Vorbereitung von → Kriegen, aber auch die Vernichtung von Waren des Volksbedarfs zum Zwecke der Preissteigerung – eine Strategie der → Monopole – sowie kostspielige Werbung, Statussymbole und Aufwendungen zur reinen Machtentfaltung (z. B. Luxusbauten).
[V aus dem Blickwinkel des Normalbürgers läßt sich für jede historische Gesellschaft nachweisen. Die einzelnen V-Formen sind systemimmanent und oft an Elemente des Systems geknüpft, die für seine Funktionsfähigkeit notwendig sind. So ist der Luxus einiger Playboys eine Möglichkeit, welche u. a. die private Verfügungsmacht über Kapital verleiht, ohne die eine Marktwirtschaft jedoch kaum existieren könnte.]

Verstaatlichung — auch als Nationalisierung bezeichnet, ist eine

Verstaatlichung

Form der Beseitigung des → Privateigentums an Produktionsmitteln. An die Stelle des privaten Eigentümers tritt der → Staat. Da der Staat selbst keine einheitliche Organisation ist, muß die **Munizipalisierung** - die Überführung in gemeindliches oder städtisches Eigentum - unterschieden werden, die jedoch bisher nur im Kap vorkommt und diskutiert wird.
V'en innerhalb der kap Ordnung werden aus verschiedenen Gründen vorgenommen. Entscheidend ist, daß sie sich immer nur auf Teilbereiche beziehen und in der Regel nur gegen Entschädigung erfolgen dürfen. Von der V ist die **Enteignung** zu unterscheiden, die nur im Einzelfalle aus konkretem öffentlichem Interesse vorgenommen werden kann (z. B. Enteignung eines Grundstücks für Straßenbau). Gründe für V können sein: notleidende Wirtschaftszweige oder Betriebe (z. B. Kohlenbergbau in Großbritannien), gemeinschaftliches Bedürfnis (Eisenbahn, Rüstungsbetriebe), ordnungspolitische Vorstellungen (Forderung nach V der Banken). Oftmals erfolgt eine V nicht im streng juristischen Sinn der Eigentumsübernahme, sondern durch organisatorische und finanzielle Maßnahmen, die die wirtschaftliche Selbständigkeit aushöhlen (z. B. Ruhrkohle AG) und den Staatseinfluß verstärken. V von Teilbereichen des volkswirtschaftlichen Produktionsvermögens ändert das kap System in seinem Charakter nicht; es ist jedoch ein Element der Entwicklung des Kap, das zum → staatsmonopolistischen Kap führt, in dem auch ohne V die unmittelbare wirtschaftliche Betätigung des → Staates wächst. Da die verstaatlichte Wirtschaft auf Märkten nachfragt und anbietet, Arbeitskräfte über den Arbeitsmarkt und nach Tarifen bezahlt, sprengt sie die marktwirtschaftliche Ordnung unmittelbar nicht, wenngleich innerhalb des verstaatlichten Bereichs und in der von ihm abhängigen wirtschaftlichen Umgebung systemfremde Elemente (u. U. Abkehr von der Profitmaximierung, Zunahme planerischer Steuerung, Bürokratisierung) auftreten. In diesen Erscheinungen werden z. T. Vorläufer sozialistischer Eigentumsformen gesehen.
V ist ferner eine Form der sozialistischen → Vergesellschaftung der → Produktionsmittel, welche auf totale Aufhebung des Privateigentums an Produktionsmitteln gerichtet ist. V in diesem Sinne ist gleichbedeutend mit einer revolutionären Enteignung der Produktionsmittel durch die → Diktatur des Proletariats, wie sie im sowjetischen Soz praktiziert worden ist. Der Staat nimmt dabei die Funktionen der Gesellschaft, des Volkes, als Eigentümer wahr (→ Volkseigentum).
[Staatliche Betriebe im weiteren Sinne sind durch ihre z. T. nicht auf Gewinn, sondern auf Gemeinwirtschaftlichkeit gerichtete Zielsetzung eine wichtige Ergänzung der Privatwirtschaft, insbesondere

im Bereich der Befriedigung kollektiver Bedürfnisse (duales Prinzip). Sie allein können aber nicht Träger einer Marktwirtschaft sein. Deshalb ist eine zu weitreichende Ausdehnung staatlicher Tätigkeit in der Wirtschaft für den Bestand einer marktwirtschaftlichen Ordnung gefährlich. - Verstaatlichung als Form der Vergesellschaftung ist auch unter Marxisten strittig, weil die aktive Beteiligung der Beschäftigten an der Ausübung der Eigentumsrechte nicht gewährleistet ist.]

Verwertung → Kapital

Volkseigentum — ist das Eigentum des gesamten Volkes an den Produktionsmitteln, wobei die Eigentumsrechte unmittelbar durch die Gesellschaft selbst, also durch das Volk wahrgenommen werden. Am nächsten dürfte dem V die Idee des chinesischen Soz kommen, nach der eine aktive Beteiligung der Arbeiter an den Entscheidungsprozessen der Volkskommunen realisiert werden soll. In Osteuropa und in der DDR ist V gleich → Verstaatlichung.
[Einer aktiven direkten Teilnahme des Volkes an den Entscheidungen stehen u. a. die mangelnde Informiertheit der Menschen sowie die Kompliziertheit und Kostspieligkeit der Entscheidungsprozesse entgegen.]

Volkskapitalismus — ist ein Modell der Aufhebung des Kap als einer in → Arbeiter und → Kapitalisten geteilten Klassengesellschaft durch breite Streuung des Eigentums am produktiven Vermögen. Die Ausgabe von Volksaktien, die Gewinnbeteiligung, die Sparprämien und sonstige Vermögensbildungsmaßnahmen sowie die Vermögensbildungsmodelle gehören in den Gesamtrahmen dieser Modellvorstellungen, wenn sie auch sehr viel bescheidenere konkrete Ziele anstreben (Vermögensbildung in Arbeitnehmerhand). In marxistischer Sicht sind Modelle und Einzelmaßnahmen dieser Art nur Instrumente des kap Klassenstaates, um die Arbeiter zufriedenzuhalten (→ Sozialstaatsillusion). Die Entwertung der Kleinvermögen durch Inflation, die Machtlosigkeit der Besitzer (z. B. durch Depotstimmrecht der Banken) und die weitaus stärkere Vermögensbildung bei den → Kapitalisten halten die Ungleichheit aufrecht oder verstärken sie noch. An der Ausbeutung, Entfremdung und Unterdrückung der Lohnabhängigen ändert sich nichts, im Gegenteil, sie werden noch zur kap → Akkumulation herangezogen.
[Eine der Hauptschwierigkeiten der Modelle des V liegt neben dem Problem der Investitions- und Risikobereitschaft in der Frage der Willensbildung der Eigentümer, die in ihrer Gesamtheit kaum ihre Eigentümerinteressen vertreten können. Erneut würden herrschaftsverdächtige Vertretungen entstehen. Sieht man die gesellschaftlichen und politischen Schwierigkeiten realistisch, die

einer gleichmäßigen Vermögensverteilung im Wege stehen, so sind doch die verhältnismäßig bescheidenen Bemühungen, welche heute die Vermögensbildung der Arbeitnehmer fördern sollen, nicht schon deshalb illusionistisch, weil eine Änderung des Systems mit diesen Mitteln kaum erreicht werden kann. Auch eine relativ begrenzte Vermögensbildung der Arbeitnehmer würde ihren gesellschaftlichen Betätigungsbereich und ihre wirtschaftliche Selbständigkeit erhöhen.]

Vulgärökonomie → Politische Ökonomie

Ware — ist ein → Produkt der Arbeit, das überpersönlichen Gebrauchswert besitzt, nicht für den Eigenverbrauch bestimmt ist, sondern für den Markt, also für den Austausch oder den Verkauf, und von voneinander unabhängigen Einzelproduzenten hergestellt wird. Mit dieser Bestimmung wird die W zur Grundkategorie, zur Keimzelle einer Warenwirtschaft oder Marktwirtschaft. Sie ist nicht von Natur gegeben, sondern an diese Wirtschaftsform geknüpft. Der Reichtum einer Gesellschaft kann in diesem Sinne als eine „ungeheure Warenansammlung" angesehen werden, wenn man von den natürlichen Reichtümern absieht; bei einiger Vergröberung kann man auch die umgesetzten Warenmassen dem gütermäßigen Äquivalent des Bruttoprodukts einer Wirtschaft gleichsetzen. Daraus ergibt sich, welche Schlüsselrolle die W und die mit ihr verbundenen sozialökonomischen Kategorien und Gesetze besitzen. Die W hat wie die Arbeit, die sie produzierte, in Form des → Gebrauchswertes und des → Wertes einen → Doppelcharakter. Als Gebrauchswerte werden die W'n in ihren konkreten nützlichen Eigenschaften gesehen, die wesensmäßig voneinander verschieden sind (z. B. die Heizkraft der Kohle oder die Fähigkeit, geistigen Genuß zu vermitteln, wie bei einem Buch). Dagegen sind die W'n als Werte qualitativ gleich, sie sind das Produkt menschlicher Arbeit; die zur Produktion der W aufgewandte Arbeit ist, wenn von der verschiedenen Qualität abstrahiert wird, nur noch quantitativ verschieden und wird durch die Wertgröße gemessen. Wer sich durch Gebrauch oder Verbrauch den Gebrauchswert einer W zunutze macht, muß auf ihren Tauschwert verzichten und umgekehrt.

[Mit dem Rückgriff auf die Ware werden im Marxismus marktwirtschaftliche Prozesse analysiert, die auch Dienstleistungen, Rechte, Wertpapiere, Patente u. a. betreffen können. Das Konzept von Angebot und Nachfrage ist insofern umfassender.]

Ware-Geld-Beziehung — ist jene Art von wirtschaftlichen und gesellschaftlichen Beziehungen, die sich zwischen Menschen und gesellschaftlichen Gruppen heraus-

bilden, soweit sie sich als Käufer und Verkäufer in einer Marktwirtschaft gegenübertreten. Sie ist ein anderer Ausdruck für Marktbeziehungen; der Tauschakt, Ware gegen Geld, wird dabei in den Vordergrund gestellt. Formal wird dieser Sachverhalt in der Formel W - G - W für die einfache → Warenproduktion und G - W - G + Δ G für die kap → Warenproduktion ausgedrückt (W = Ware, G = Geld; Δ G = Mehrwert). Die letzte Formel drückt aus, daß der Einsatz von Geld zur Produktion von Gütern, die für den Austausch bestimmt sind, nur einen Sinn hat, wenn durch den Verkauf der Güter mehr Geld zurückfließt als eingesetzt wurde (→ Mehrwert). Das Gewinnmotiv liegt im volkswirtschaftlichen Kreislauf der kap Wirtschaft begründet.
Die W - G - B umfaßt alle sozialen Einrichtungen und Verhaltensweisen bei Kauf- und Verkaufsprozessen auf der Angebots- und Nachfrageseite und abstrahiert sie zu einem typischen Gesellschaftsverhältnis. Ihm können andere Gesellschaftsverhältnisse gegenübergestellt werden, wie die feudale Abhängigkeit oder die bürokratische Anordnung. Die W - G - B ist ökonomisch gesehen eine Form der Arbeitsvereinigung, durch welche die → Arbeitsteilung wieder aufgehoben und die isolierten Arbeitsprozesse miteinander verknüpft und koordiniert werden. In dieser Hinsicht deckt sich der Begriff der W - G - B mit dem des Marktmechanismus, ähnlich wie der Begriff des → Wertgesetzes, der stärker auf die den Tausch regulierenden Gesetze abstellt. Die W - G - B entwickelt sich im Kap insoweit auch zu einem allgemeinen gesellschaftlichen Prinzip, als er menschliche Beziehungen kommerzialisiert (→ Fetischismus) und der Geldwert der Güter und Dienste, der persönlichen Beziehungen und immateriellen Werte in den Vordergrund rückt.

Warenfetischismus → Fetischismus

Warenkapital → Kapital

Warenproduktion — ist eine Wirtschaftsform, in der nicht für den Eigenbedarf, sondern für den Markt produziert wird. In der **einfachen** oder **kleinen Warenproduktion** sind die Produzenten selbständig und Eigentümer der Produktionsmittel; als → Waren treten nur die Arbeitsprodukte, eventuell noch der Grund und Boden, in Erscheinung. Die Beziehungen der Warenproduzenten untereinander werden nicht direkt, sondern über die → Ware-Geld-Beziehung geregelt, für die das → Wertgesetz gilt. In der **kapitalistischen Warenproduktion** sind die Produzenten, d. h. im marxistischen Verständnis die Arbeiter, der → Produktionsmittel beraubt, die → Eigentum der Kapitalisten geworden sind. Die Arbeiter müssen ihre → Arbeitskraft wie eine Ware verkaufen; damit ist

auch die Arbeitskraft Ware geworden, die nach den Gesetzen der Marktwirtschaft zu Reproduktionskosten entlohnt (→ Wertgesetz, → Distribution) wird.
W hat es seit der → Sklavenhalterordnung in allen → ökonomischen Gesellschaftsformationen gegeben. Im Kap ist sie zur allgemeinen und vorherrschenden Form der ökonomischen Beziehungen der Menschen geworden. Im sowjetischen Soz bleibt, entgegen den Voraussagen von Marx und Engels, über das Absterben der W die W noch bestehen, wenn sich auch ihr Inhalt, ihre Funktion und ihre Bedeutung verändert haben.

Weltsystem des Kapitalismus — ist der Gesamtzusammenhang des Kap und der zu seiner Einflußsphäre gehörenden Länder (→ Internationalismus). Er wird durch die Weltmärkte für Rohstoffe und Industriegüter, durch Kapitalexport und -import, durch Direktinvestitionen, Konzessionen und Beteiligungen, durch Arbeitskraftbewegungen, Tourismus usw. hergestellt. Beherrschende Elemente des W's des Kap sind, ebenso wie innerhalb der kap Staaten, die → Ware-Geld-Beziehung und das → Wertgesetz. Die Industriemächte sind auf den Weltmärkten in der Regel die stärkeren Marktparteien, die die Preise, die Bedingungen und die Produktion bestimmen können. Mit der Entwicklung zum → Imperialismus und durch die Verschmelzung der → Monopole mit dem Staat werden die wirtschaftlichen Interessen des Kapitals stärker über die Außenpolitik mit friedlichen und kriegerischen Mitteln verfolgt. Die Entstehung der internationalen Konzerne (→ Multis) und die Bildung von Wirtschaftsblöcken modifizieren den Gesamtzusammenhang über Märkte zu einem unentwirrbaren Gestrüpp von politischen, wirtschaftlichen und militärischen Beziehungen. Die kolonialen und antiimperialistischen Befreiungskämpfe sowie das sozialistische Lager werden als Gegenkräfte bezeichnet, die neben den inneren Widersprüchen der kap Länder den Zerfall des W's fördern (→ Kolonialsystem). *[Bei der Überbetonung der internationalen Aspekte des Kap, insbesondere in der Imperialismustheorie, werden die Möglichkeiten der Differenzierung, selbst wenn jene Grundtendenz besteht, unterschätzt. Auf Grund der geographischen, historischen, sozialen und staatlichen Unterschiede weichen die Wirtschafts- und Gesellschaftssysteme innerhalb des Kap zum Teil erheblich voneinander ab: Der amerikanische Kap wie der schwedische Soz, die schweizerischen, französischen, britischen und deutschen Gesellschaftsverhältnisse werden in gleicher Weise als kap bezeichnet. Nur unter Mißachtung der Unterschiede kann man sie zum W des Kap zusammenfassen.]*

Wert — ist die zentrale Kategorie der → Arbeitswertlehre. W drückt

aus, daß in den Waren abstrakte menschliche → Arbeit vergegenständlicht ist, die in der Wertgröße einen quantitativen Ausdruck findet. Der → Tauschwert der Waren – in Geld ausgedrückt ist es der Preis – schwankt um die Wertgröße zufällig nach Ort und Zeit, bedingt durch Angebot und Nachfrage, Wirtschaftskonjunkturen usw. Systematische Abweichungen (→ Produktionspreis oder → Monopolpreis) können eintreten, wenn sich die Kapital- und Marktstruktur des Kap verändert. Bei Marx wird häufig Wert an Stelle von Wert an sich, Wertgröße und Tauschwert gesetzt. Demgegenüber ist der → Gebrauchswert (zwar die Voraussetzung des W'es) aber von geringerem politökonomischem Interesse.
[Der W ist eine Kategorie, die zwingend mit der Marxschen Methode verbunden ist. Sie entsteht durch die Frage nach dem gemeinsamen Dritten, das hinter unterschiedlichen Quantitäten von getauschten Gütern steht (MEW, Bd. 23, S. 51). Die Nationalökonomie kann auf den Wert verzichten, soweit sie nach dem funktionalen Zusammenhang zwischen Angebot, Nachfrage und Preis fragt.]

Wertform – W'en sind die sich geschichtlich entwickelnden Erscheinungsformen des Materials der → Tauschwerte, die zum → Gelde führen. Auf der untersten Entwicklungsstufe des Warentausches ist die W **einfach** oder **zufällig,** da nur gelegentlich eine → Ware gegen eine andere getauscht wird. Hier wird deutlich, daß sich der Wert der einen Ware nur durch den einer anderen messen läßt. Jede Ware ist hier im Verhältnis zur anderen gleichzeitig in der Lage, daß ihr Wert gemessen wird **(relative Wertform)** und daß sie den Wert der anderen mißt (→ Äquivalentform). Bei der **totalen** oder **entfalteten Wertform** ist der Warenaustausch so verbreitet, daß jede Ware gegen eine beliebige Anzahl anderer Waren getauscht werden kann. In der **allgemeinen Wertform** sind einige Waren zum allgemeinen Tauschmittel geworden, die von den übrigen Waren deutlich abgehoben sind (Salz, Tee, Vieh usw.). Bei der **Geldform** schließlich hat eine Geld-Ware (z. B. Gold) den Stand erlangt, in dem die Naturalform mit der Geldform verschmolzen ist und ein staatlich reglementiertes Geld- und Münzwesen entsteht.
[Die Form-Analyse setzt eine Inhalts-Analyse voraus, die durch das Wertgesetz gegeben wird. Aber indem Wert- und Geldformen nur als Formen behandelt werden, entgeht vielfach z. B. die für die Steuerung des Geldwesens wichtige Unterscheidung zwischen einzelnen Geldsystemen.]

Wertgesetz – ist ein Ausdruck für die zwingenden Zusammenhänge zwischen Produktion, Kauf und Verkauf in einer Marktwirtschaft. Das W ist das Gesetz der → Warenproduktion und formiert

den Inhalt der → Ware-Geld-Beziehungen. Es gibt verschiedene, miteinander eng verbundene Ausformungen des Begriffs, die sich logisch aus der einfachen Tauschbeziehung entwickeln lassen. 1) In der einfachsten Form drückt das W das Ergebnis der → Arbeitswertlehre aus; es ist das Gesetz der Preise. Der Wert der Ware ist durch die Arbeit bestimmt; die Waren tauschen sich im Verhältnis der zu ihrer Herstellung gesellschaftlich notwendigen Arbeit, im Verhältnis der Wertgrößen. Die Warenpreise schwanken um diesen → Wert.
Dieser preistheoretische Inhalt des W'es wird im → Produktionspreis und im → Monopolpreis modifiziert, indem die vereinfachten Ausgangsbedingungen, unter denen die Wertgröße entwickelt wurde, der Realität der kap Wirtschaft mit ungleicher → organischer Zusammensetzung des Kapitals (Produktionspreis) und dann einer weiter entwickelten kap Wirtschaft mit hohem Monopolisierungsgrad (Monopolpreis) angepaßt werden.
2) Im Kap wird das W zum allgemeinen **Verteilungsgesetz** zwischen den → Kapitalisten und den → Arbeitern. Der Lohn, der in der „bürgerlichen" Ökonomie als der Preis für die geleistete Arbeit erscheint, richtet sich nach dem Wert der → Ware → Arbeitskraft; der Teil des Produktes, den der Arbeiter über den Wert seiner Arbeitskraft hinaus produziert, fällt in Form von → Mehrwert der Kapitalistenklasse zu. Davon kann es aus verschiedenen Gründen (z. B. durch Konjunkturschwankungen) Abweichungen geben, ohne daß der wertgesetzliche Grundzusammenhang geändert würde.
3) Im W werden nicht nur rein wirtschaftliche Zusammenhänge einer Warenwirtschaft (Preisbildung, Verteilung) zum Ausdruck gebracht, sondern auch die sozialen Beziehungen einer warenproduzierenden Gesellschaft **(qualitative Wertlehre).** Die Menschen beziehen sich nicht direkt aufeinander, sondern nur über die Ware und die Kategorien der Warenwirtschaft. Kaufen und Verkaufen wird zur vorherrschenden Form des Verkehrs der Menschen untereinander. Jede Sache erhält ihren Preis. Humane, moralische, ästhetische und sonstige Werte werden in wirtschaftliche Werte umgewertet, ihnen untergeordnet oder an den Rand gedrückt (→ Fetischismus).
4) Häufig wird das W allgemein für Markt-Preis-Mechanismus verwendet und ihm über das aus ihm hervorgehende → Mehrwertgesetz die Funktion des Regulators der kap Wirtschaft zugeschrieben. Insofern liegt eine formale Übereinstimmung mit der sogenannten bürgerlichen Charakterisierung des hauptsächlichen Funktionsmechanismus der modernen kap Industriewelt vor. „Markt-Preis-Mechanismus" und „Wertgesetz" in diesem Sinne meinen – von unterschiedlichen methodischen Standpunkten ausgehend und zu

unterschiedlichen Ergebnissen kommend - im Gegenstand das gleiche. Deshalb kann häufig das W direkt mit Markt-Preis-Mechanismus „übersetzt" werden. Es reguliert eine Marktwirtschaft selbst dort, wo (z. B. beim Preis von Boden oder Antiquitäten) nicht mehr auf den Wert Bezug genommen werden kann.
5) Der umfassendste Inhalt des W'es findet sich dort, wo über den abstrakten Funktionsmechanismus des Kap hinaus auch dessen historische Entwicklungstendenzen (z. B. → Konzentration, → Gesetz vom tendenziellen Fall der Profitrate u. a.) einbezogen werden, die aus dem W indirekt folgen. In diesem Sinne wird das W von W. Sombart verwendet und von Engels akzeptiert, wenn dieser auch eine präzisere Fassung vorziehen würde (MEW, Bd. 25, S. 903 f.).
[Eine Kritik des W'es muß von der → Arbeitswertlehre und der marxistischen Vorstellung über die Wirksamkeit von → Gesetzen ausgehen. Die verschiedenen Begriffsinhalte sind unterschiedlich zu bewerten. Während in 1-3 das spezifisch marxistische Verständnis der kap ökonomischen und gesellschaftlichen Verhältnisse zum Ausdruck kommt, stellt 4 mehr ein terminologisches Problem dar. Die Erklärung der kap Entwicklung letztlich aus dem W (5) unterbewertet andere Einflußfaktoren (z. B. autonome politische und gesellschaftliche Kräfte).]

Wertgröße → Arbeitswertlehre

Widersprüche → Antagonismus

Wucherkapital → Kapital

Zeitökonomie → Ökonomie der Zeit

Zentralisation des Kapitals – ist die Zusammenfassung bestehender Kapitale, die in der nichtmarxistischen Theorie meist als → Konzentration bezeichnet wird. Die Z erfolgt einmal durch Aufkauf bereits bestehender Kapitale, die nicht mehr konkurrieren können, Verluste machen und deshalb von ihren bisherigen Eigentümern im Wege des Bankrotts oder des freiwilligen Verzichts aufgegeben werden. Die aufnehmende Firma benötigt dazu akkumuliertes Kapital, jedoch in geringerem Umfang als bei ursprünglichem Erwerb. Die Z kann dann auch durch Zusammenlegung von Kapitalien erfolgen, die noch funktionsfähig sind. Sie schließen sich zusammen, um bestehende Schwierigkeiten besser zu meistern und mehr Profit erwirtschaften zu können (Fusion). Die Z in beiden Varianten ist die → Expropriation der Kapitalisten durch Kapitalisten; sie findet vor allem in → Krisen statt, in denen häufig Bankrott oder Zusammenschluß die einzigen Auswege sind. Die Krisen treiben die Aushöhlung der → Konkurrenz und die → Monopolisierung der Wirtschaft voran; zugleich ermöglichen sie auf einer konzentrierten Kapitalbasis einen neuen Wirtschaftsaufschwung.
[Zur Kritik → Konzentration]

Zins — ist der Teil des → Mehrwerts, der vom Schuldner für die Bereitstellung von Leihkapital an den verleihenden Kapitalisten bezahlt wird. Der Z ist eine Form der Umverteilung des in der Produktion geschaffenen Mehrwerts unter die Kapitalisten. Der Teil des Z'es, den der verleihende Kapitalist für angewandte Lohnarbeit verausgabt (z. B. Löhne für Bankangestellte), ist nicht von diesem Angestellten selbst geschaffen, sondern beruht ebenfalls auf Umverteilung des Mehrwerts. Für den verleihenden Kapitalisten hat er jedoch Kostencharakter und schmälert seinen Profit.
Der Nettozins (Z-Einnahmen abzüglich der Kosten des verleihenden Kapitalisten) ist eine Einkommensart (wie → Rente und → Profit), zu der nicht eine vollbrachte Arbeitsleistung, sondern das Eigentum an Geldkapital legitimiert; er ist Gewinneinkommen, das auf Ausbeutung beruht. Die Grundlage solcher arbeitsloser Einkommen ist die privatkap Eigentumsordnung. Der Sparzins des kleinen Mannes ist prinzipiell gleicher Natur; aber infolge des relativ geringen Umfanges der Ersparnisse und der dafür gezahlten Z'en, die durch Inflation noch geschmälert werden, ändert sich die gesellschaftliche Ausbeutungslage nicht; sie wird vielmehr dadurch nur etwas modifiziert und verschleiert.
[Der Z ist eine kap Einkommenskategorie, die unter sozialkritischen Aspekten betrachtet werden kann, deren Stimulierungs- und Lenkungsfunktion aber nicht übersehen werden darf. Der Z ist ein Preis, der in bestimmtem Umfang den Kapitaleinsatz rationell steuert und auch dann (als kalkulatorischer Z) notwendig ist, wenn Kapital nicht verliehen wird. Mit der Einführung der Produktionsfondsabgabe in den sechziger Jahren in allen Ländern Osteuropas wurde der Z wieder anerkannt; jene soll eine Mindestrentabilität sichern und als Einnahmequelle des Staatshaushalts dienen.]

Zirkulation — ist der Warenfluß von der Produktion zur Weiterverarbeitung, von dort bis zum Endverbrauch; er umfaßt die Liefer- und Absatzbeziehungen der Produktionsbetriebe, den Groß- und Außenhandel sowie den Einzelhandel. Die Z vollzieht sich im Kap in der Regel über → Märkte und ist von den Gesetzen der → Ware-Geld-Beziehung beherrscht. Der Handel ist der Wirtschaftszweig, der in der Z tätig ist. Obwohl in der Z keine Werte geschaffen werden, entstehen Profite für das dort eingesetzte Kapital (Warenhandlungskapital) durch Umverteilung des in der → Produktion geschaffenen → Mehrwerts.
[Die Unproduktivität des Handels kann nur auf Grund einer Lehre behauptet werden, die in der materiellen Produktion die Wertschöpfung sieht. Aber die Vermittlung der Ware vom Produzenten zum Konsumenten ist eine gleichwerti-

ge Leistung, die das Gut erst konsumreif macht.]

Zusammenbruchstheorien — sind rein ökonomische Theorien über das Ende des Kap. Sie gelten als revisionistisch, weil sie auf die Revolution des Proletariats als eine notwendige Komponente des Untergangs des Kap verzichten und nicht zeigen, wie der Soz die Entwicklung auf höherer Ebene fortsetzt. Nach marxistischer Auffassung bricht der Kap nicht einfach zusammen; er wird zwar durch innere Widersprüche zunehmend funktionsunfähig, aber nur durch eine revolutionäre Umwälzung beseitigt und in eine neue → ökonomische Gesellschaftsformation verwandelt. Als Z wurden die → Krisentheorie, das → Gesetz vom tendenziellen Fall der Profitrate, die → Unterkonsumtionstheorie und die Lehre von der Unmöglichkeit der schrankenlosen Kapitalakkumulation (R. Luxemburg, H. Großmann, → LV) diskutiert.

[Es ist unrealistisch und unhistorisch, wenn manche einen unbegrenzten Fortbestand des „Kap" oder andere seinen Zusammenbruch (ohne Fortsetzungen) annehmen. Aber die Entwicklungen, die ihn permanent verändern, führen, wie die Geschichte der marktwirtschaftlichen Industrieländer bisher zeigt, nicht zwingend zum Soz.]

Literaturverzeichnis

1. Politische Ökonomie des Kapitalismus

a) Marxistische und vorwiegend Marxismus darstellende Literatur

Baran, P. / Sweezy, P.: *Monopolkapital.* Übers. aus dem Amerik., Frankfurt/M. 1967.

Basso, L.: *Zur Theorie des politischen Konflikts.* Übers. aus dem Ital., Frankfurt/M. 1967.

Bucharin, N.: *Die politische Ökonomie des Rentners,* (1919). Übers. aus dem Russ., Wien-Berlin 1926.

Carillo, S.: *„Eurokommunismus" und Staat.* Übers. aus dem Span., Hamburg, Berlin (West) 1977.

Dobb, M.: *Organisierter Kapitalismus.* Fünf Beiträge zur Politischen Ökonomie. Übers. aus dem Engl., Frankfurt/M. 1966.

Duve, F.: *Der Theorienstreit zum Stamokap.* Reinbeck 1973.

Einführung in die politische Ökonomie des Kapitalismus. Autorenkollektiv, Berlin (Ost) 1973.

Fetscher, I. (Hrsg.): *Grundbegriffe des Marxismus.* Eine lexikalische Einführung, Hamburg 1976.

Foerderreuther, H. L. / Glombowski, J. / Künzel, R. / Pfaffenberger, W. / Krüger, M.: *Gesamtwirtschaftliche Grundbegriffe und Grundbeziehungen,* in: mehrwert, beiträge zur kritik der politischen ökonomie, Nr. 1. Erlangen 1972.

Gansel, N. (Hrsg.): *Überwindet den Kapitalismus oder was wollen die Jungsozialisten.* Reinbek 1970.

Gorz, A.: *Der schwierige Sozialismus.* Übers. aus dem Franz., Frankfurt/M. 1967.

Großmann, H.: *Das Akkumulations- und Zusammenbruchsgesetz des kapitalistischen Systems,* (1929), Frankfurt/M. 1967.

Gundel, R. / Heininger, H. / Hess, P. / Zieschang, P.: *Zur Theorie des staatsmonopolistischen Kapitalismus.* Berlin (Ost) 1967.

Hilferding, R.: *Das Finanzkapital,* (1910). Frankfurt/M. 1968.

Hofmann, W.: Verelendung, in: *Folgen einer Theorie.* Essays über „Das Kapital" von Karl Marx. Frankfurt/M. 1967.

Huffschmid, J.: *Die Politik des Kapitals.* Frankfurt/M. 1969.

Der Imperialismus der BRD. Autorenkollektiv, hrsg. vom Institut für Gesellschaftswissenschaften beim ZK der SED. Berlin (Ost) 1971 und Frankfurt/M. 1972.

Kautsky, K.: *Karl Marx's Ökonomische Lehren,* (1886). Verschiedene Auflagen.

Kidron, M.: *Rüstung und wirtschaftliches Wachstum.* Ein Essay über den westlichen Kapitalismus nach 1945. Frankfurt/M. 1971.

Korsch, K.: *Karl Marx.* Übers. aus dem Amerik., Frankfurt/M. 1967.

Kritik der politischen Ökonomie heute. 100 Jahre „Kapital", hrsg. von E. Eucken und A. Schmidt. Frankfurt/M. 1968.

Kühne, K.: *Ökonomie und Marxismus.* Neuwied - Berlin, 1. Bd. 1972, 2. Bd. 1974.

Lange, O.: *Politische Ökonomie.* Übers. aus dem Poln., 2 Bde., Frankfurt/M. 1963.

Lehrbuch Politische Ökonomie, Vorsozialistische Produktionsweisen. Autorenkollektiv, Übers. aus dem Russ., Berlin (Ost) und Frankfurt/M. 1972.

Lemnitz, A. / Schäfer, H.: *Politische Ökonomie des Kapitalismus.* Einführung. Frankfurt/M. 1972.

Lenin, W. I.: *Der Imperialismus als höchstes Stadium des Kapitalismus,* (1917). Verschiedene Auflagen.

Leonhard, W.: *Was ist Kommunismus?* Wandlungen einer Ideologie. München 1976.

Lindbeck, A.: *Die politische Ökonomie der Neuen Linken.* Übers. aus dem Amerik., Göttingen 1973.

Löbl, E.: *Marxismus Wegweiser und Irrweg.* Wien - Düsseldorf 1973.

Luxemburg, R.: *Die Akkumulation des Kapitals,* (1913). Frankfurt/M. 1970.

Luxemburg, R.: *Einführung in die Nationalökonomie,* (1925). Reinbek 1972.

März, E.: *Einführung in die Marxsche Theorie der wirtschaftlichen Entwicklung,* Wien 1976.

Mandel, E.: *Marxistische Wirtschaftstheorie.* Frankfurt/M. 1968.

Mandel, E.: *Der Spätkapitalismus.* Frankfurt/M. 1972.

Marcuse, H.: *Der eindimensionale Mensch.* Übers. aus dem Amerik., Neuwied - Berlin 1967.

Marx-Arbeitsgruppe Historiker: *Zur Kritik der Politischen Ökonomie.* Einführung in das „Kapital" Band 1. Frankfurt/M. 1972.

Marx, K. / Engels, F.: *Marx-Engels-Werke* (MEW), 39 Bde. und 2 Ergänzungsbände. Berlin (Ost), verschiedene Erscheinungsjahre.

Mattick, P.: *Marx und Keynes.* Frankfurt/M. 1969.

Mattick, P.: *Kritik der Neomarxisten und andere Aufsätze.* Frankfurt/M. 1974.

Morf, O.: *Geschichte und Dialektik in der politischen Ökonomie,* (1951). Frankfurt/M. 1970.

Most, J.: *Kapital und Arbeit.* Frankfurt/M. 1972.

Müller, W. / Neusüß, Ch.: *Die Sozialstaatsillusion und der Widerspruch von Lohnarbeit und Kapital,* in: Sozialistische Politik, 2. Jg., 6/7 (1970), S. 4–67.

Ökonomisches Lexikon, 2 Bde. Berlin (Ost) 1967.

Politische Ökonomie, Lehrbuch. Autorenkollektiv, Übers. aus dem Russ., Berlin (Ost) 1965.

Reichelt, H.: *Zur logischen Struktur des Kapitalbegriffs bei Karl Marx.* Frankfurt/M. 1970.

Rosdolsky, R.: *Zur Entstehungsgeschichte des Marxschen „Kapital",* 2 Bde., Frankfurt/M. 1968.

Rubin, I.: *Studien zur Marxschen Werttheorie.* Übers. aus dem Russ., Frankfurt/M. 1973.

Sohn-Rethel, A.: *Geistige und körperliche Arbeit.* Zur Theorie der gesellschaftlichen Synthesis. Frankfurt/M. 1970.

Der staatsmonopolistische Kapitalismus. Einführungen in marxistische Analysen aus der DDR, Frankreich und der Sowjetunion. Autorenkollektiv, Frankfurt/M. 1973.

Der staatsmonopolistische Kapitalismus. Autorenkollektiv, unter der Leitung von P. Boccara, Übers. aus dem Franz., Frankfurt/M. 1972.

Sweezy, P.: *Theorie der kapitalistischen Entwicklung.* Übers. aus dem Amerik., Köln 1959.

Sweezy, P.: *Die Zukunft des Kapitalismus und andere Aufsätze zur politischen Ökonomie.* Übers. aus dem Amerik., Frankfurt/M. 1970.

Varga, E.: *Grundfragen der Ökonomik und Politik des Imperialismus.* Übers. aus dem Russ., Berlin (Ost) 1955.

Varga, E.: *Die Krise des Kapitalismus und ihre politischen Folgen,* Zusammenstellung. Übers. aus dem Russ., Frankfurt/M. 1969.

Wirth, M.: *Kapitalismustheorie in der DDR. Entstehung und Entwicklung der Theorie des staatsmonopolistischen Kapitalismus.* Frankfurt/M. 1972.

Zinn, K. G.: *Arbeitswerttheorie.* Herne – Berlin 1972.

b) Kritik und Gegenpositionen

Becker, W.: *Kritik der Marxschen Wertlehre.* Hamburg 1972.

Bernholz, P.: *Grundlagen der Politischen Ökonomie,* Bd. 1. Tübingen 1972.

Bernstein, E.: *Die Voraussetzungen des Sozialismus und die Aufgaben der Sozialdemokratie,* (1902), Reinbek 1970.

Böhm-Bawerk, E. von: *Zum Abschluß des Marxschen Systems,* (1896). Wiederabdruck in: Aspekte der Marxschen Theorie 1. Zur methodischen Bedeutung des 3. Bandes des „Kapital", hrsg. von F. Eberle. Frankfurt/M. 1973.

Dobias, P.: *Zur Struktur des Marxschen Systems*, in: Weltwirtschaftliches Archiv, Bd. 105, H. 2 (1970), S. 279–303.

Ehrenberg: *Zwischen Marx und Markt, Konturen einer infrastrukturorientierten und verteilungswirksamen Wirtschaftspolitik*, Frankfurt/M. 1973.

Eucken, W.: *Die Grundlagen der Nationalökonomie*, (1939). Berlin – Heidelberg 1965.

Eucken, W.: *Grundsätze der Wirtschaftspolitik* (1952). Tübingen 1968.

Eynern, G. von: *Grundriß der politischen Wirtschaftslehre I*, (1968). Opladen 1972.

Eynern, G. von (Hrsg.): *Wörterbuch zur politischen Ökonomie*. Opladen 1973.

Frey, S. F.: *Moderne Politische Ökonomie*. Die Beziehungen zwischen Wirtschaft und Politik. München, Zürich 1977.

Galbraith, J.: *Die moderne Industriegesellschaft*. Übers. aus dem Amerik., München – Zürich 1968.

Hampe, P.: *Die ökonomische Imperialismustheorie – Kritische Untersuchungen*. Münchener Studien zur Politik. Band 24.

Hayek, F. A. von: *Die Verfassung der Freiheit*. Übers. aus dem Engl., Tübingen 1963.

Heimann, E.: *Soziale Theorie der Wirtschaftssysteme*. Tübingen 1963.

Hensel, K. P.: *Grundformen der Wirtschaftsordnung*. Marktwirtschaft – Zentralverwaltungswirtschaft. München 1972.

Köllner, L.: *Wirtschaftswissenschaft versus politische Ökonomie*. Stuttgart – Berlin – Köln – Mainz 1973.

Muhs, K.: *Anti-Marx, Betrachtungen über den inneren Aufbau der Marxschen Ökonomik*. Jena 1927.

Rostow, W. W.: *Stadien wirtschaftlichen Wachstums*. Übers. aus dem Amerik., Göttingen 1960.

Schroeck, H., Boettcher, E., Strüssler, E., Watrin, C., Rohrmoser, G.: *Der Spätmarxismus und sein Publikum. Anspruch und Wirklichkeit*. Bonn 1976.

Schumpeter, J.: *Kapitalismus, Sozialismus und Demokratie*, (1942). München 1950.

Schwan, G.: *Die Gesellschaftskritik von Karl Marx*. Stuttgart 1974.

Shonfield, A.: *Geplanter Kapitalismus*. Übers. aus dem Engl., Köln – Berlin 1968.

Sölter, A.: *Investitionswettbewerb und Investitionskontrolle*. Ordnungspolitische Aspekte der unternehmerischen, staatsinventionistischen, planwirtschaftlichen und basisdemokratischen Investitionspolitik. Köln – Berlin – Bonn – München 1973.

Sombart, W.: *Der moderne Kapitalismus*, (1924–1927). 3 Bde. Berlin 1955.

Watrin, C.: *Spätkapitalismus?*, in: Die Wiedertäufer der Wohlstandsgesellschaft, hrsg. von E. Scheuch, Köln 1968.

2. Marxismus allgemein

Albert, H.: *Aufklärung und Steuerung.* Hamburg 1976.

Bader / Berger / Gaußmann / v. d. Knesebeck: *Einführung in die Gesellschaftstheorie.* Bd. 1 u. 2, Frankfurt/M. 1976.

Bartsch, G.: *Schulen des Marxismus.* Troisdorf 1973.

Bartsch, G. / Klimaszewsky, G.: *Materialistische Dialektik - ihre Grundgesetze und Kategorien.* Berlin (Ost) 1975.

Beiträge zur Theoriediskussion. Bd. I u. II, hrsg. v. G. Lührs. Berlin - Bonn - Bad Godesberg 1973/74.

Bloch, E.: *Das Prinzip Hoffnung.* Frankfurt/M. 1959.

Bocheński, I. M.: *Der sowjetische dialektische Materialismus (Diamat),* (1950). Bern - München 1960.

Bocheński, I. M.: *Marxismus, Leninismus. Wissenschaft oder Glaube.* München 1973.

Calvez, J.-Y.: *Karl Marx. Darstellung und Kritik seines Denkens.* Übers. aus dem Franz., Olten - Freiburg 1964.

Fetscher, I.: *Der Marxismus. Seine Geschichte in Dokumenten.* München, Bd. I: *Philosophie, Ideologie,* (1962); Bd. II: *Ökonomie, Soziologie,* (1964); Bd. III: *Politik,* (1965).

Fetscher, I.: *Von Marx zur Sowjetideologie.* Berlin - Bonn 1961.

Fischer, E.: *Was Marx wirklich sagte.* Wien - Frankfurt/M. - Zürich 1968.

Fleischer, H.: *Marx und Engels. Die philosophischen Grundlinien ihres Denkens.* Freiburg - München 1970.

Garaudy, R.: *Kann man heute noch Kommunist sein?* Übers. aus dem Franz., Reinbek 1970.

Garaudy, R.: *Marxismus im 20. Jahrhundert.* Übers. aus dem Franz., Reinbek 1971.

Grundlagen der Marxistischen Philosophie. Übers. aus dem Russ., Berlin (Ost) 1959.

Habermas, J.: *Technik und Wissenschaft als „Ideologie".* Frankfurt/M. 1968.

Horkheimer, M.: *Die gesellschaftliche Funktion der Philosophie.* Frankfurt/M. 1974.

Ingensand, H.: *Die Ideologie des Sowjetkommunismus.* Hannover 1962.

Kolakowski, L.: *Der Mensch ohne Alternative.* Übers. aus dem Poln., München 1960.

Korsch, K.: *Marxismus und Philosophie,* (1923). Frankfurt/M. 1972.

Lefèbvre, H.: *Probleme des Marxismus heute.* Frankfurt/M. 1965.

Leonhard, W.: *Eurokommunismus.* Gütersloh 1978.

Leonhard, W. / Wetter, G. A.: *Sowjetideologie heute, (1962);* Bd. I: *Dialektischer und historischer Materialismus;* Bd. II: *Die politischen Lehren,* Frankfurt/M. 1970.

Ludz, P. C.: *Ideologiebegriff und marxistische Theorie.* Opladen 1976.

Lukács, G.: *Geschichte und Klassenbewußtsein.* Neuwied - Berlin 1968.

Mao Tse-tung: *Über Praxis und Widerspruch,* (1973). Berlin 1968.
Marcuse, H.: *Die Gesellschaftslehre des sowjetischen Marxismus.* Neuwied - Berlin 1969.
Marković, M.: *Dialektik der Praxis.* Übers. aus dem Serb., Frankfurt/M. 1968.
Marxistische Philosophie, Lehrbuch. Autorenkollektiv, Berlin (Ost) 1967.
Oberndörfer, D. / Jäger, W.: *Marx - Lenin - Mao.* Stuttgart - Berlin - Köln - Mainz 1974.
Popper, K. R.: *Die offene Gesellschaft und ihre Feinde.* Bd. II: *Falsche Propheten. Hegel, Marx und die Folgen,* Übers. aus dem Engl., 4. Aufl. München 1975.
Rudnick, A.: *Die Kommunistische Idee, Geschichte und Darstellung.* München - Wien 1972.
Schleifstein, J.: *Einführung in das Studium von Marx, Engels und Lenin.* München 1972.
Schmidt, A. (Hrsg.): *Existenzialismus und Marxismus. Eine Kontroverse zwischen Sartre, Garaudy, Hippolyte, Vigier und Orcel.* Frankfurt/M. 1965.
Schram, S. R.: *Das politische Denken Mao Tse-tungs. Das Mao-System.* München 1975.
Sowjetsystem und demokratische Gesellschaft. Eine vergleichende Enzyklopädie, Band I-VI. Freiburg - Basel - Wien 1966–1972.
Stark, F.: *Revolution oder Reform? Herbert Marcuse und Karl Popper.* Eine Konfrontation. München 1971.
Stojanović, S.: *Kritik und Zukunft des Sozialismus.* Übers. aus dem Serbokroat., München 1970.
Theorien des Historischen Materialismus, hrsg. v. K. Jaeggi u. A. Hormeth. Frankfurt/M. 1977.
Wetter, G. A.: *Der dialektische Materialismus.* Freiburg ^{5}1960.

3. Wirtschafts- und Sozialgeschichte

Abendroth, W.: *Sozialgeschichte der europäischen Arbeiterbewegung.* Frankfurt/M. 1965.
Bechtel, H.: *Wirtschaftsgeschichte Deutschlands im 19. und 20. Jahrhundert.* München 1956.
Borchardt, K.: *Die Industrielle Revolution in Deutschland.* München 1972.
Braun, R. / Fischer, W. / Großkreutz, H. / Volkmann, H. (Hrsg.): *Gesellschaft in der industriellen Revolution.* Köln 1973.
Braun, R. / Fischer, W. / Großkreutz, H. / Volkmann, H. (Hrsg.): *Industrielle Revolution. Wirtschaftliche Aspekte.* Köln - Berlin 1972.
Dahrendorf, R.: *Demokratie und Sozialstruktur in Deutschland,* in: *Gesellschaft und Freiheit.* Zur soziologischen Analyse der Gegenwart. München 1962.

Engelsing, R.: *Sozial- und Wirtschaftsgeschichte Deutschlands.* Göttingen 1973.

Fetscher, I. / Grebing, H. / Dill, G. (Hrsg.): *Der Sozialismus. Vom Klassenkampf zum Wohlfahrtsstaat.* Texte, Bilder und Dokumente. München 1968.

Fischer, W. / Bajorg, G. (Hrsg.): *Die soziale Frage. Neuere Studien zur Lage der Fabrikarbeiter in den Frühphasen der Industrialisierung.* Stuttgart 1967.

Grebing, H.: *Geschichte der deutschen Arbeiterbewegung.* Ein Überblick. München 1966.

Henning, F. W.: *Die Industrialisierung in Deutschland 1800 bis 1914.* Paderborn 1973.

Henning, F. W.: *Das industrialisierte Deutschland 1914 bis 1972.* Paderborn 1974.

Henning, H.: *Sozialgeschichtliche Entwicklungen in Deutschland von 1815–1860.* Paderborn 1977.

Hofmann, W.: *Ideengeschichte der sozialen Bewegung des 19. und 20. Jahrhunderts,* (1962). Berlin 1974.

Kocka, J.: *Sozialgeschichte.* Göttingen 1977.

Kuczynski, J.: *Klassen und Klassenkämpfe im imperialistischen Deutschland und in der BRD.* Frankfurt/M. 1972.

Kulischer, J.: *Allgemeine Wirtschaftsgeschichte des Mittelalters und der Neuzeit;* Bd. II: *Die Neuzeit.* München - Oldenburg 1958.

Lendes, D.: *Der entfesselte Prometheus.* Übers. aus dem Engl., Köln 1973.

Lütge, F.: *Deutsche Sozial- und Wirtschaftsgeschichte,* (1952). Berlin - Heidelberg 1966.

Michel, E.: *Sozialgeschichte der industriellen Arbeitswelt,* (1946). Frankfurt/M. 1953.

Mottek, H.: *Wirtschaftsgeschichte in Deutschland.* Bd. I–III. Berlin (Ost) 1968–1974.

Nell-Breuning, O. von (Hrsg.): *Zur sozialen Frage.* Freiburg 1958.

Petzina, D.: *Materialien zum sozialen und wirtschaftlichen Wandel in Deutschland,* in: *Vierteljahrshefte für Zeitgeschichte,* H. 3 (1969), S. 308–338.

Rabehl, B.: *Geschichte und Klassenkampf. Einführung in die marxistische Geschichtsbetrachtung der Arbeiterbewegung.* Berlin 1973.

Stolper, G. (fortgeführt von K. Häuser und K. Borchardt): *Deutsche Wirtschaft seit 1870.* Tübingen 1966.

Wachenheim, H.: *Die deutsche Arbeiterbewegung 1844–1914.* Opladen 1971.

Wehler, H. U. von (Hrsg.): *Moderne deutsche Sozialgeschichte.* Köln - Berlin 1970.